忍法大全

初見良昭

Masaaki Hatsumi

講談社

目次

武神館

閃万飛le

忍秘錘秘士拳飴打

寿門を唱える

獣の手牙　アコム

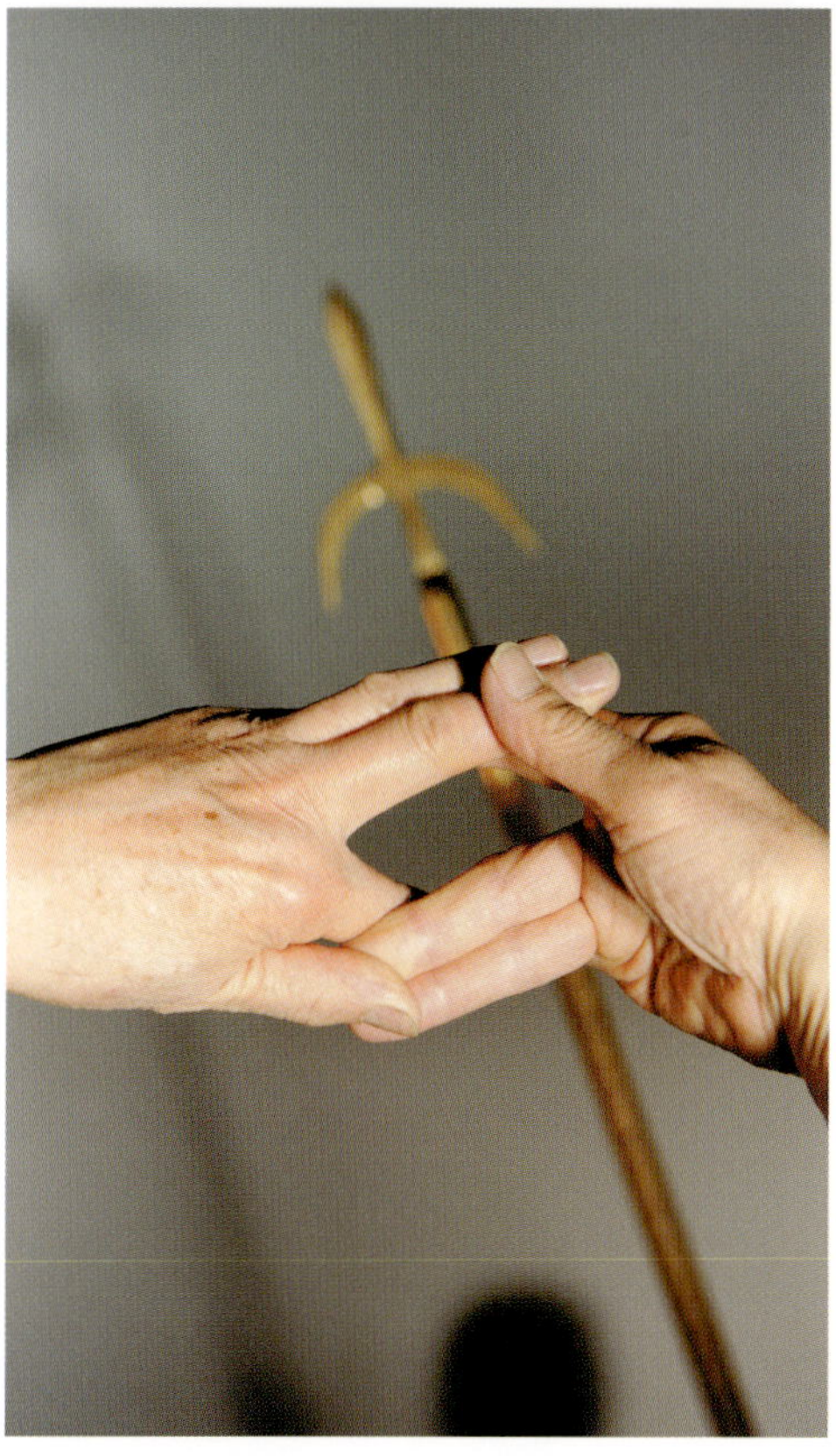
敵退散消滅骨指闘

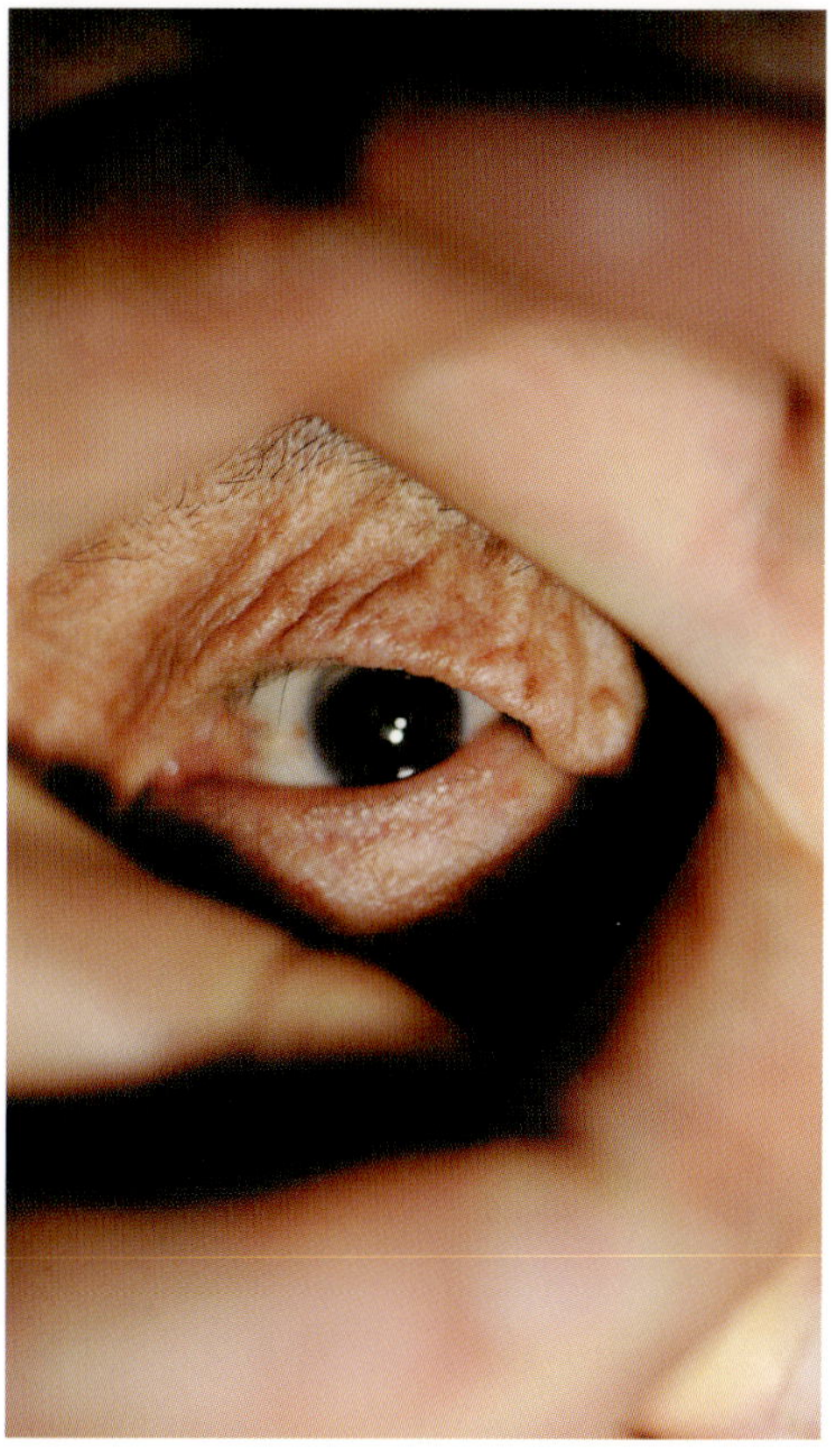
魂眼透視術

忍びの絵画

戸隠流忍法　五遁の術

蕪村「猿回し」

竹内栖鳳「芸猿」

白い猪に乗る摩利支天

戦で一度も手傷を受けず。本多平八郎、トンボ斬の一槍

忍び富士（谷文晁）

蕪村「富士山」

竹内栖凰「宮城」

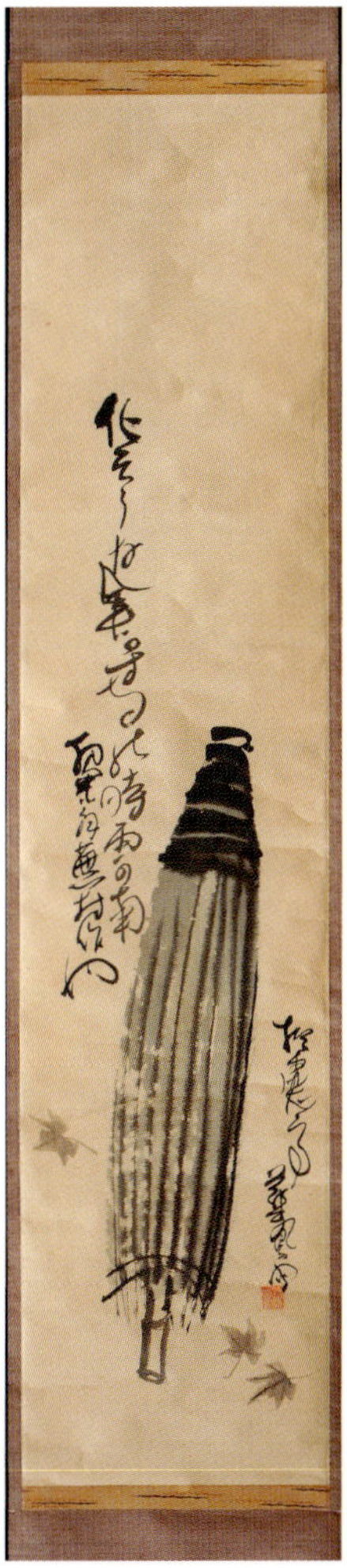

蕪村「時雨」（傘寿の絵）

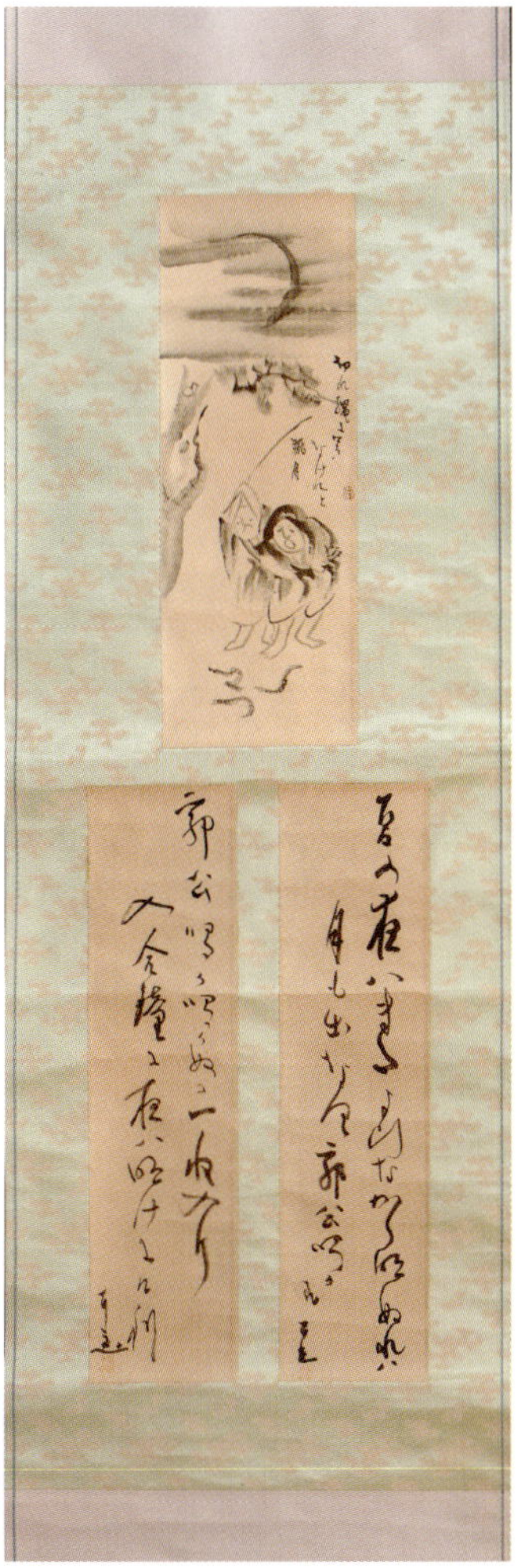

仙崖「忍び縄」

伊藤銀月画（忍者研究画として随一）

日本を世界に強く導いた忍びの八人の英傑
幕末の〝忍武四天王の位〟の書

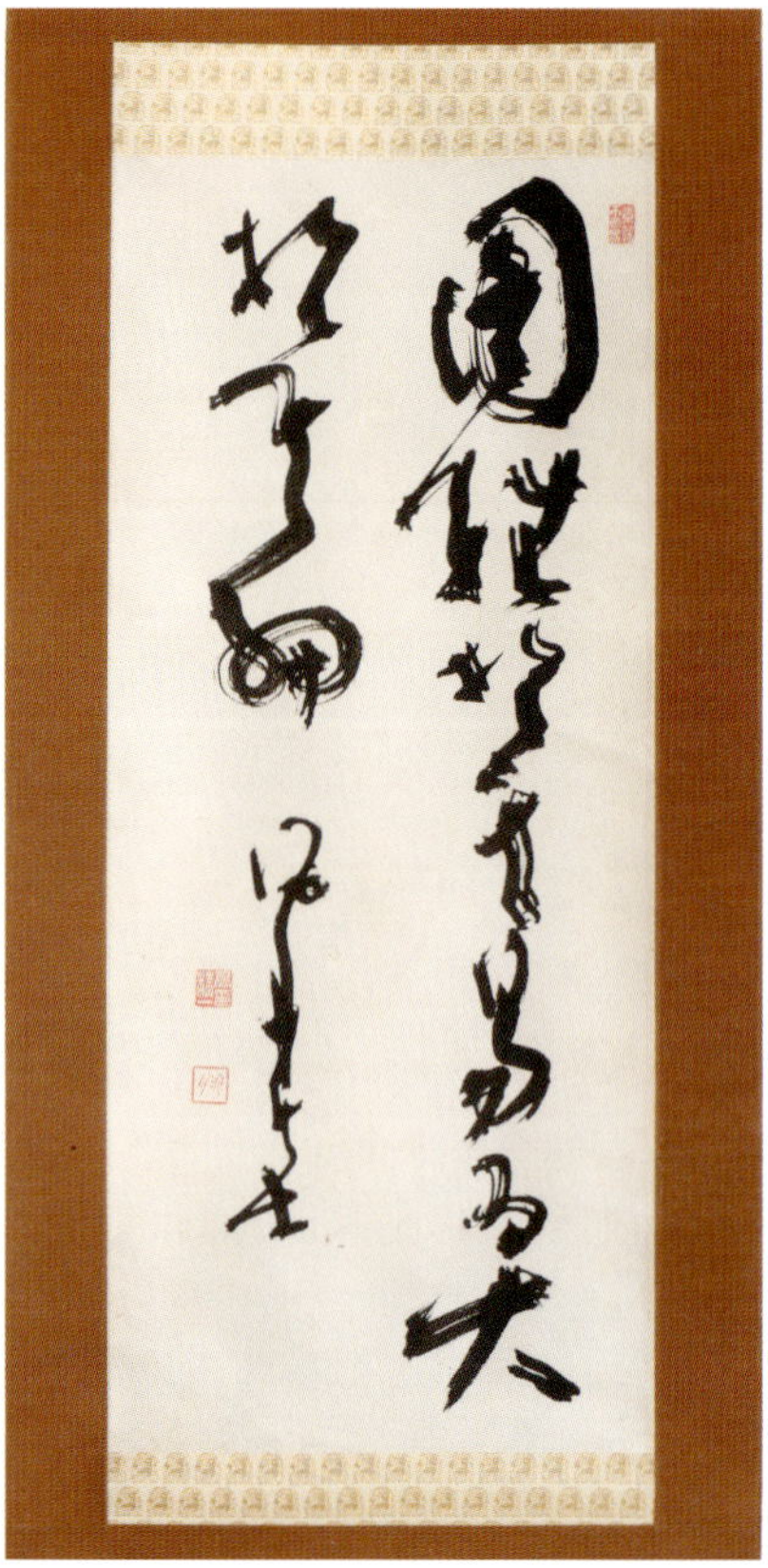

高橋泥舟書

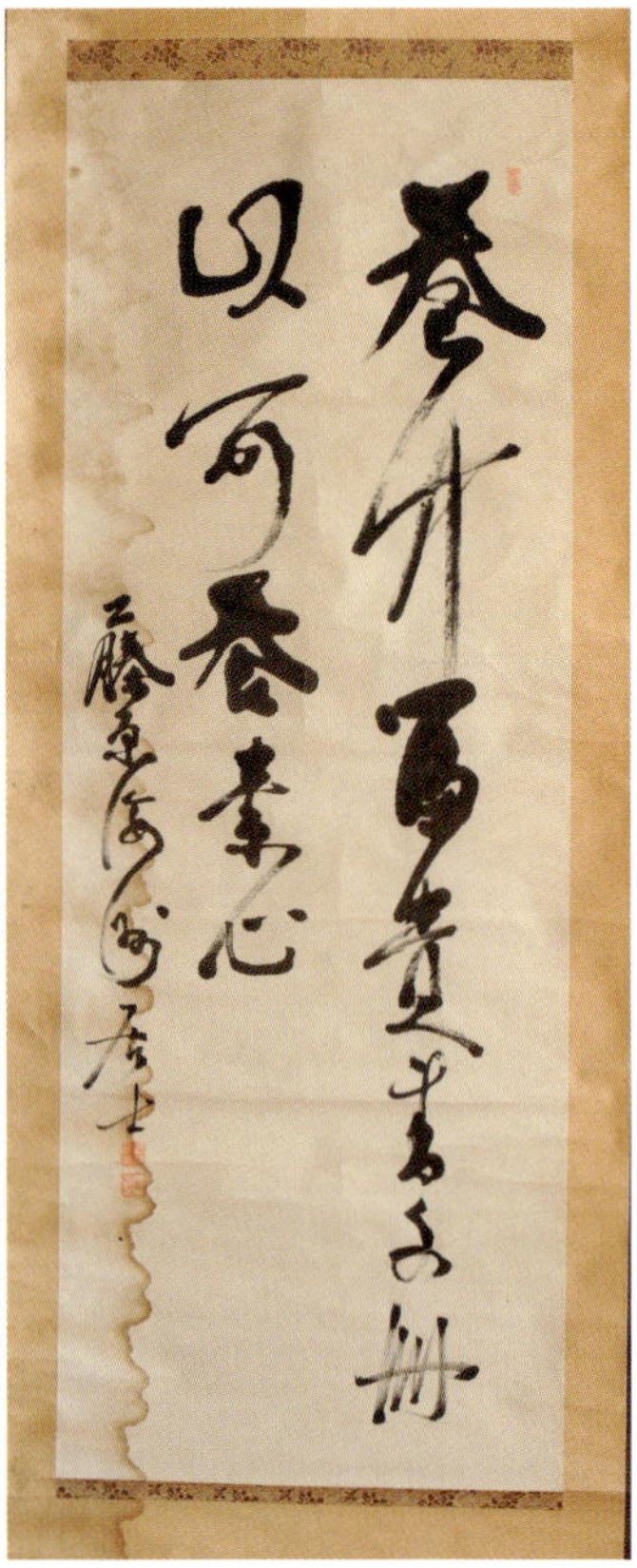

勝海舟書

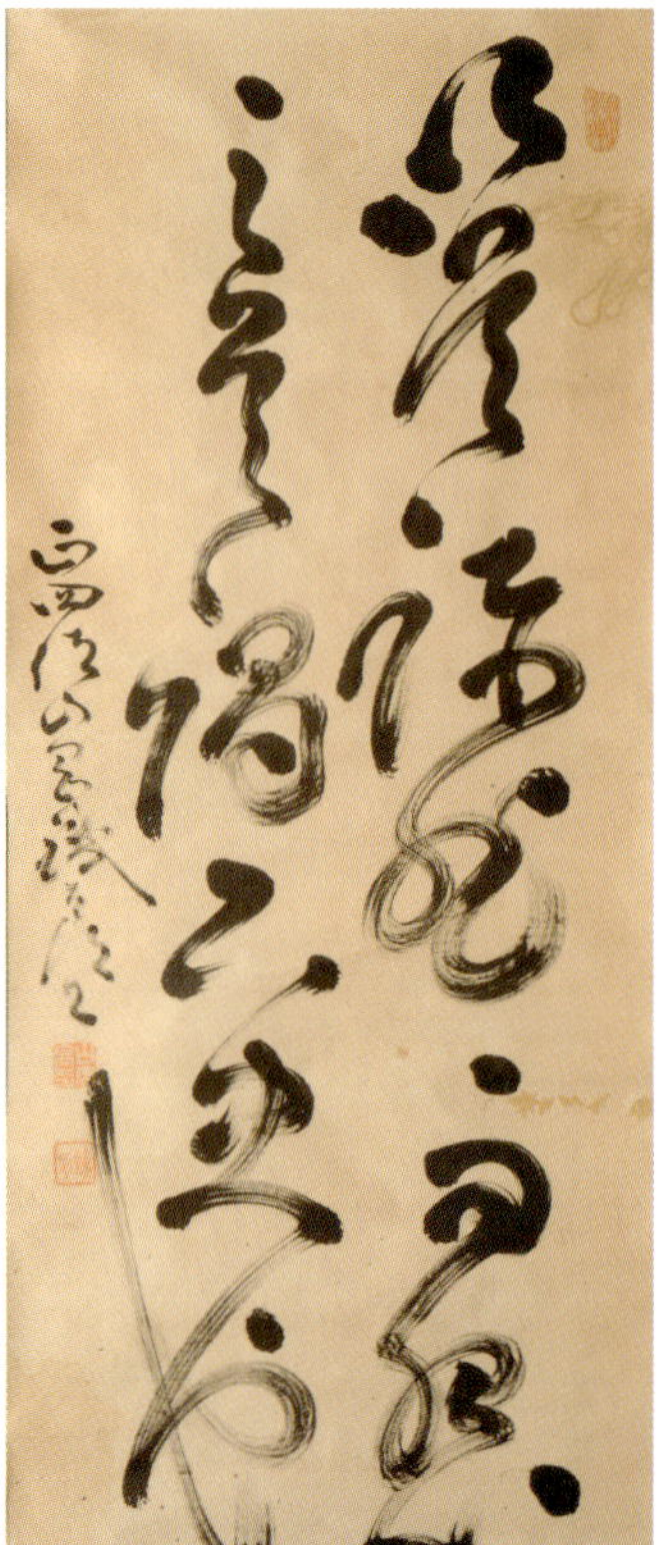

山岡鉄舟書

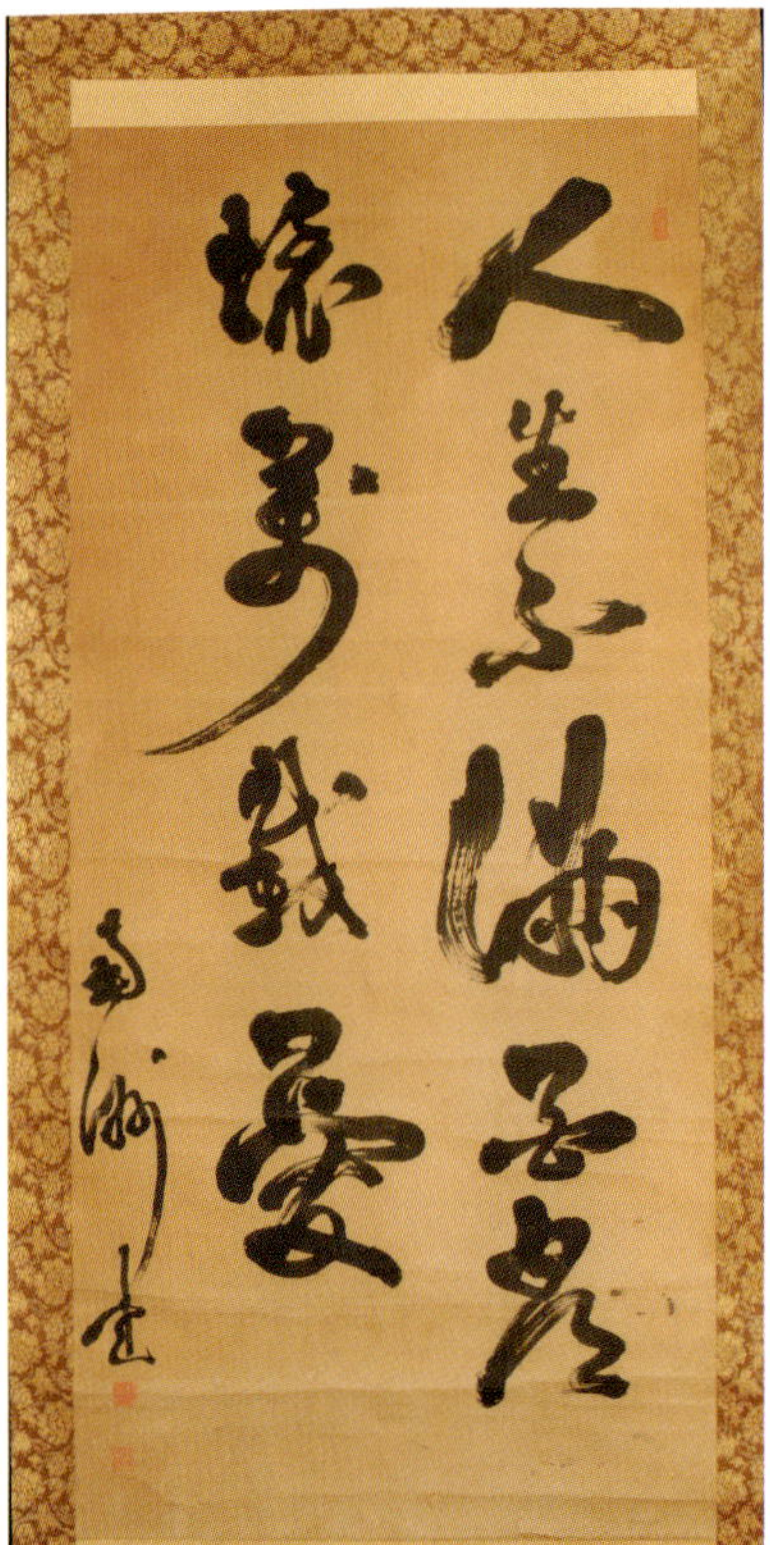

西郷南洲書

日露戦争忍武四天王の書

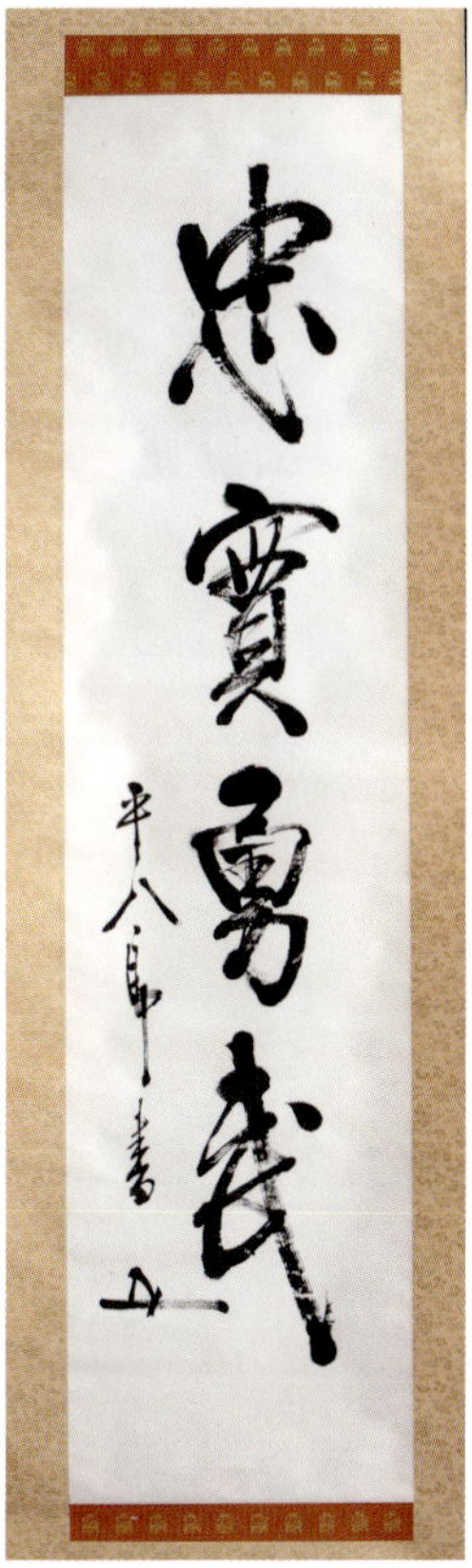

東郷平八郎書

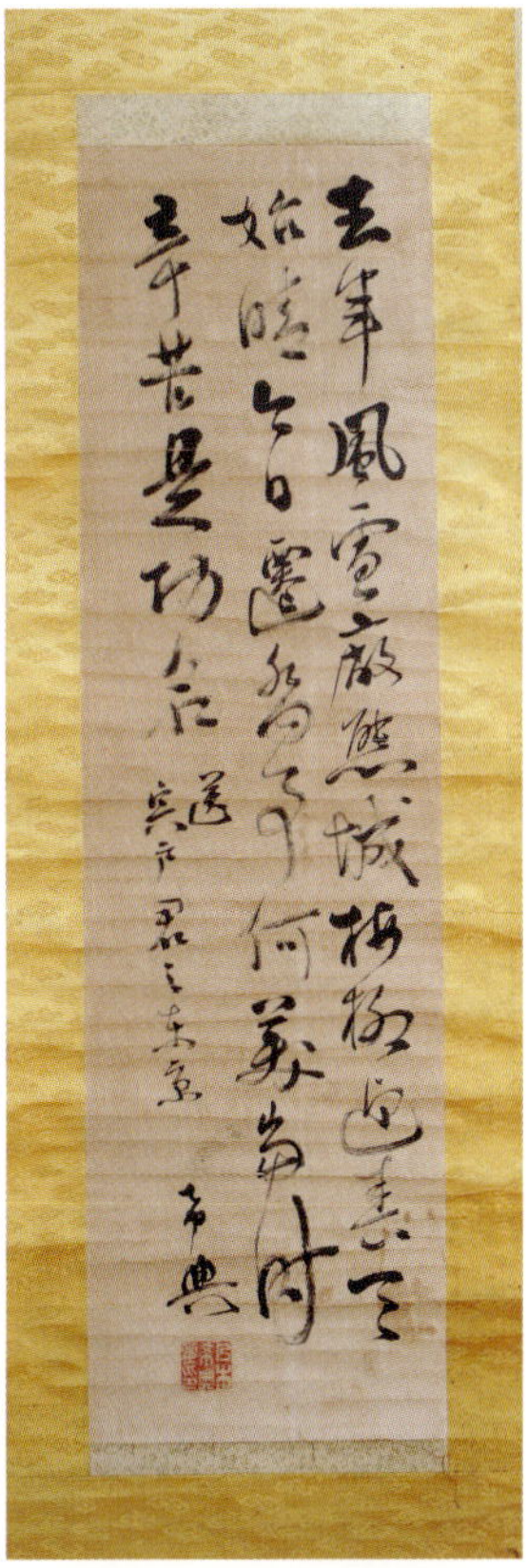
乃木希典書

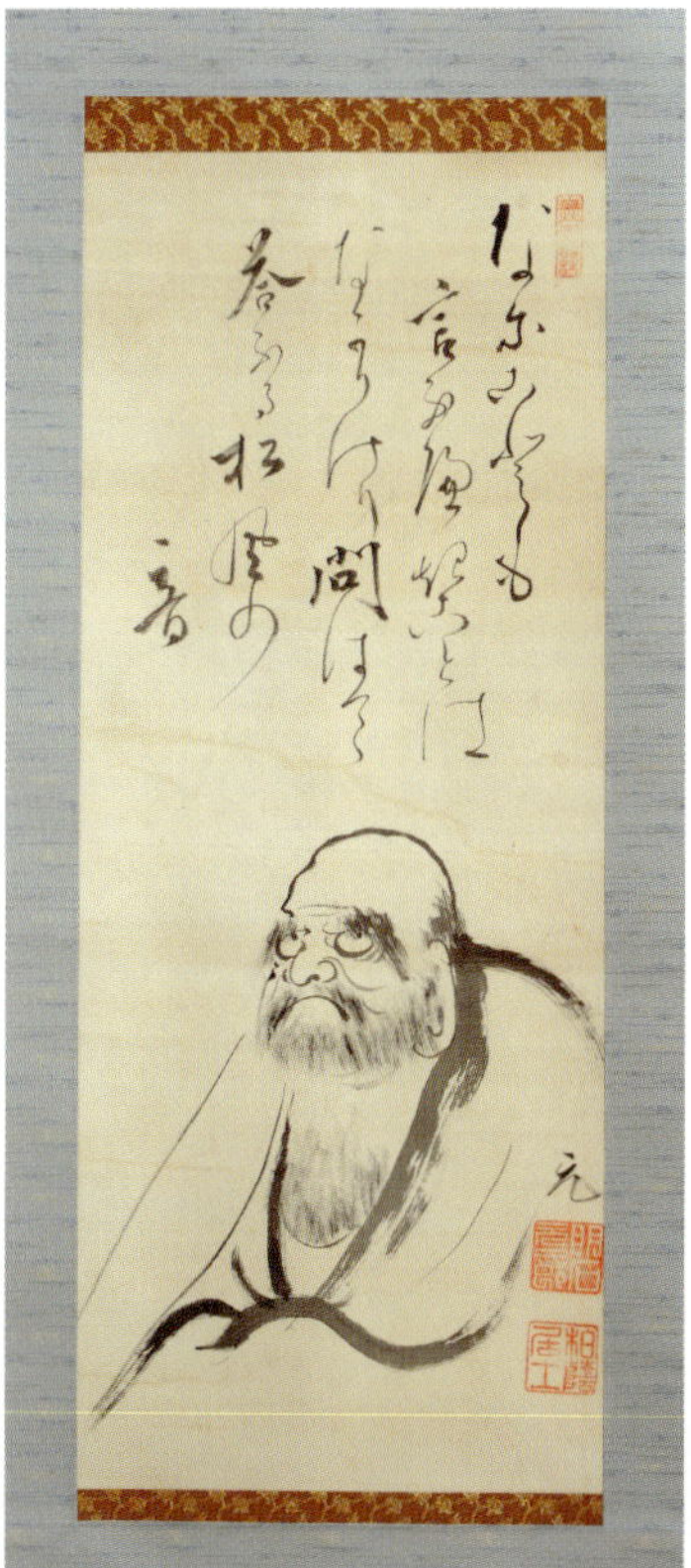
明石元二郎の書と達磨図　世界的忍びの達師

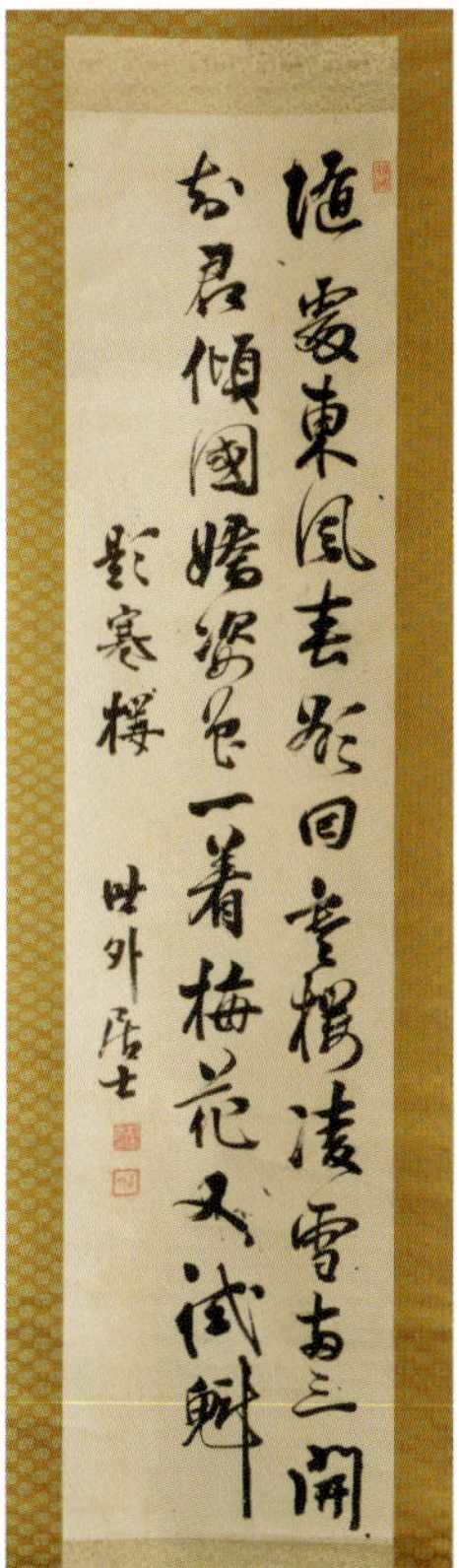
井上馨書　日露戦争で一喝。「金がなくては戦さは勝てぬ」と。埋蔵土遁の雄

忍具

鎖分銅

撒きビシ

足砕

つぶて

印籠遁薬

媚薬入り大黒様と印籠

仕込み煙草入れ（銘宗周）

センバン

鉄帽子

珍貝万力鎖

毒針入りのコケシ

新田義貞の潮遁香炉

手甲足甲

竺灯

鎧・忍具・懐剣

鎖カタビラ

明珍宗周の忍者鎧

鉄砲の弾も通らない
盾鎧と大《おお》蛇《み》槍《やり》

遠目鏡

毒つぶて

忍び鎧

特殊な鎧鎖カタビラ

帯剣

鐙銘　明珍宗周

鐙が語る弾丸の跡

槍や鉄砲を防ぐ

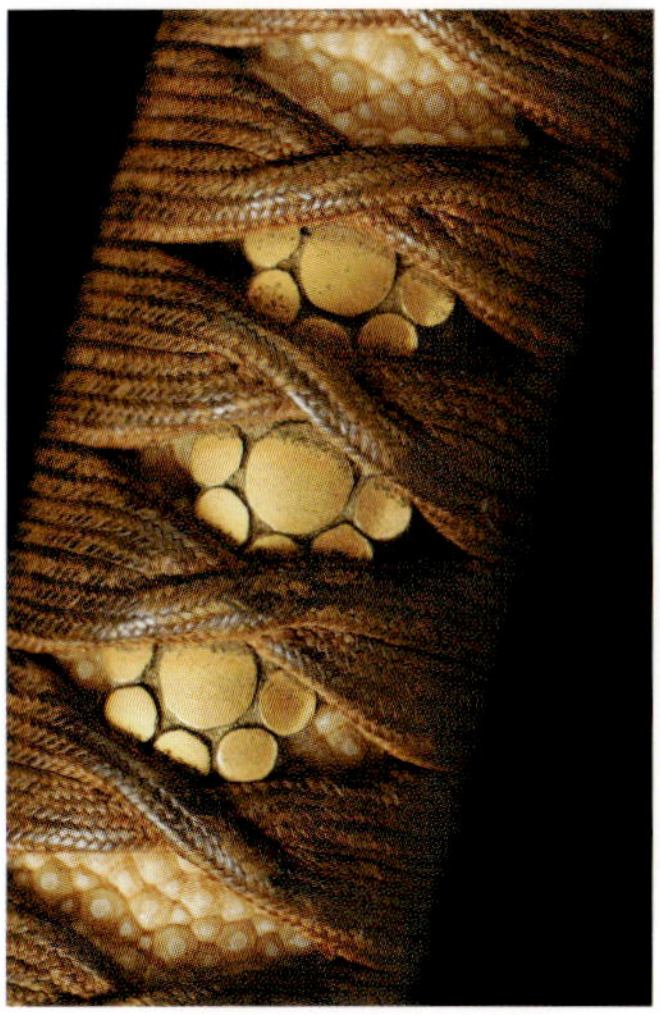

九曜紋。甲賀三郎

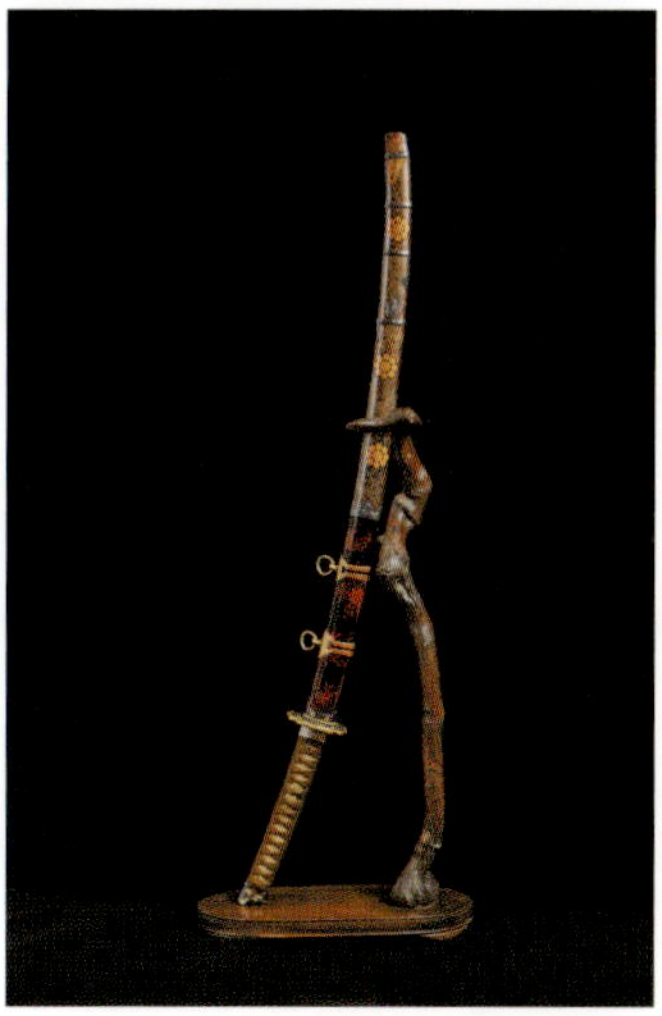

九曜紋、木曽義仲の太刀

火消し（棟領が着る）

忍びいかり

ダライ・ラマ法王のカギ

忍具・鉄砲・鎖鎌

火薬入れ

投げ鉄砲

忍び鉄鞘太刀

忍び鉄刀

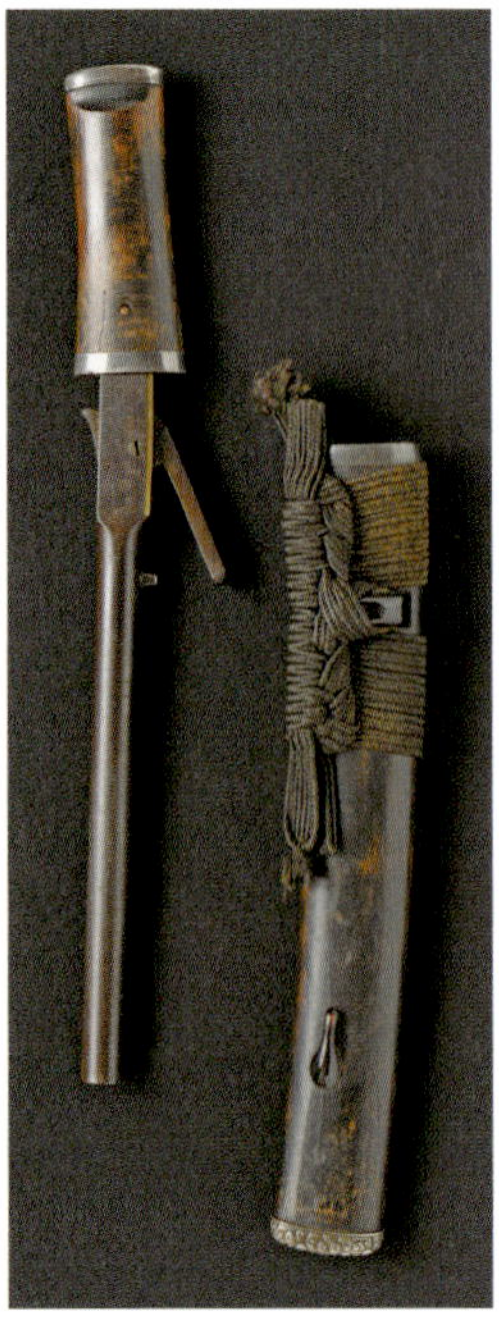

忍び鉄砲

距《きょ》跋《けつ》渉《しょう》毛《げ》

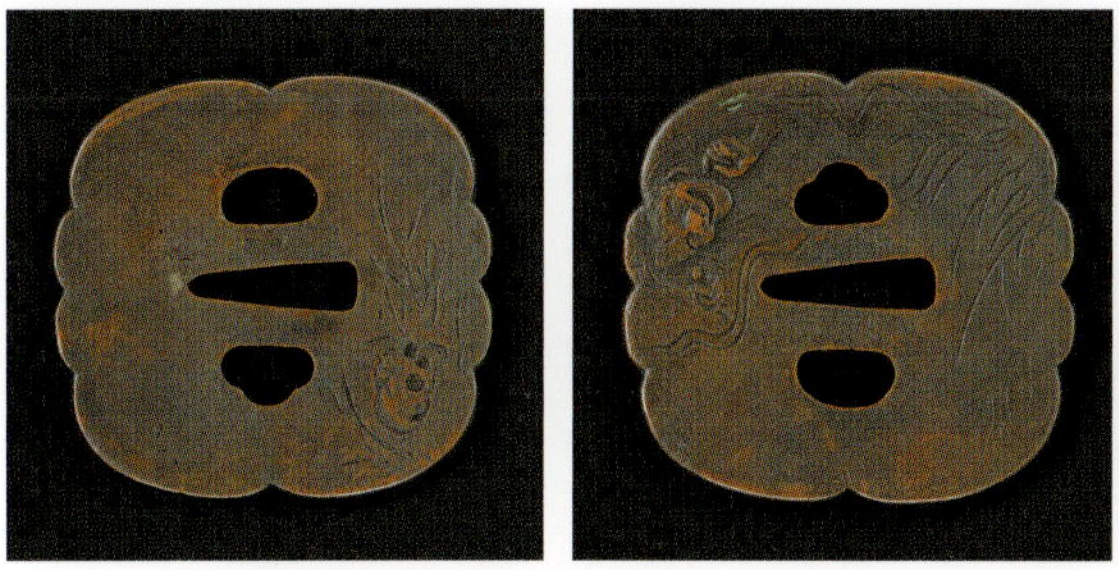

幽霊鍔

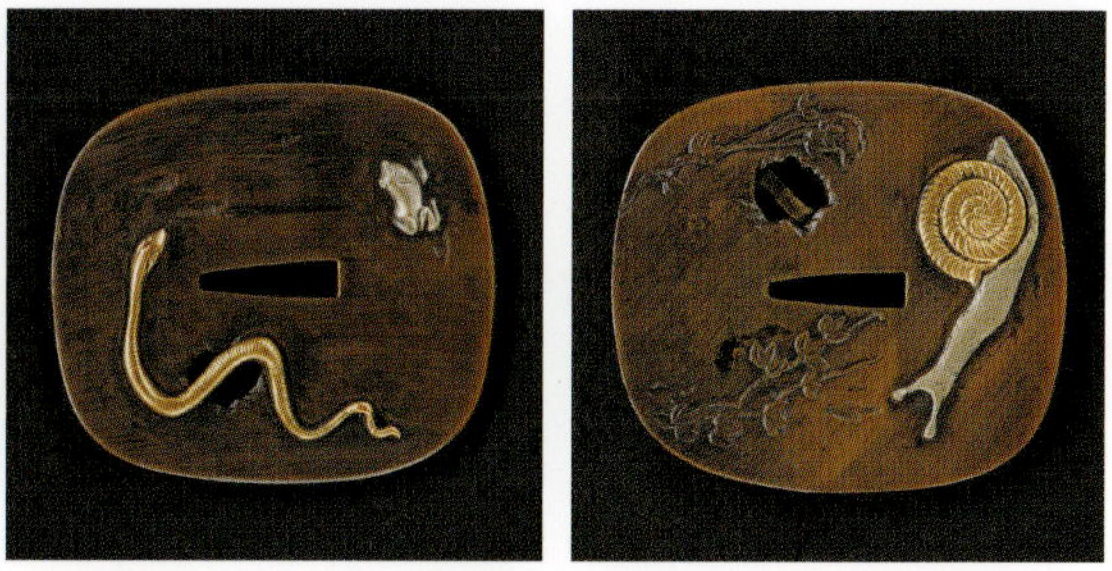

三すくみ鍔

息討器

銘

すじ金入りまらほし。すいじ貝霊魔除まろほし

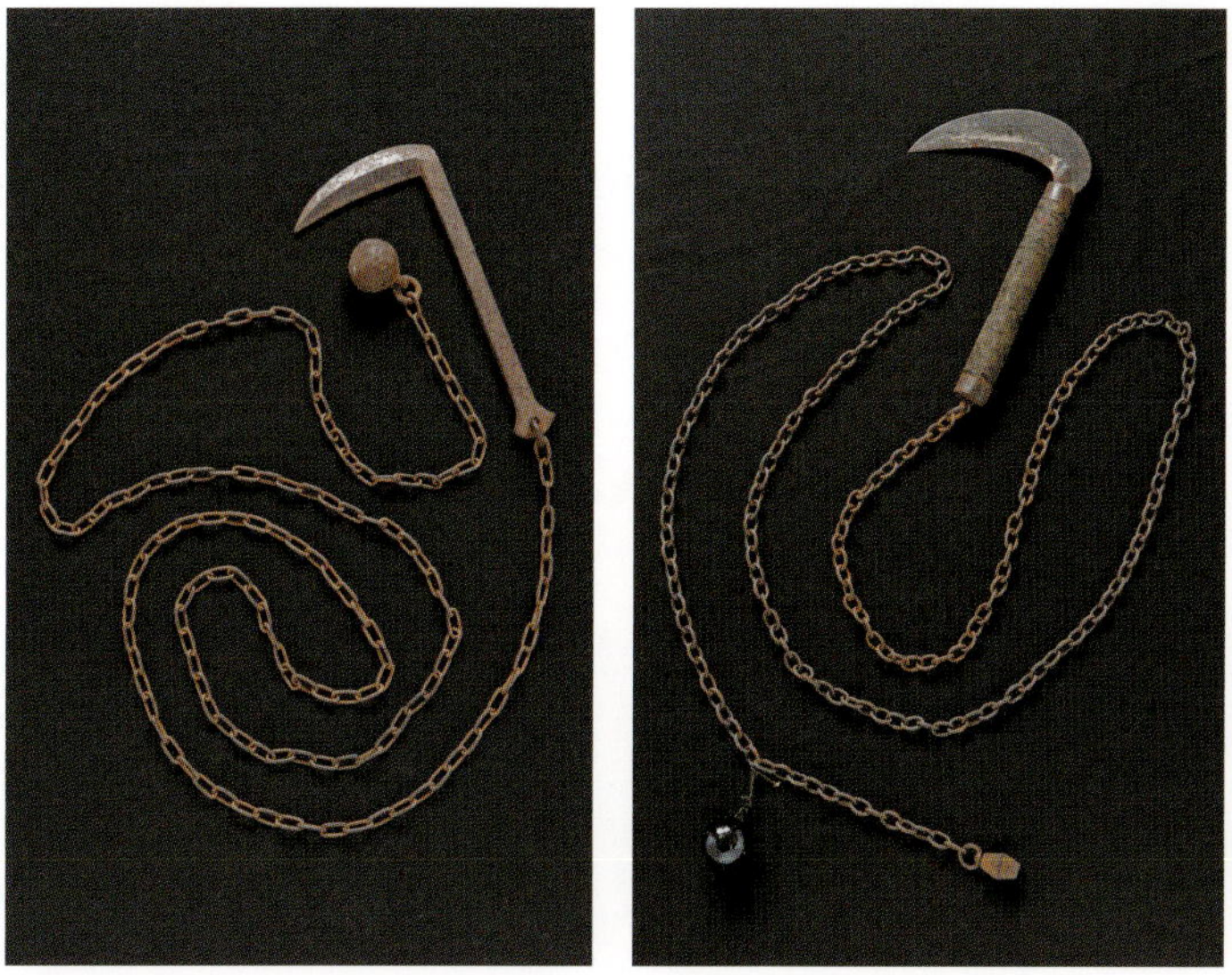

忍び鎖鎌

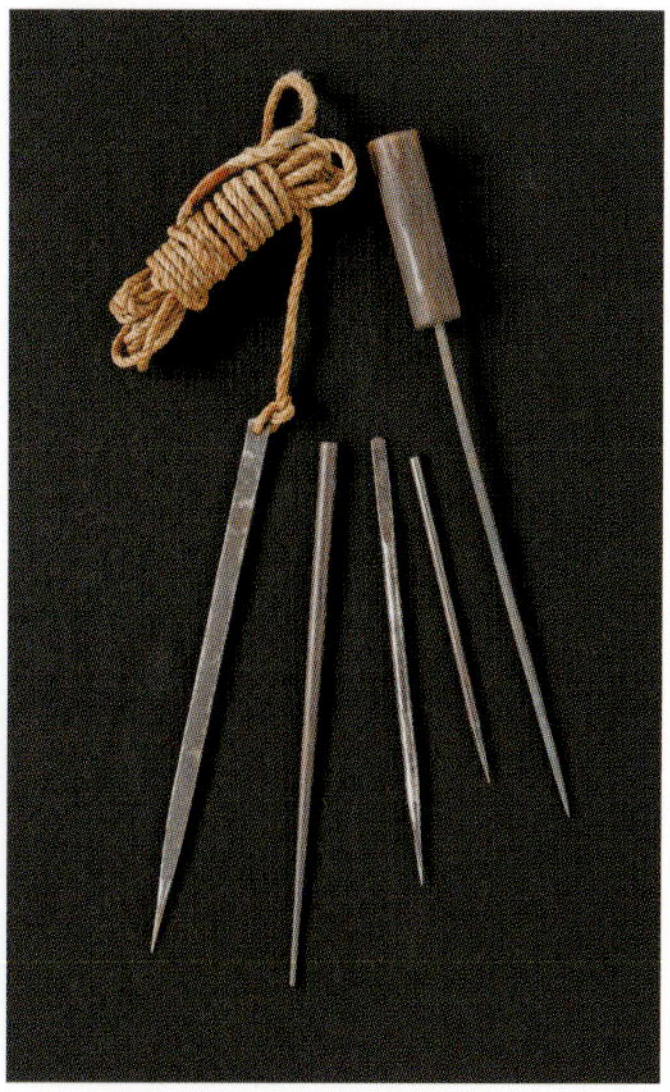

忍具

武心戯画

死地生報国
（七生報国）

忍者鐙

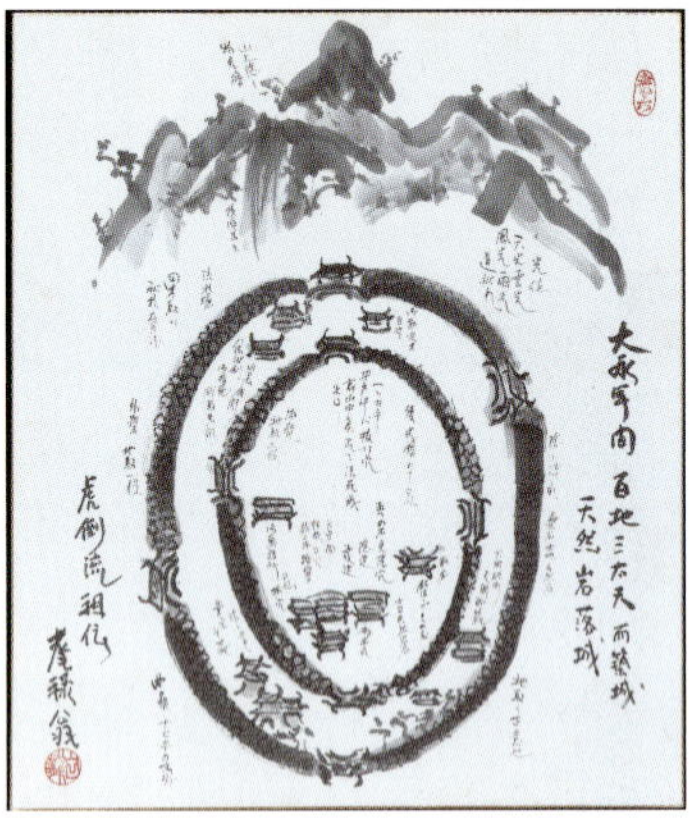

百地三太夫・忍隠城

龍遁水蜘蛛

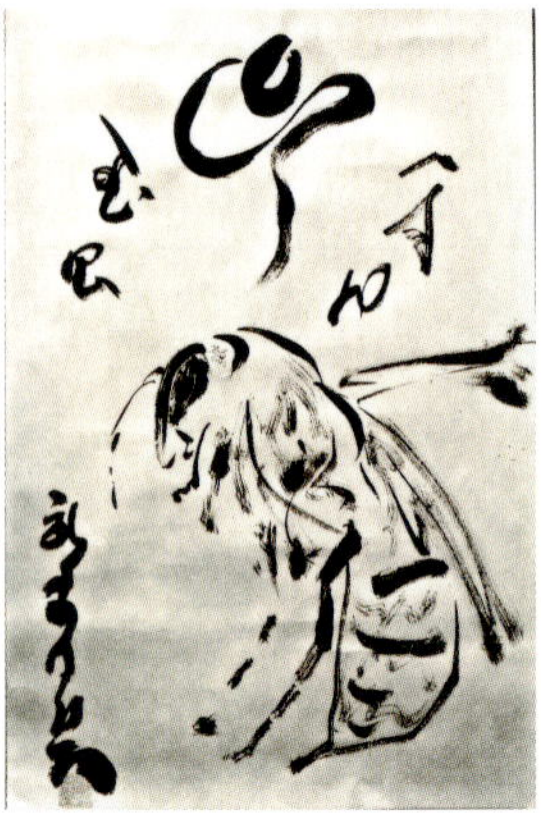

アモ一寸の玉虫

武者絵

仁木弾正鼠遁

万内荒海

壇ノ浦

山本勘助奮戦の図

忍者の六法九字

気合気死遠当の術

十法折衝　心眼の術

八法奇翻八法　影の無刀捕秘剣

武心を描く

虎視但単（著者画）

艶忍くの一（著者画）

「鷹」狩野探幽（寿《す》太《だ》刀《ち》正宗）

楠木流忍術正成親子遁形の図

源頼政・ぬえ退治の図（鈴木華頓画）

陣考時待図

邪気を払う鐘馗様、勝季を狙う

三十三観音（三十三は遁形の数）

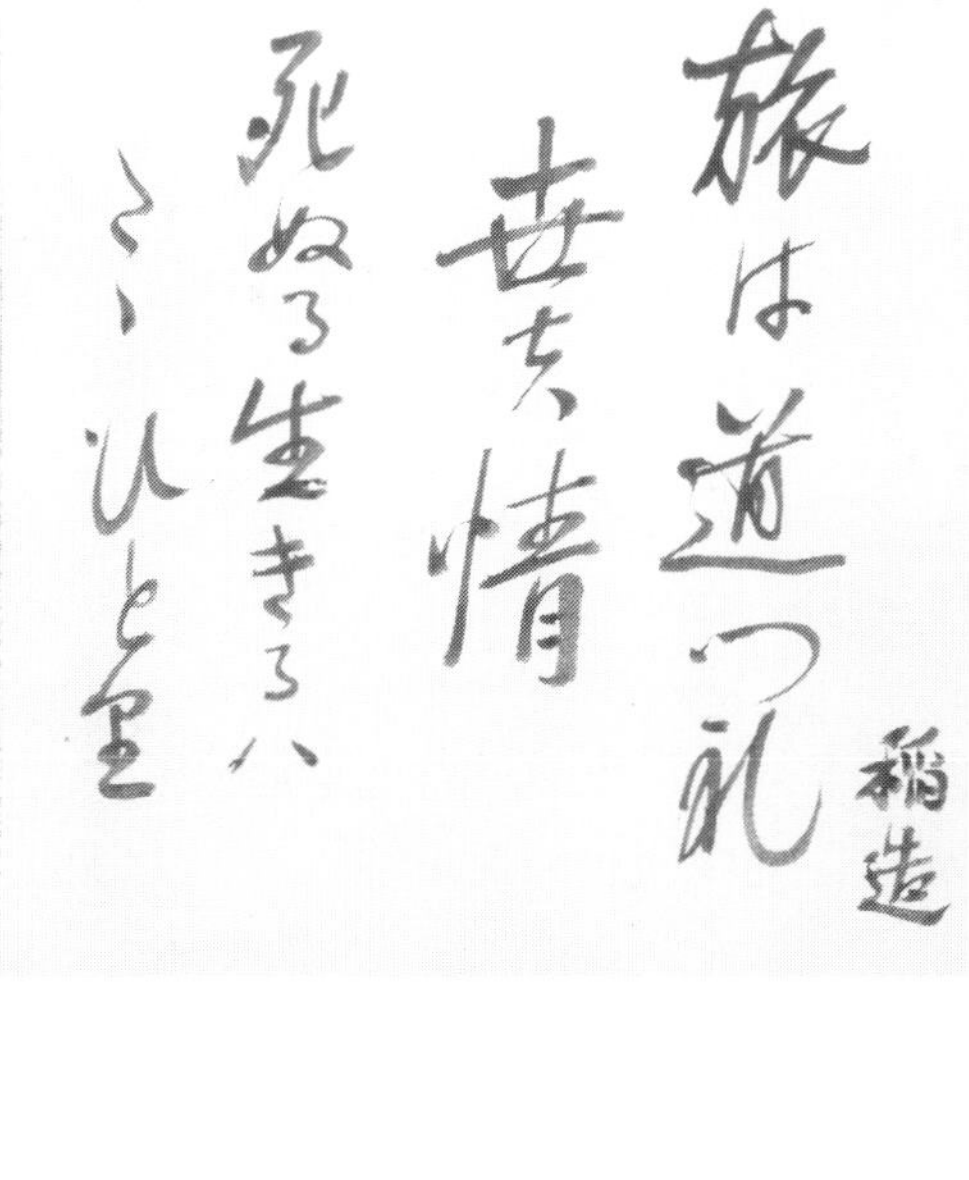

新渡戸稲造書
（『武士道』の著書。戸辺山にて）

忍び刀

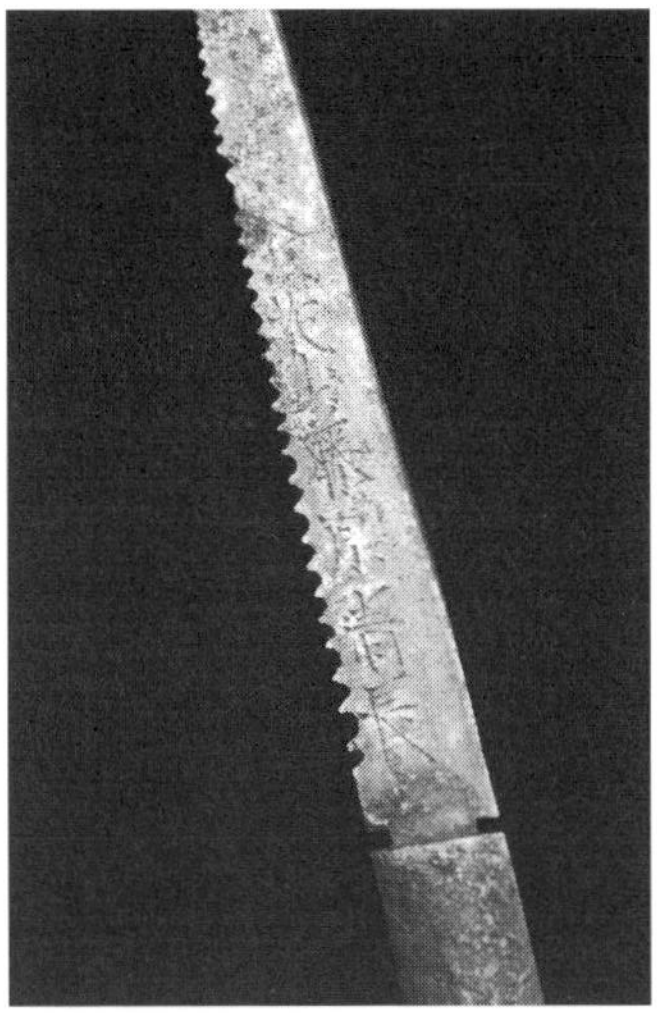

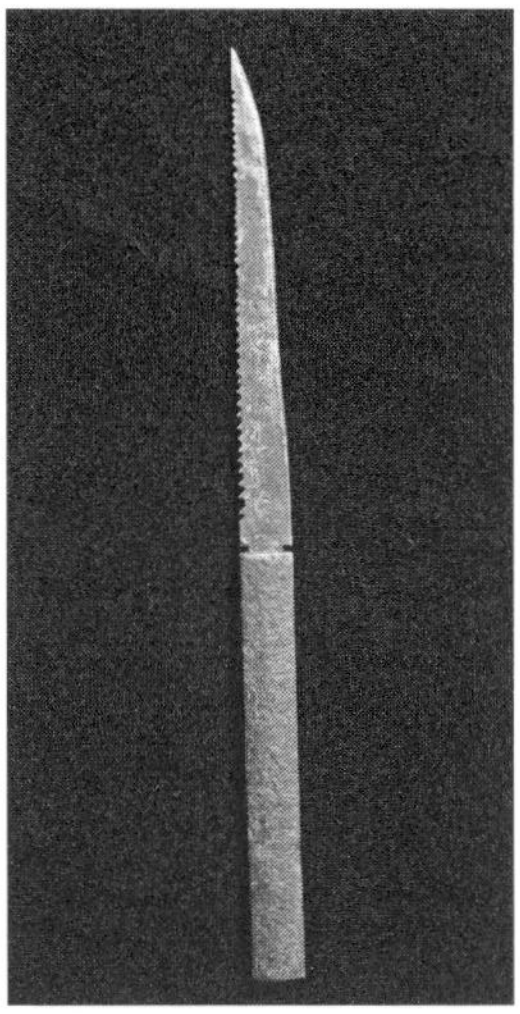

鉄斬り小柄　左は拡大写真

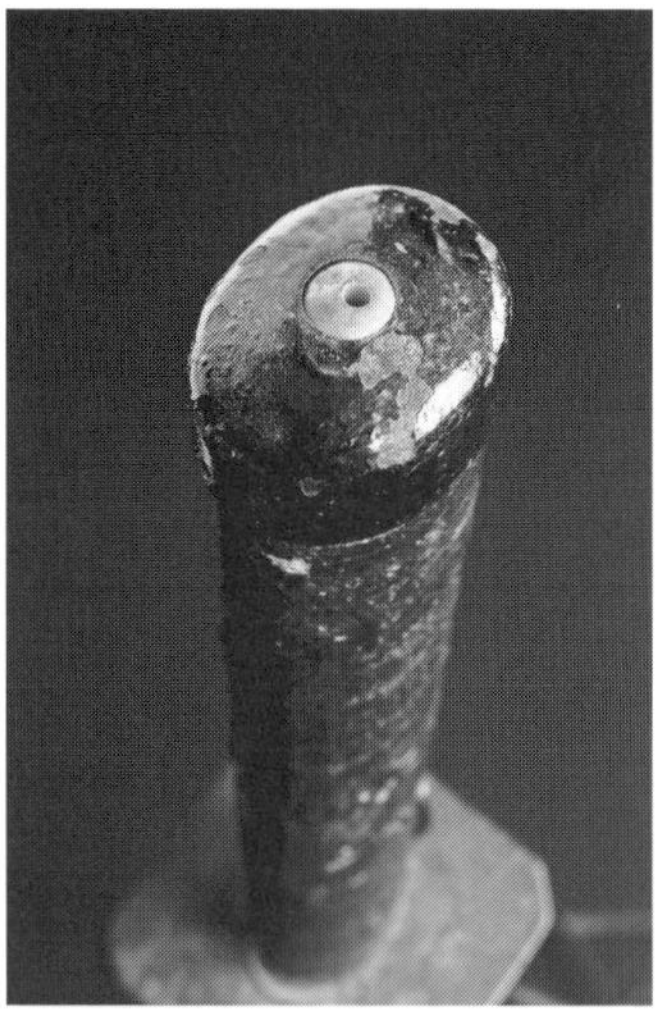

柄頭。毒を見分ける珊瑚

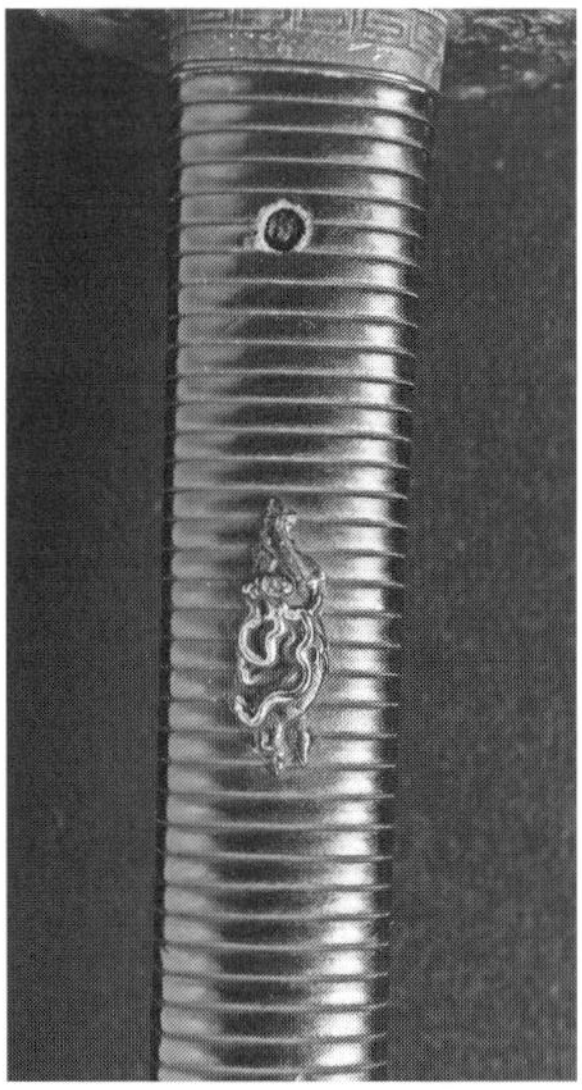

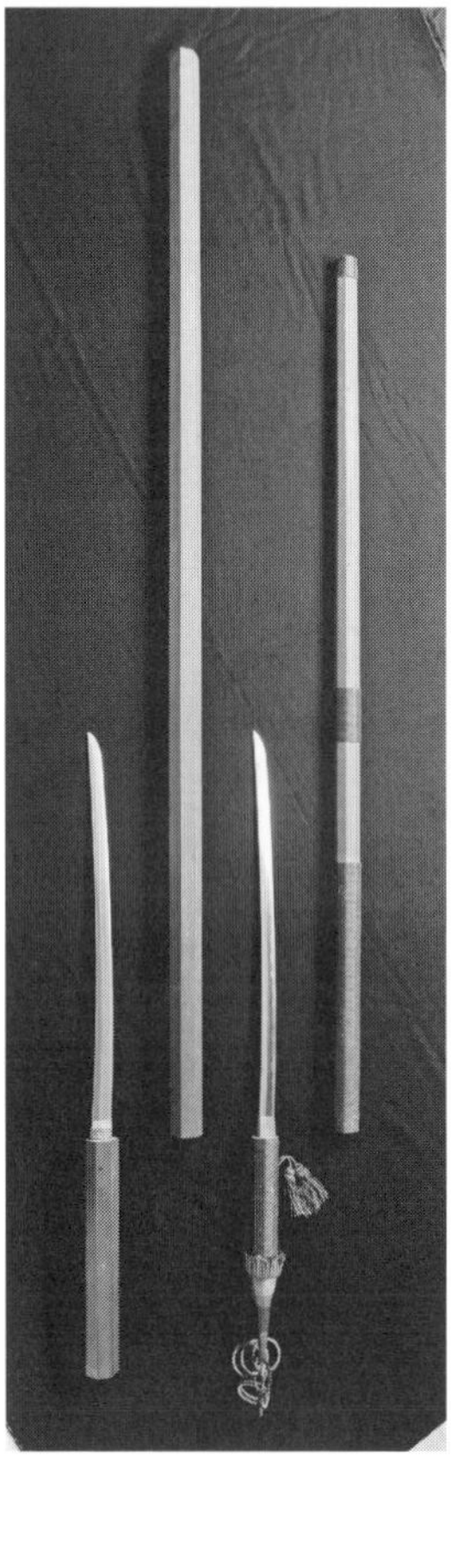

変装刀　六尺棒仕込み刀

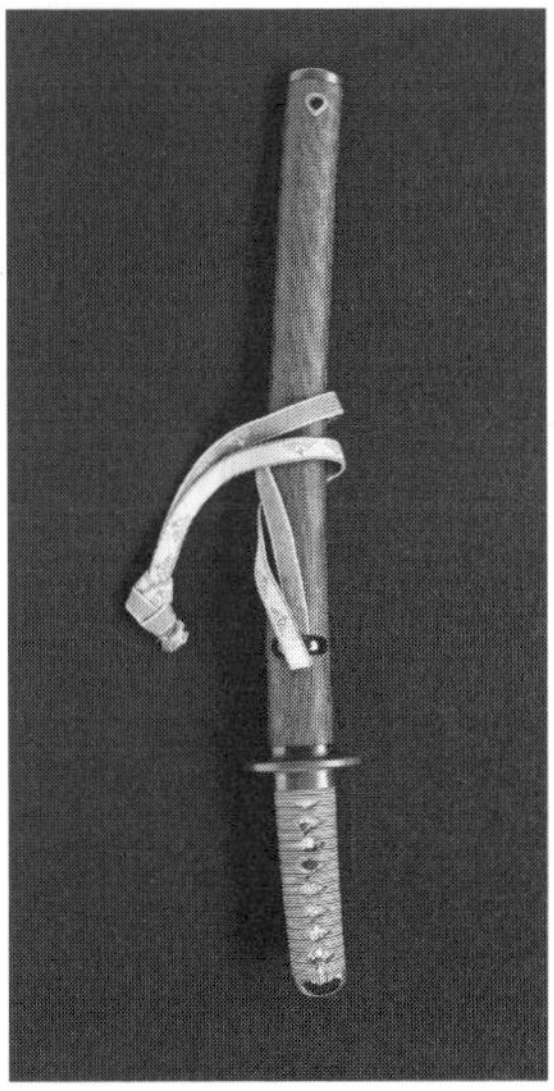

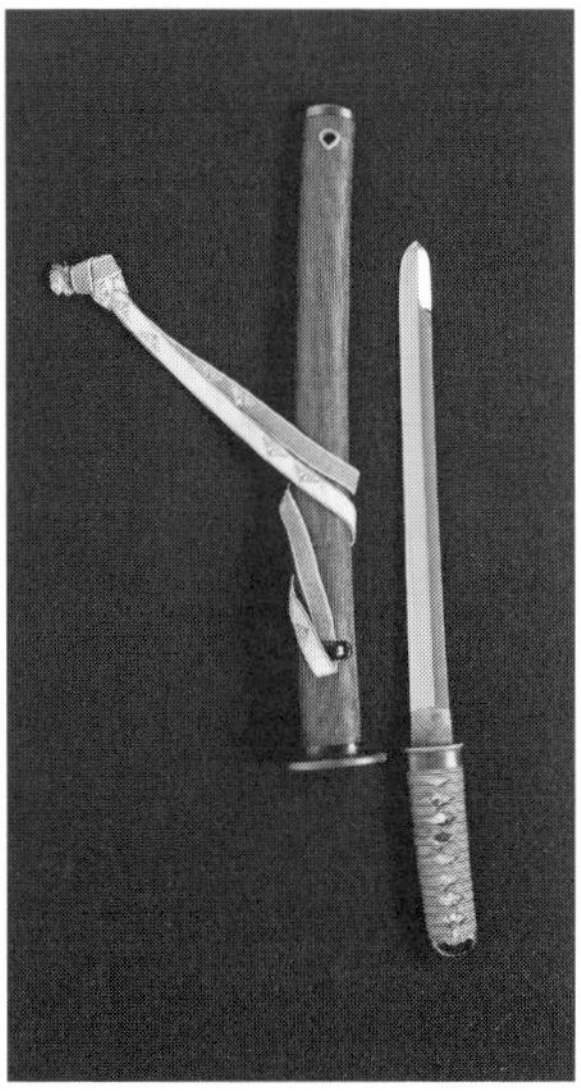

忍び刀　柄の魔　鍔が鞘についている

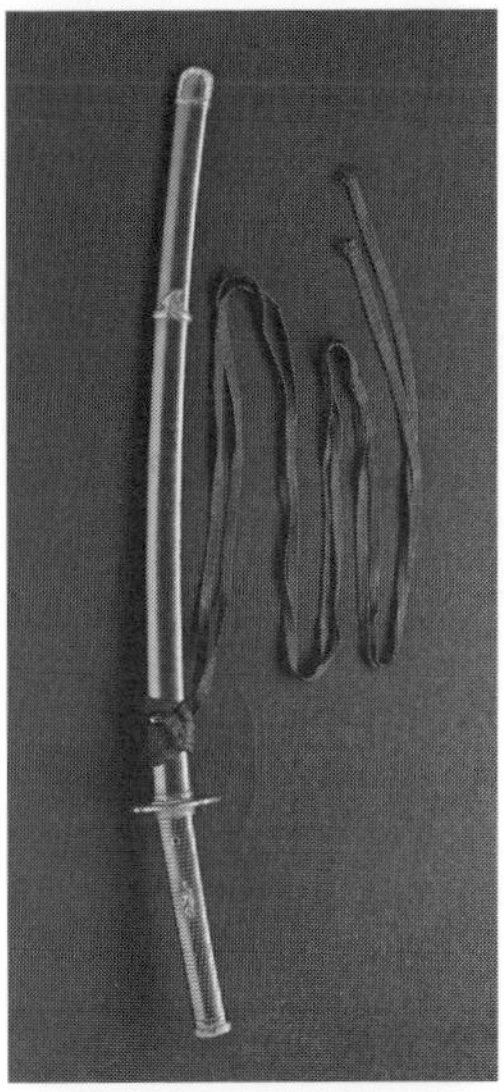

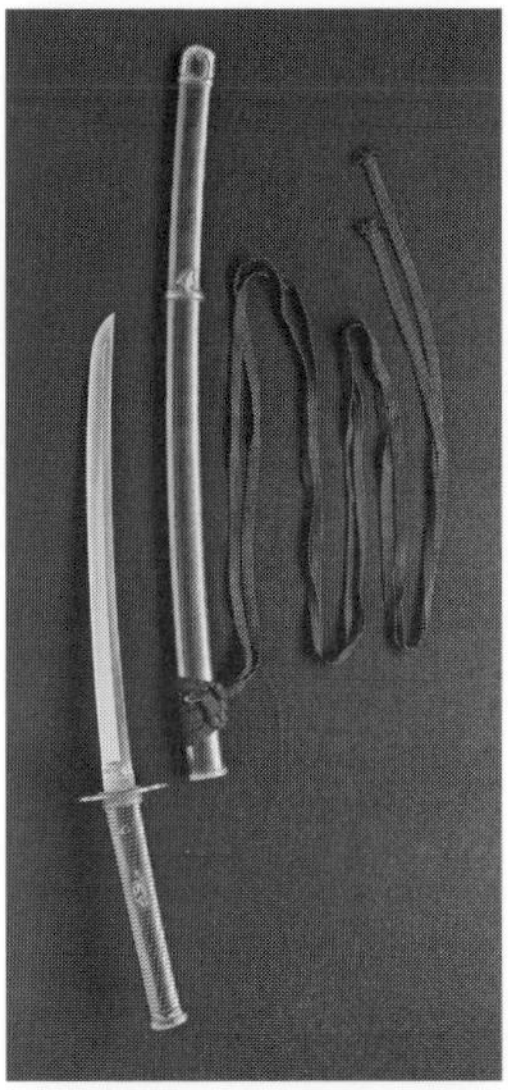

忍び刀

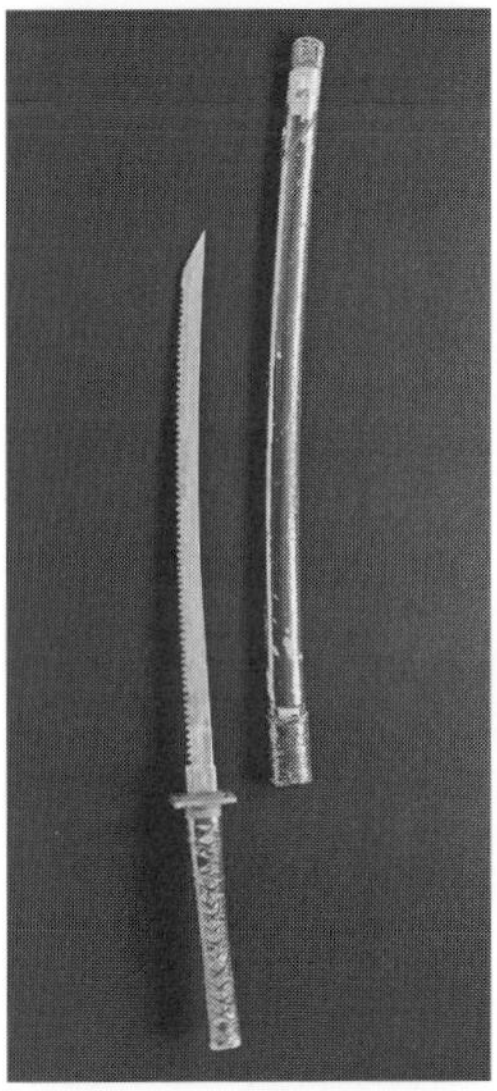

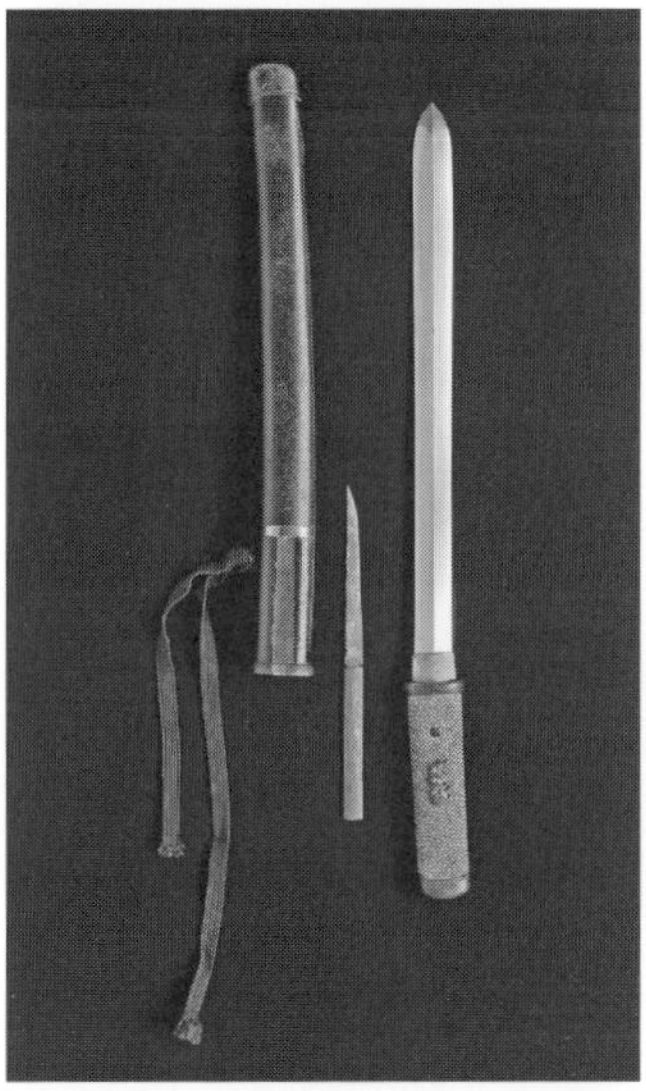

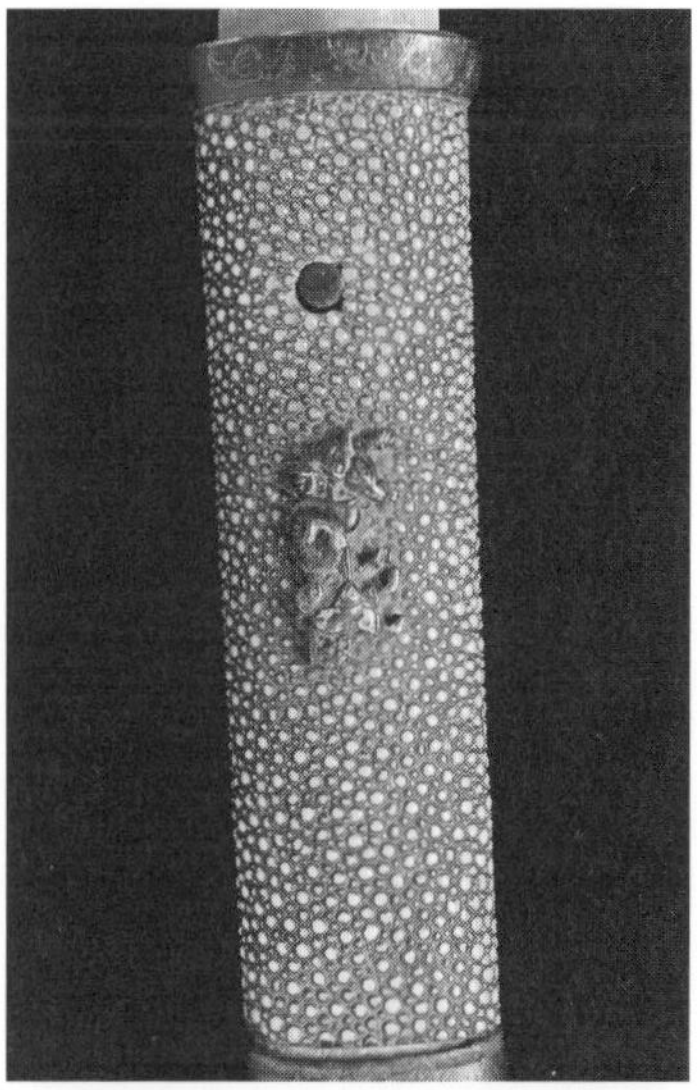

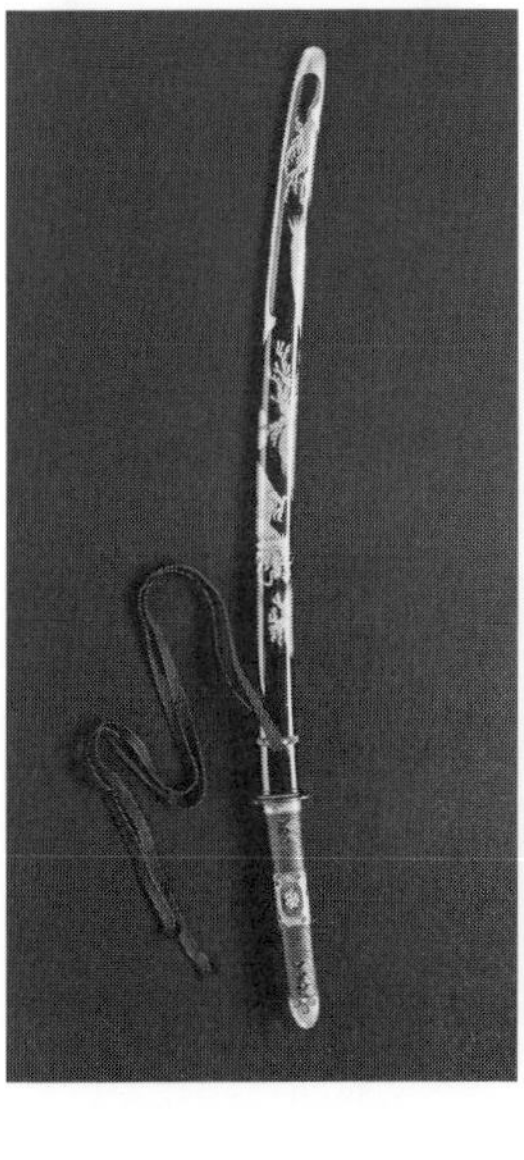

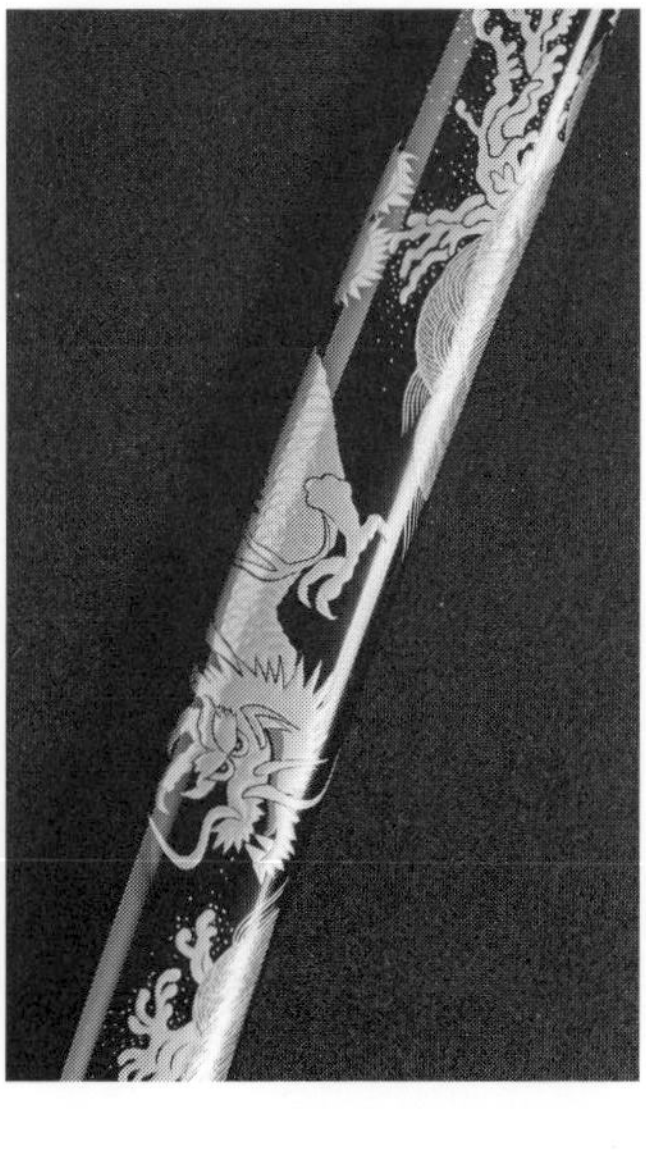

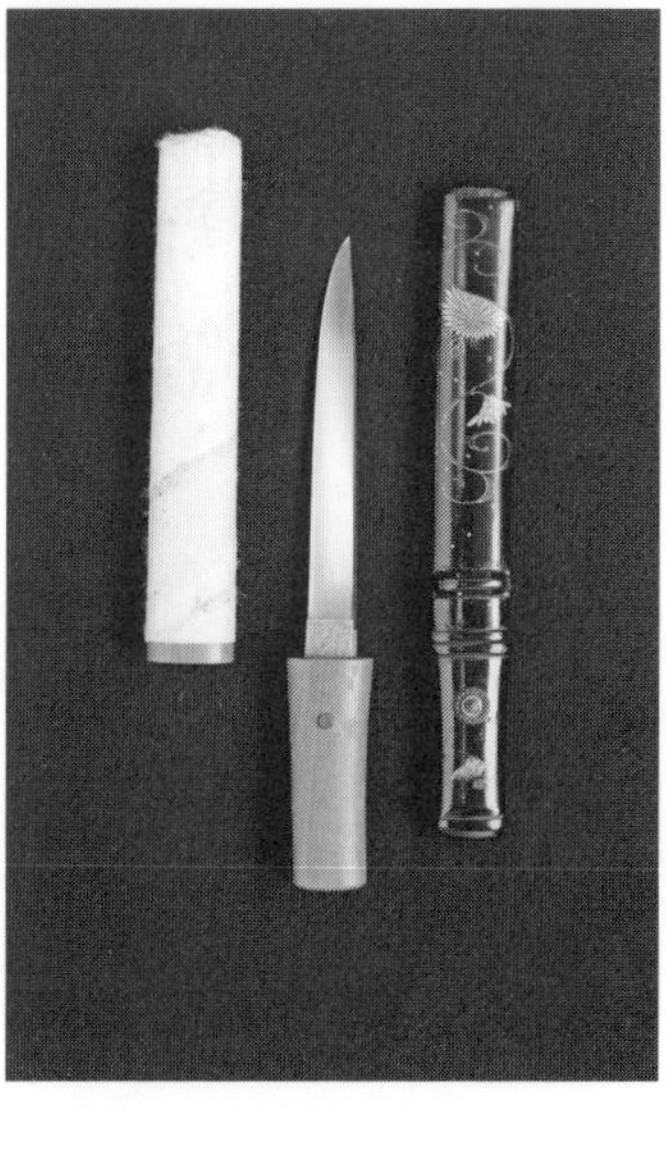

くの一の隠し短刀・懐剣・五遁怪剣

刀傷は勇武美剱の姿

つわものどもの夢のあと

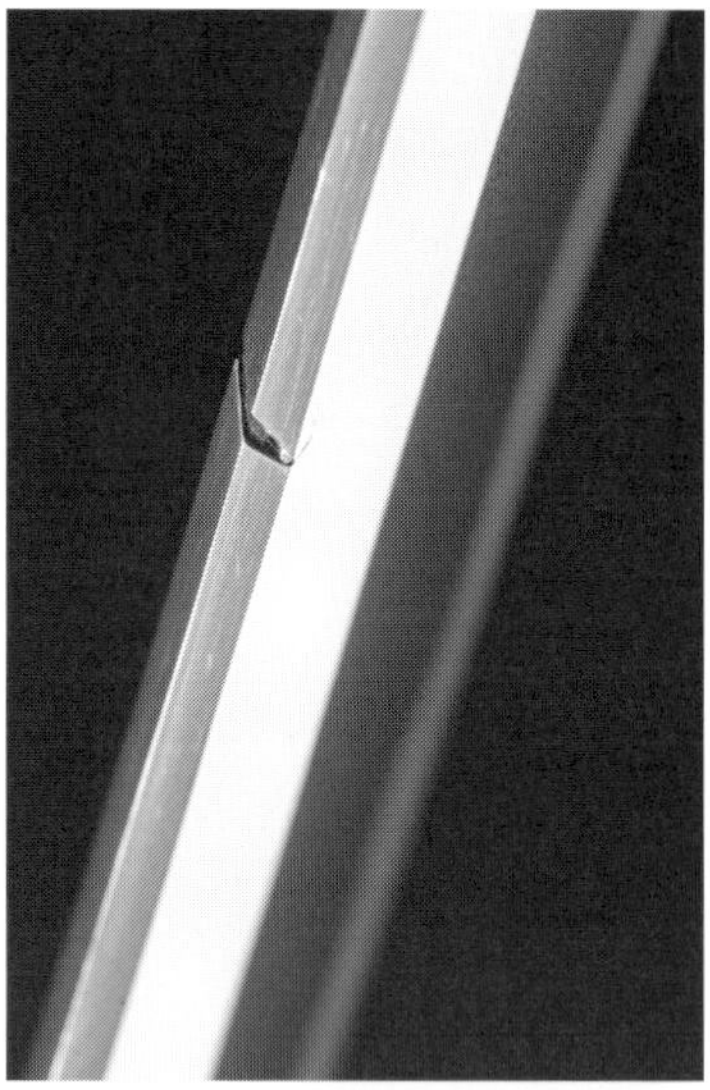

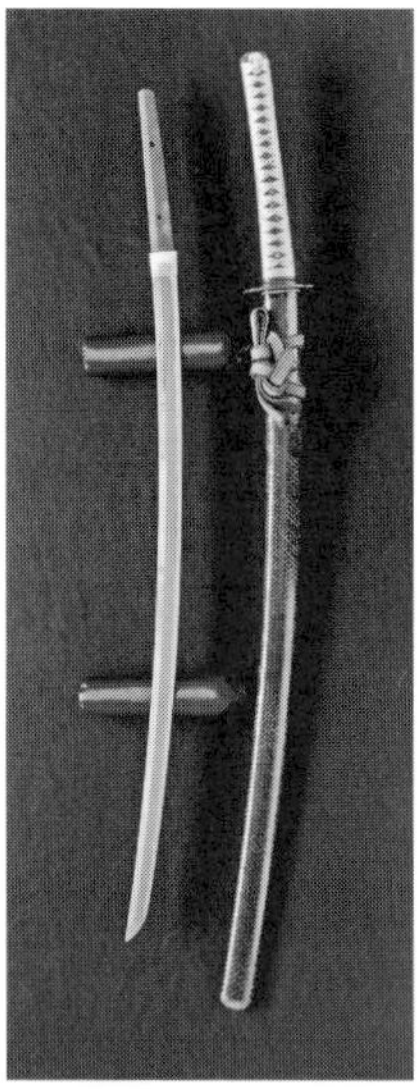

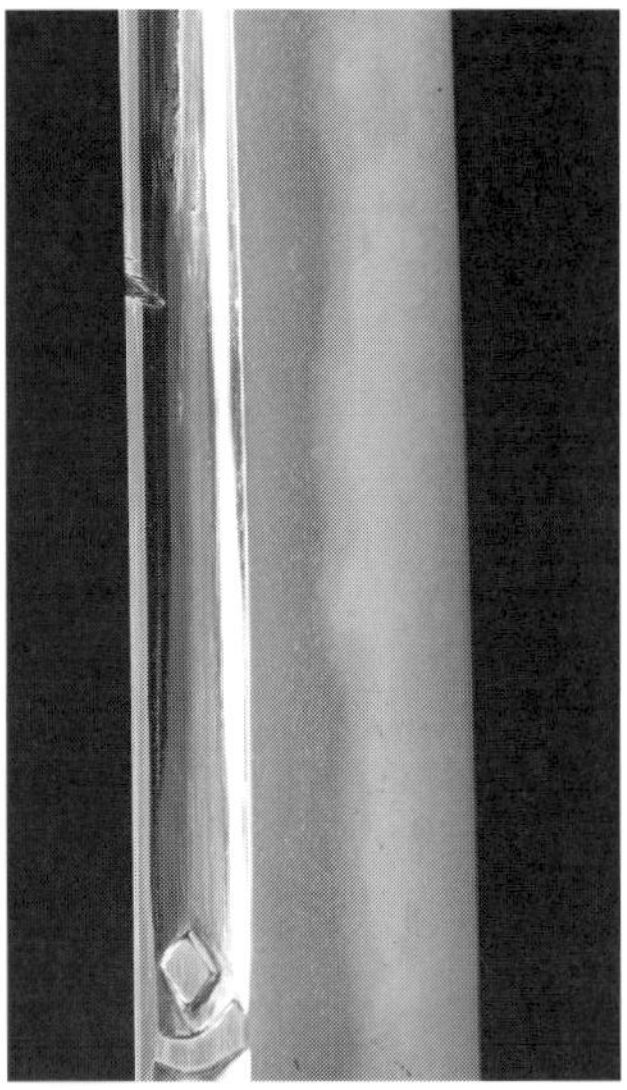

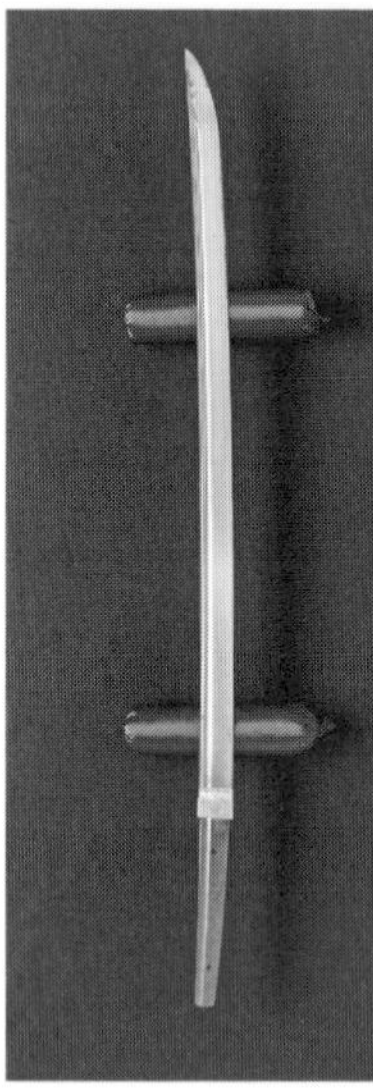

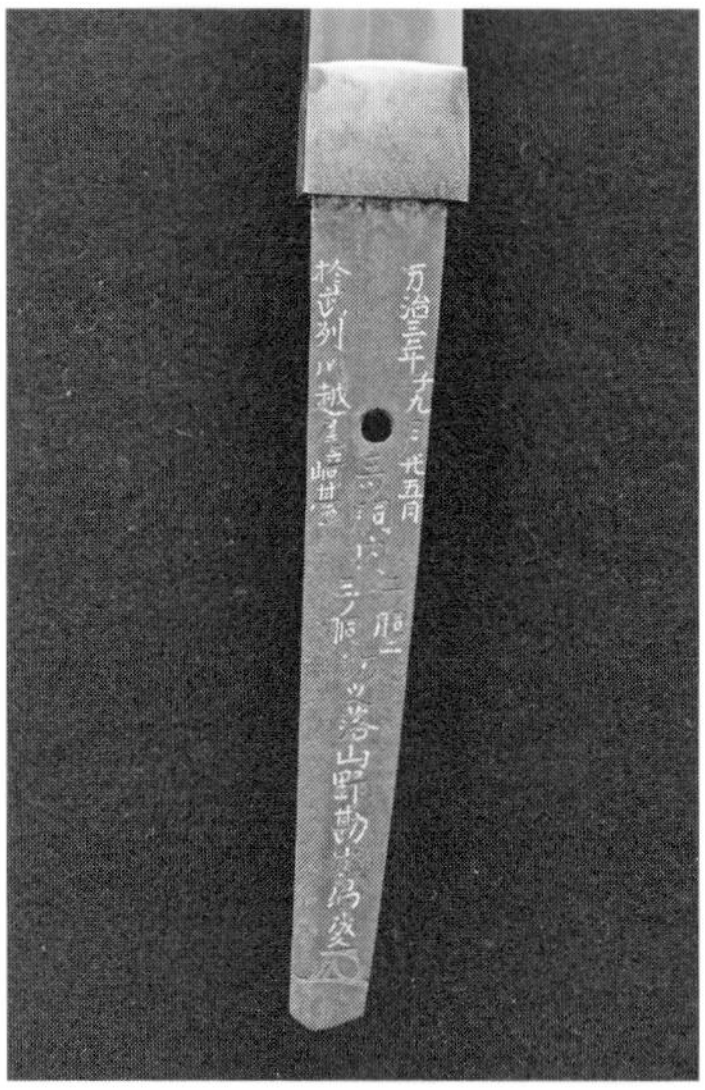

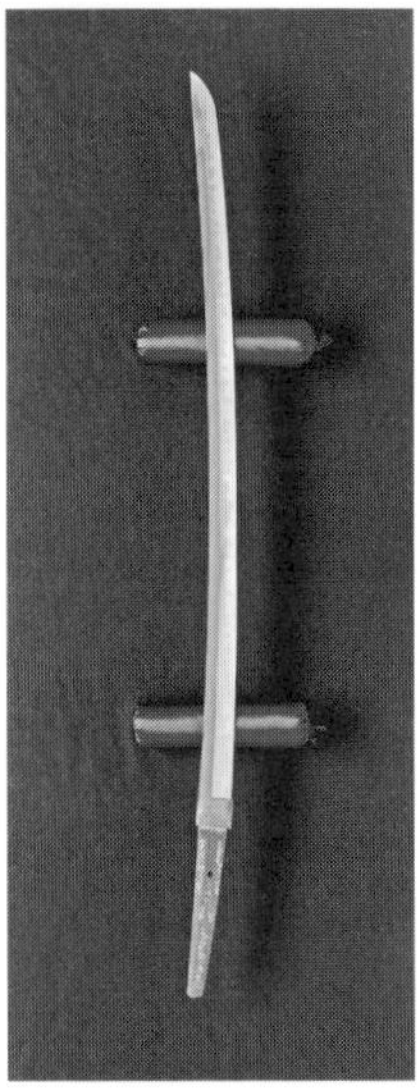

槍傷

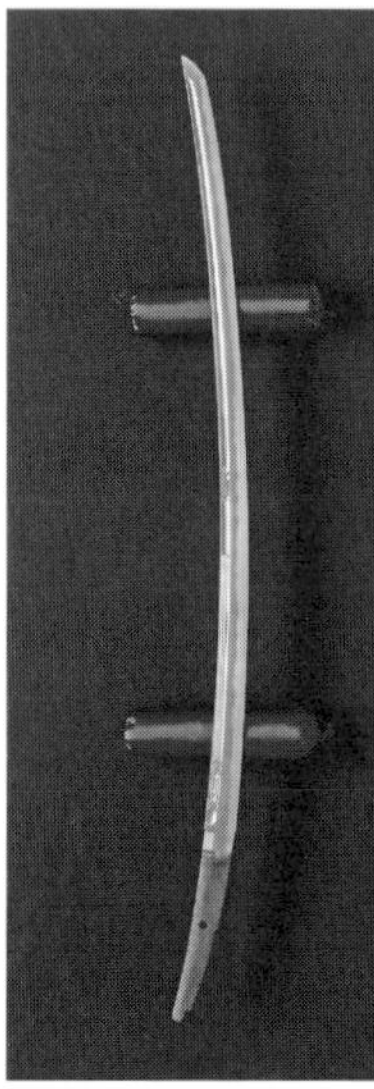

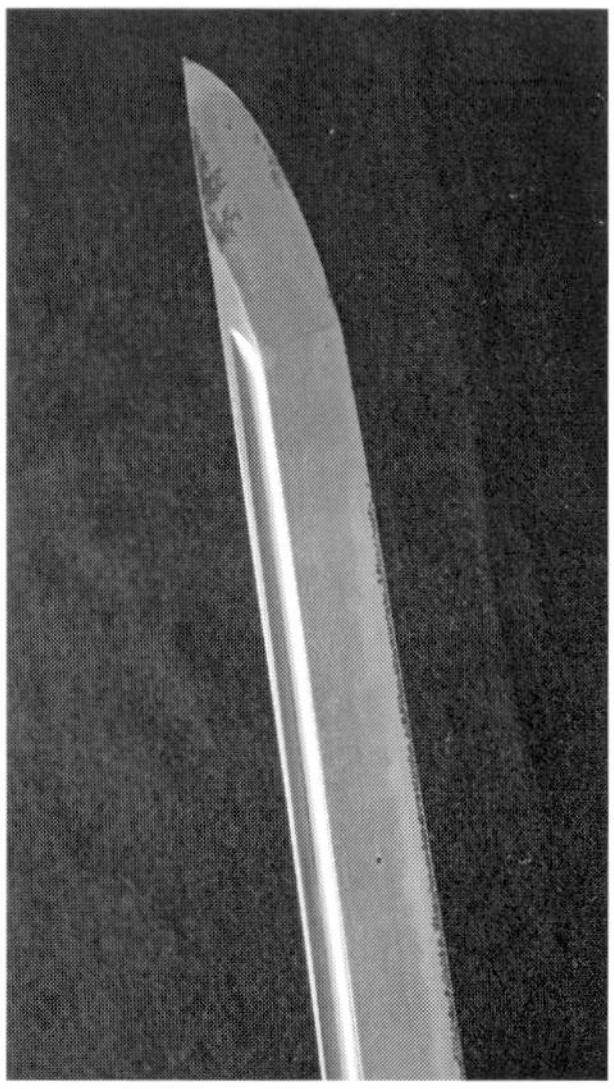

秘境の武具・多根化志魔

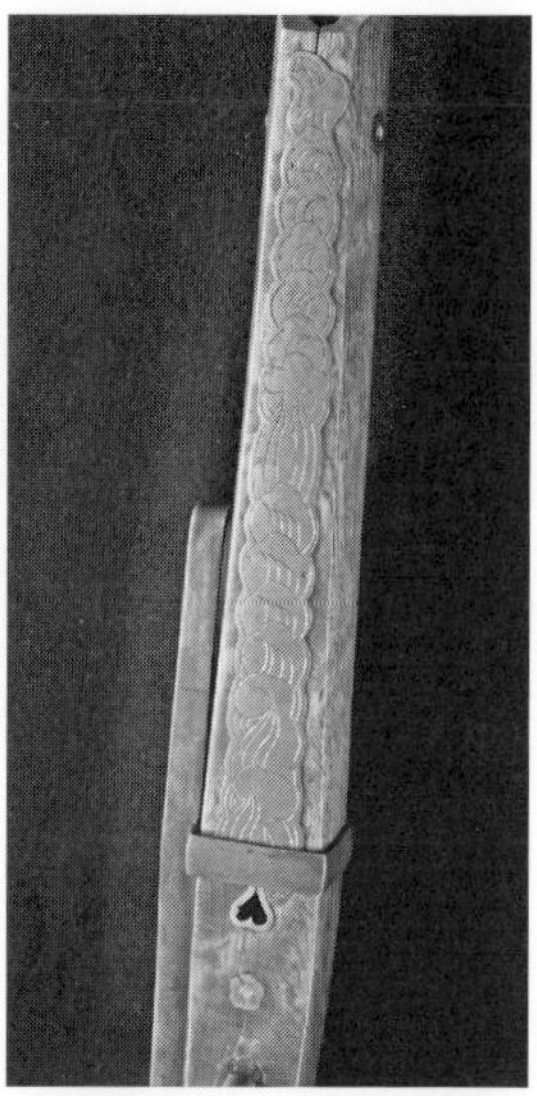

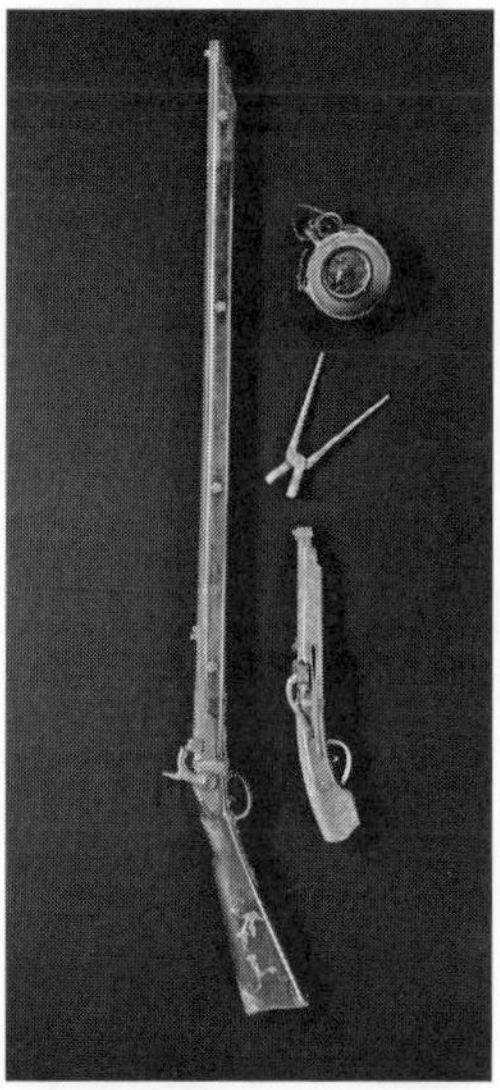

小銃と火縄銃

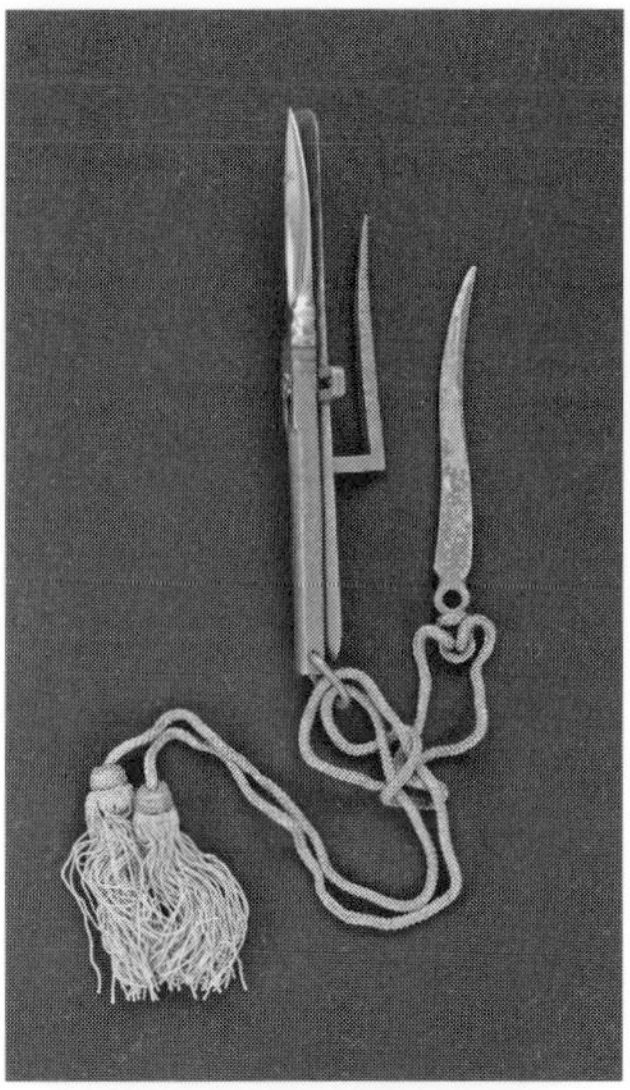

まろほし

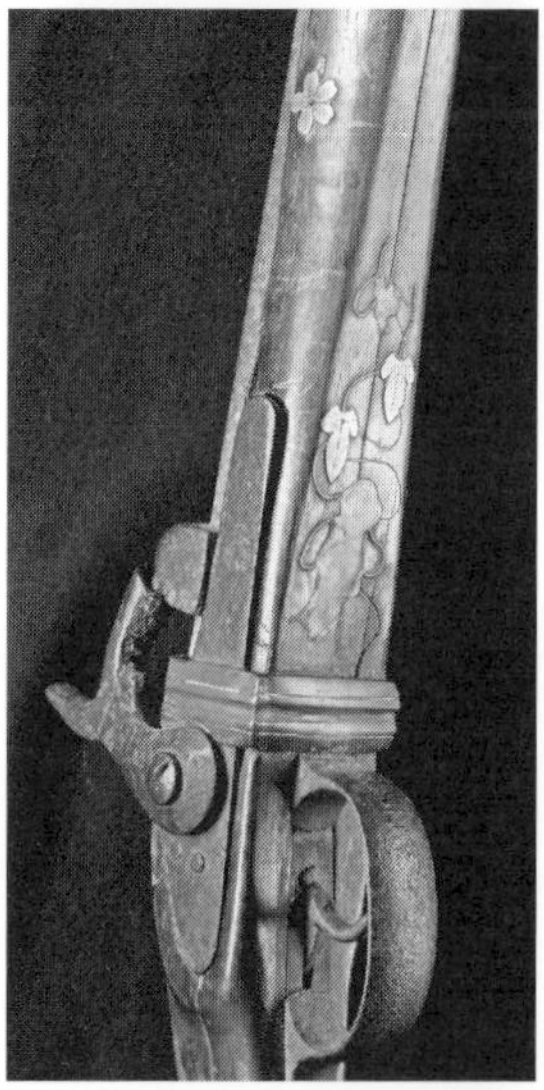

種子島

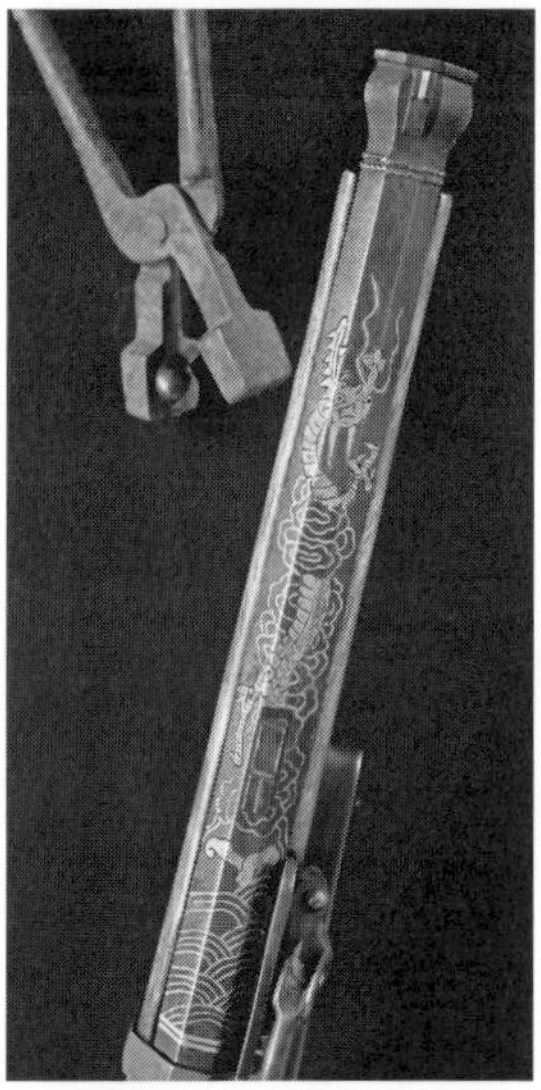

弾丸づくり

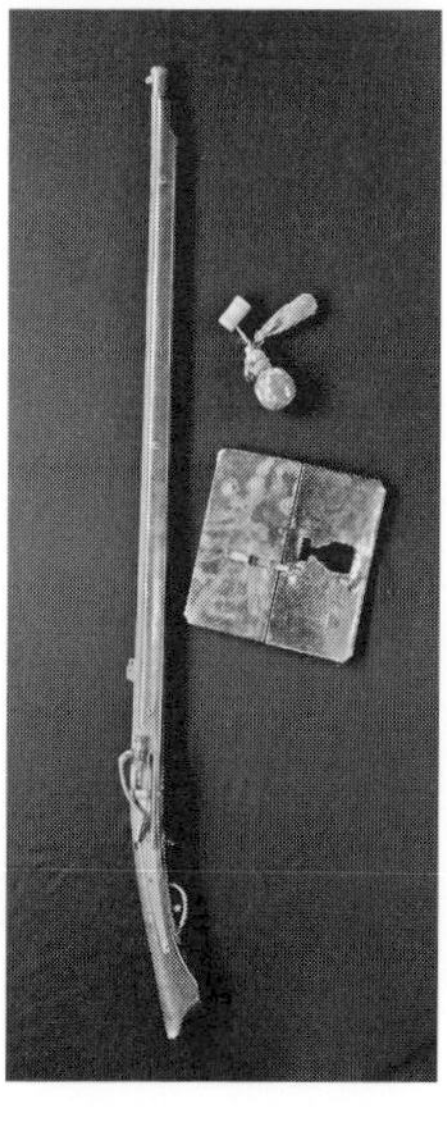

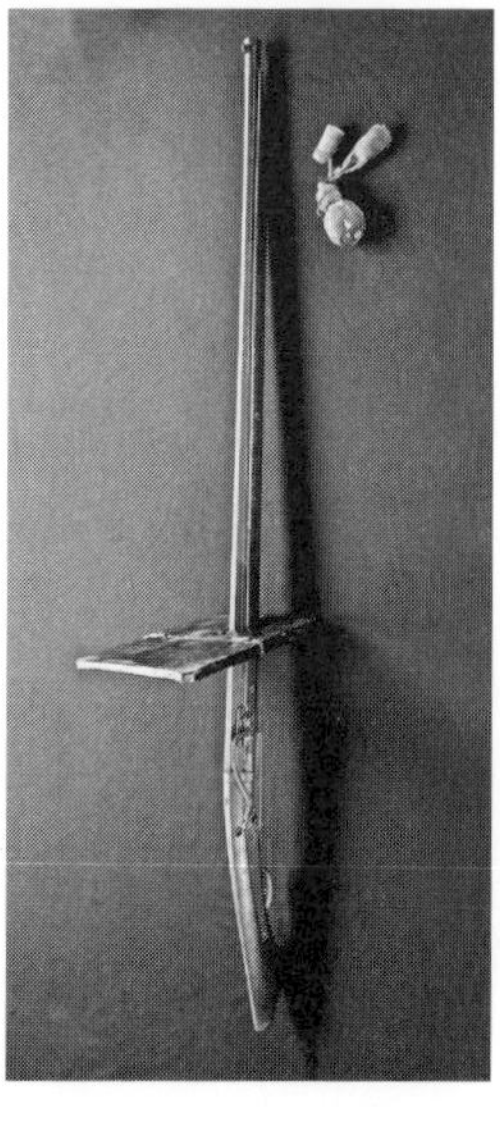

鉄砲立てと火縄銃

忍び刀・忍び杖

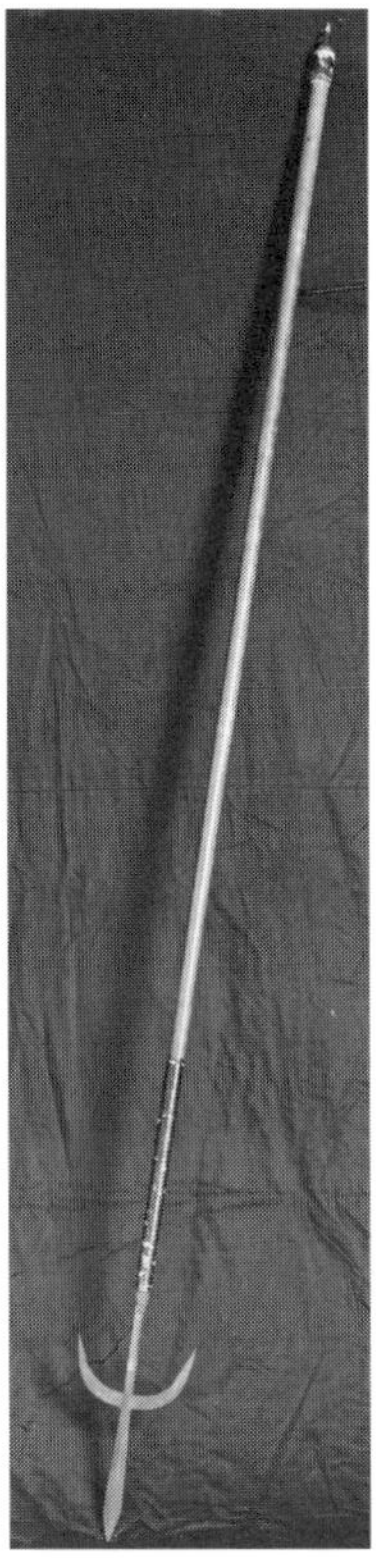
忍び槍

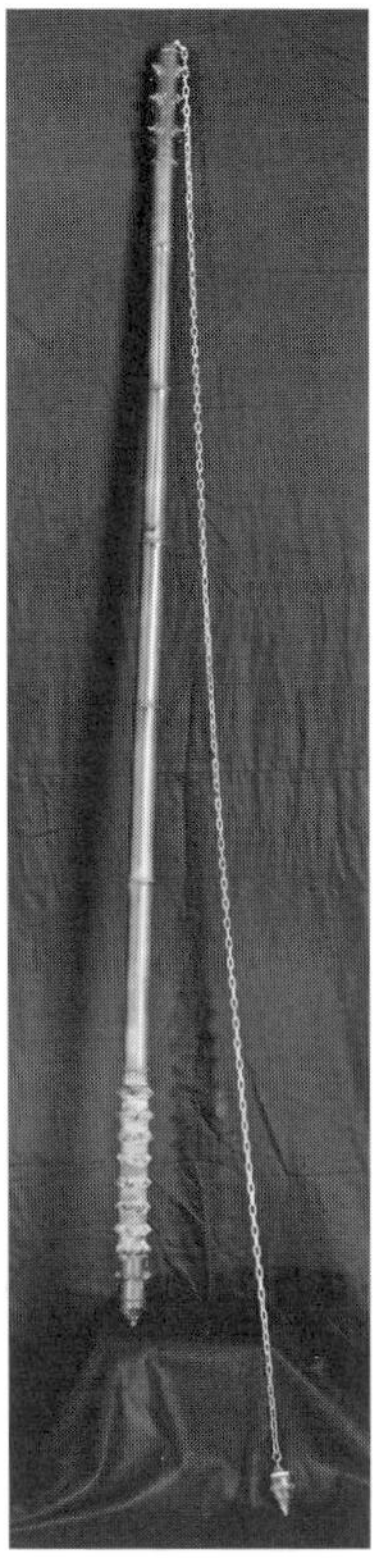
禄尺忍び杖

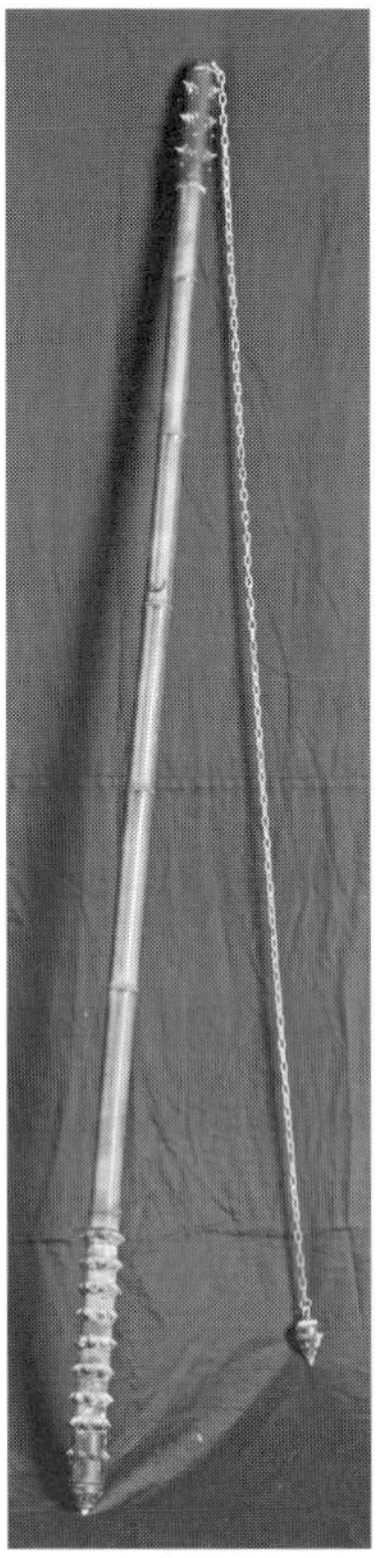
戸隠流忍び杖

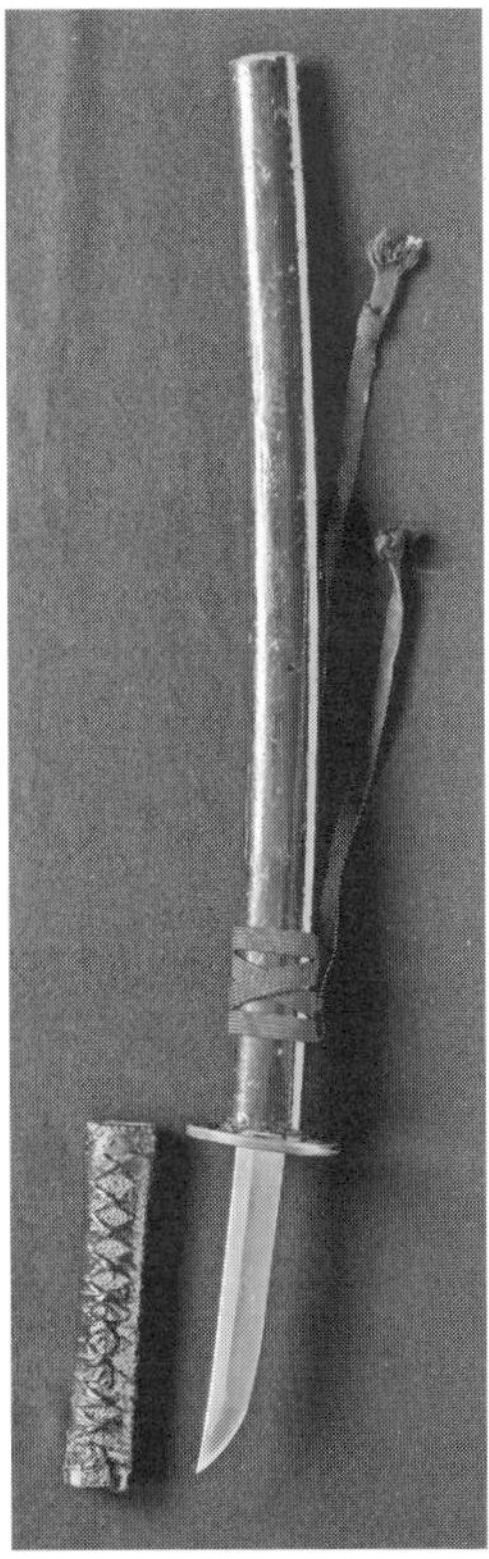
忍び柄

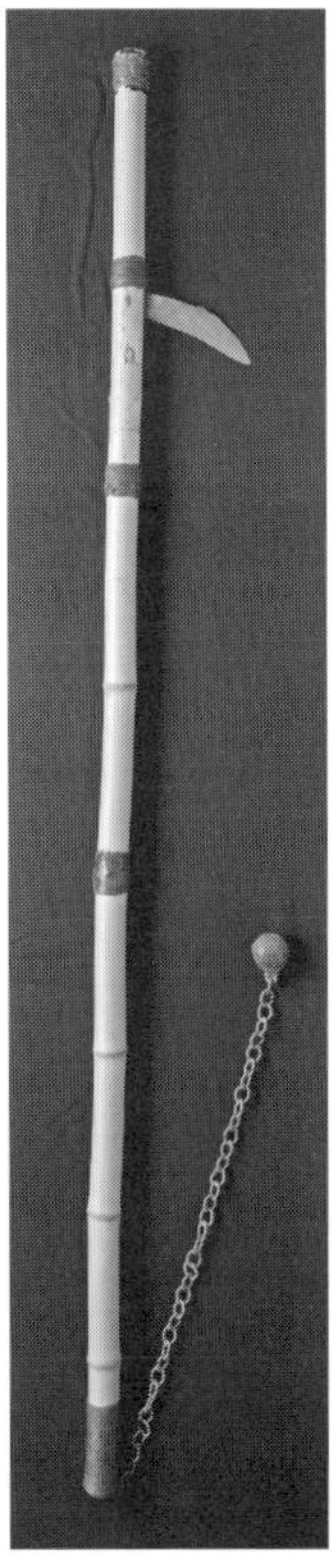
忍び杖

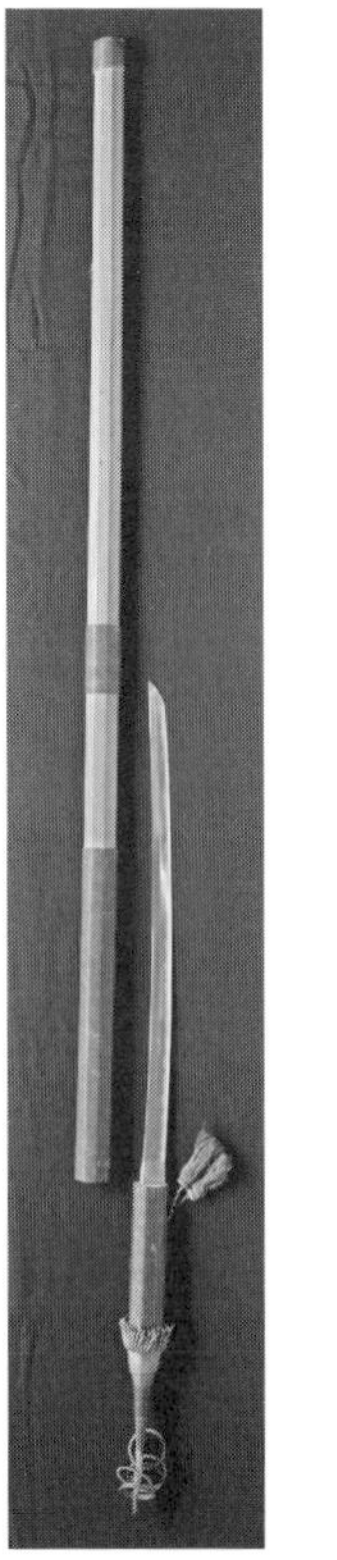
忍び杖

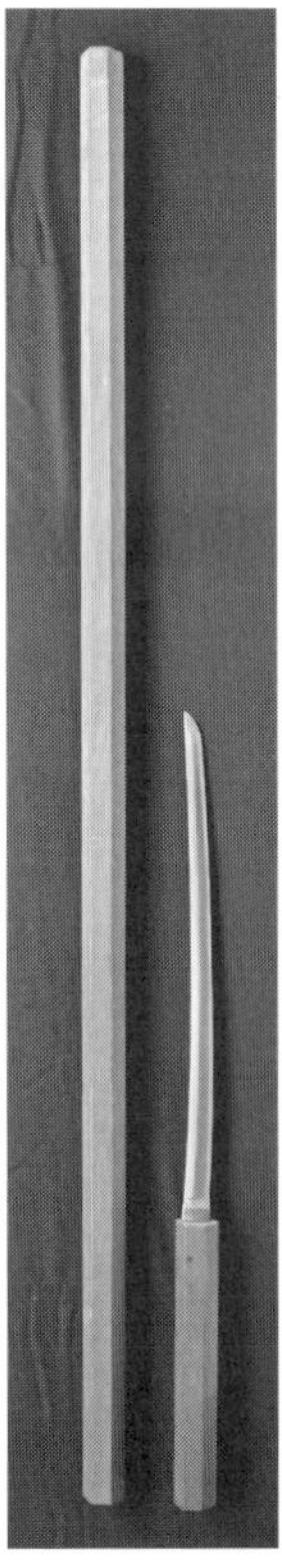
忍び杖

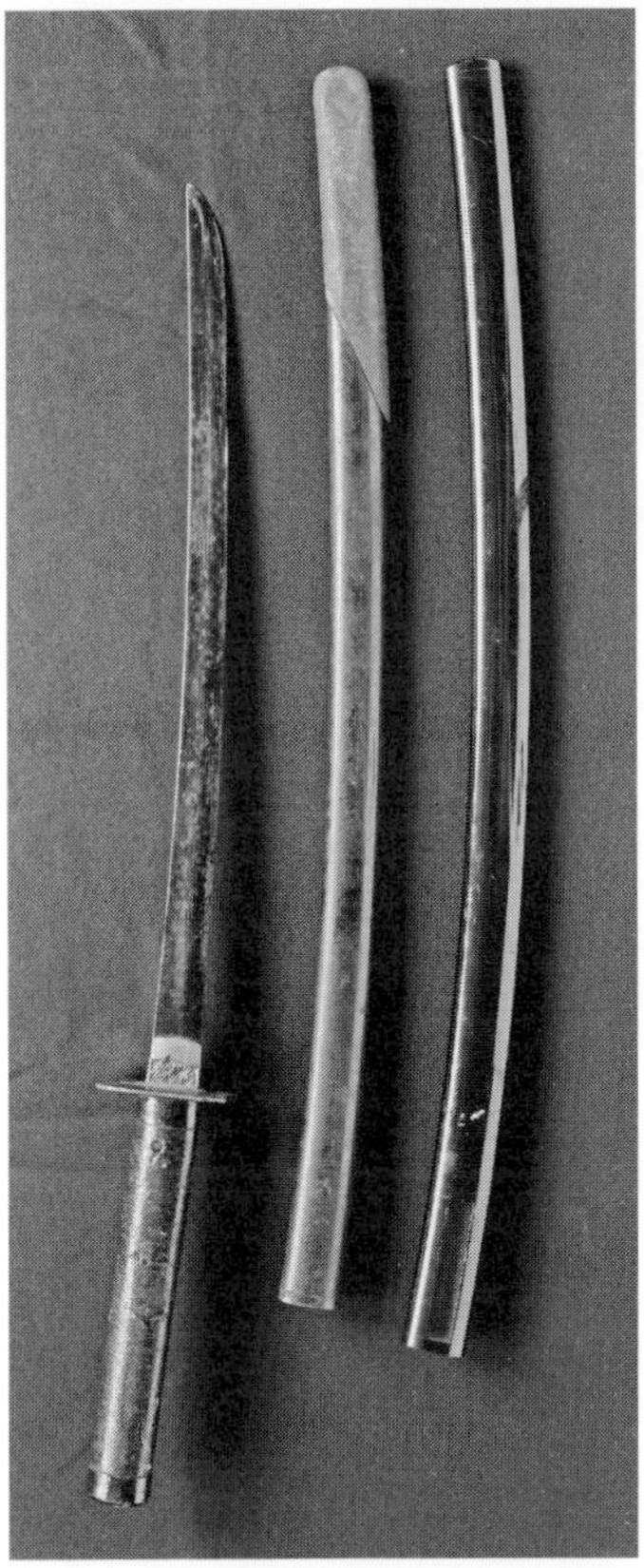

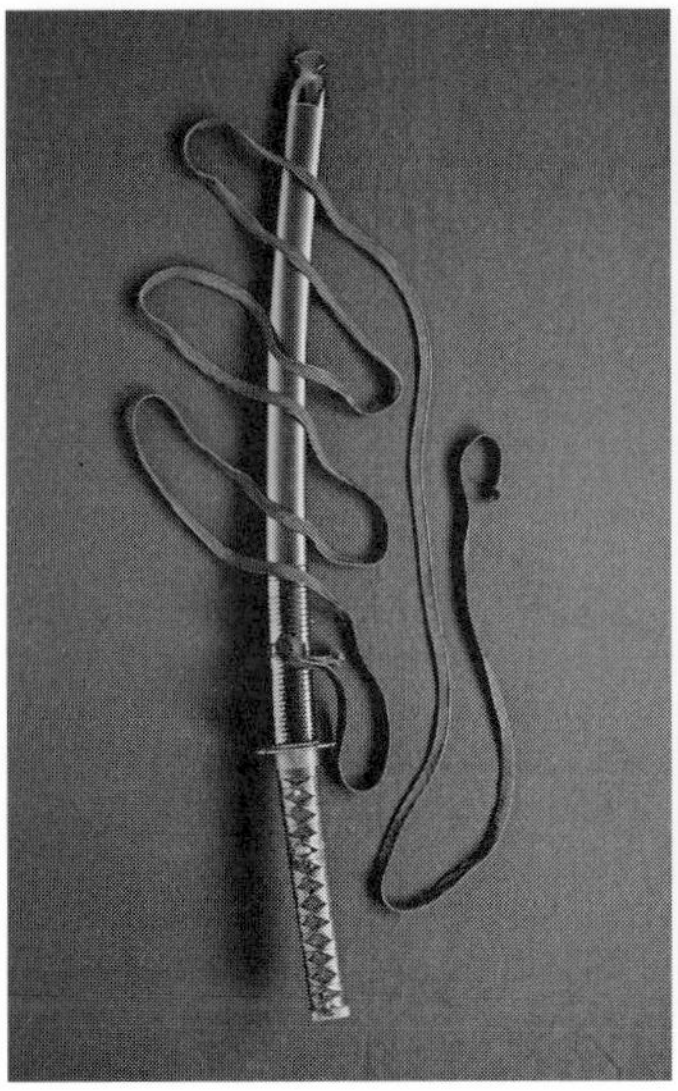

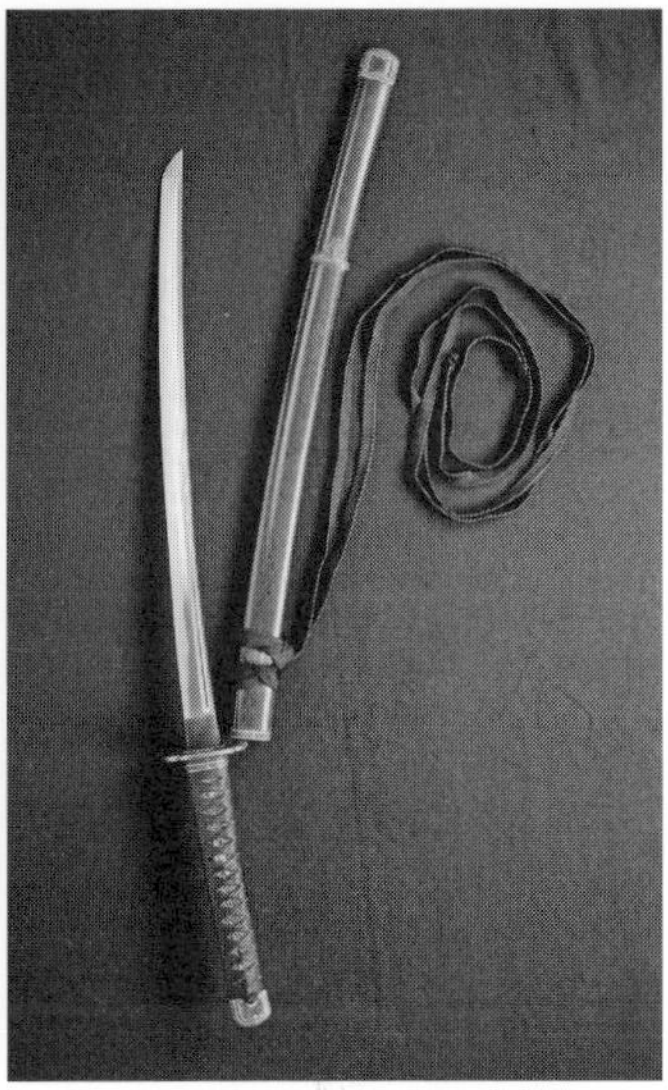

忍び刀

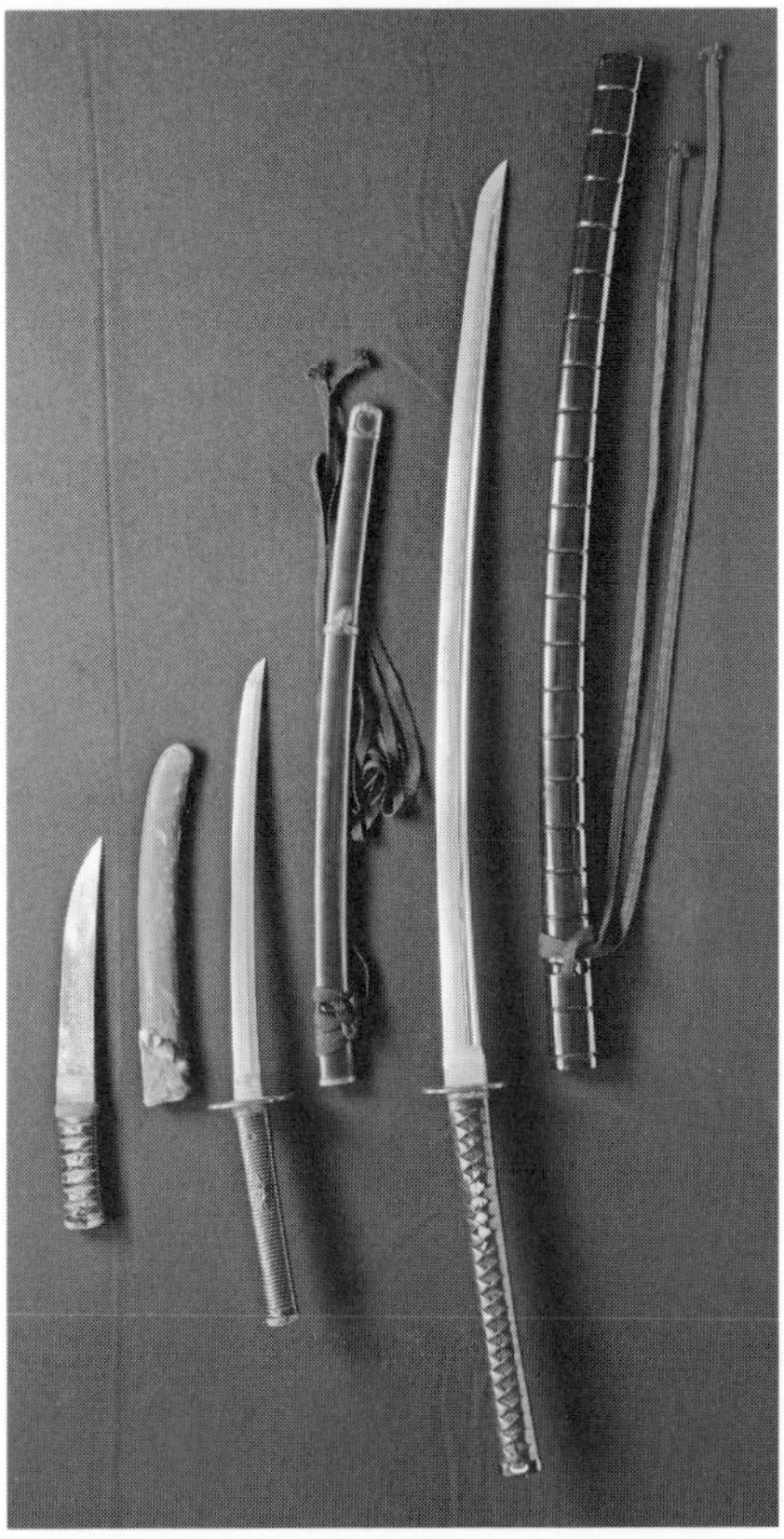

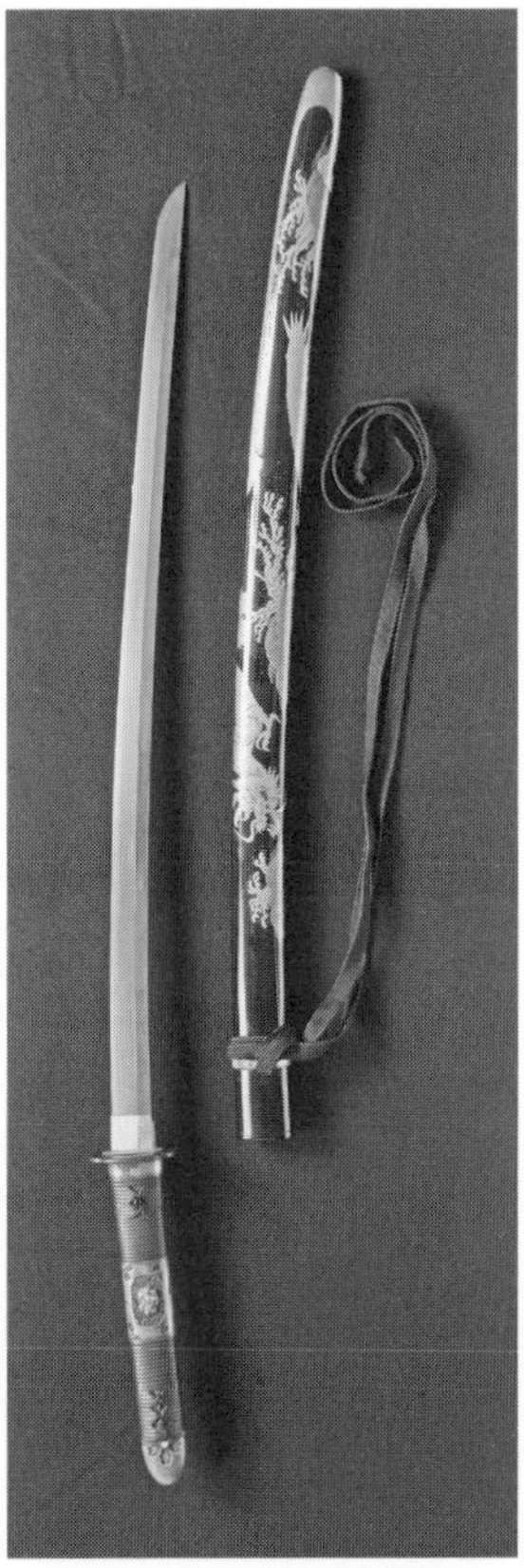

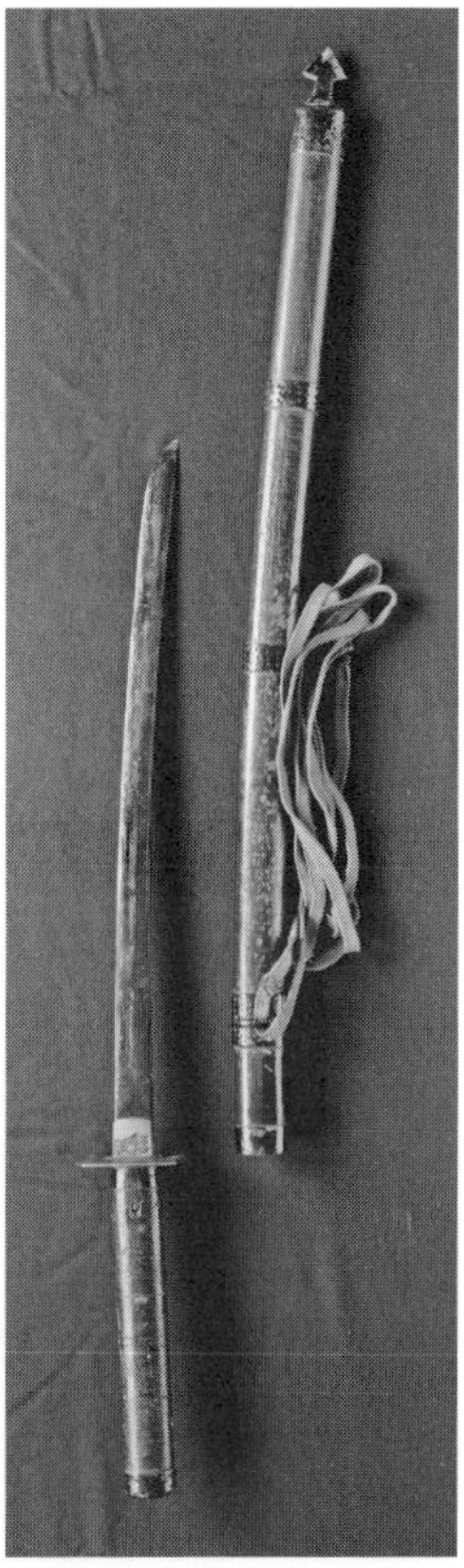

忍具・手裏剣・鎖分銅・鉄扇・隠し武器

手裏剣と旋盤

忍具

隠し武器

忍び鎖

忍者の錦絵

児雷也

忍者の錦絵

猿飛佐助

石川五右衛門

仁木弾正（国貞絵）

白縫譚（国貞画）

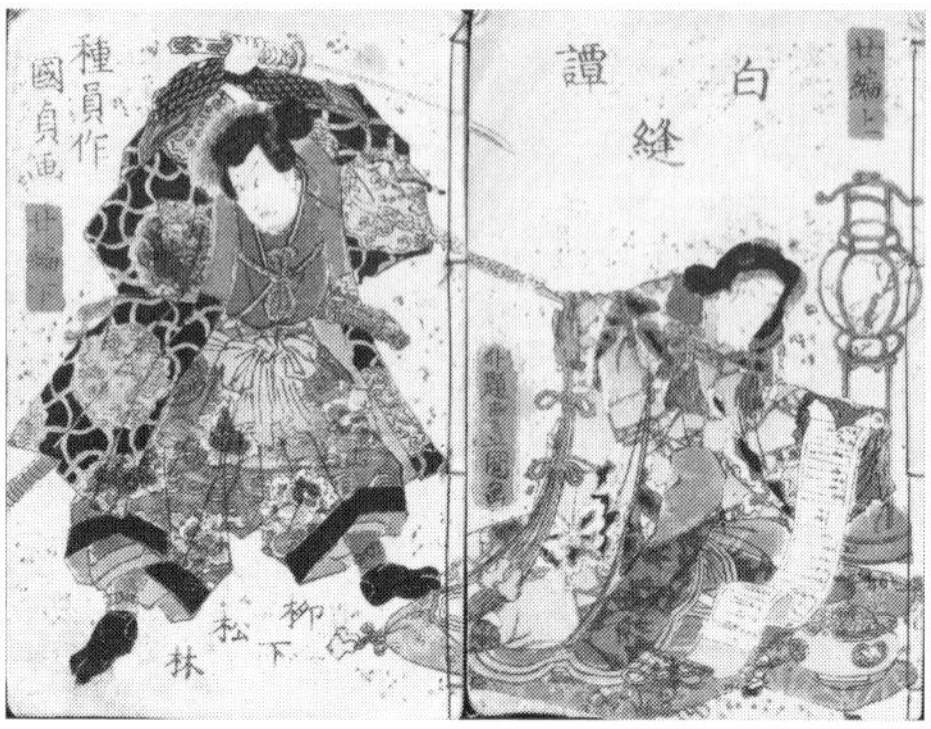

大江山の酒天童子

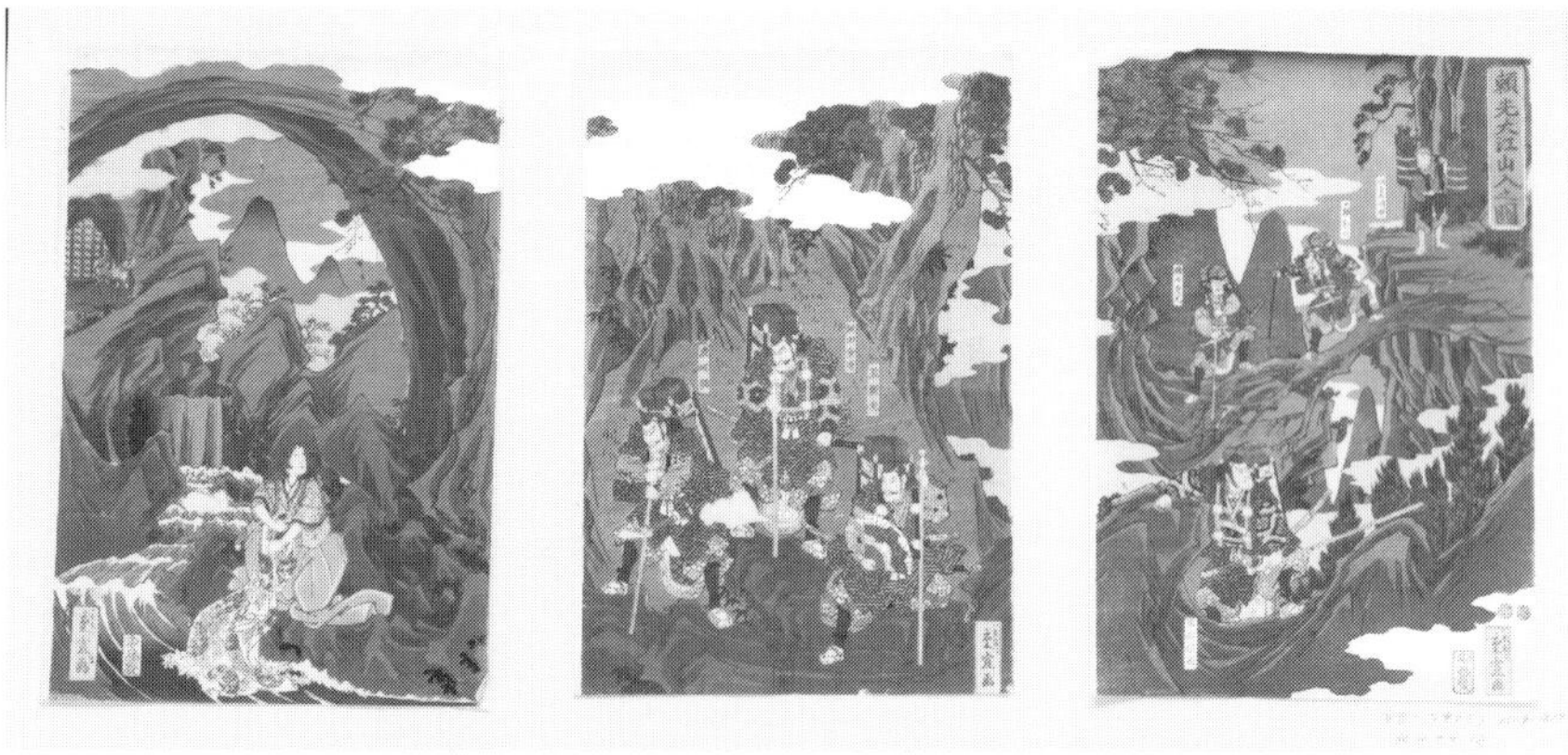

立川文庫

蝦蟇の術

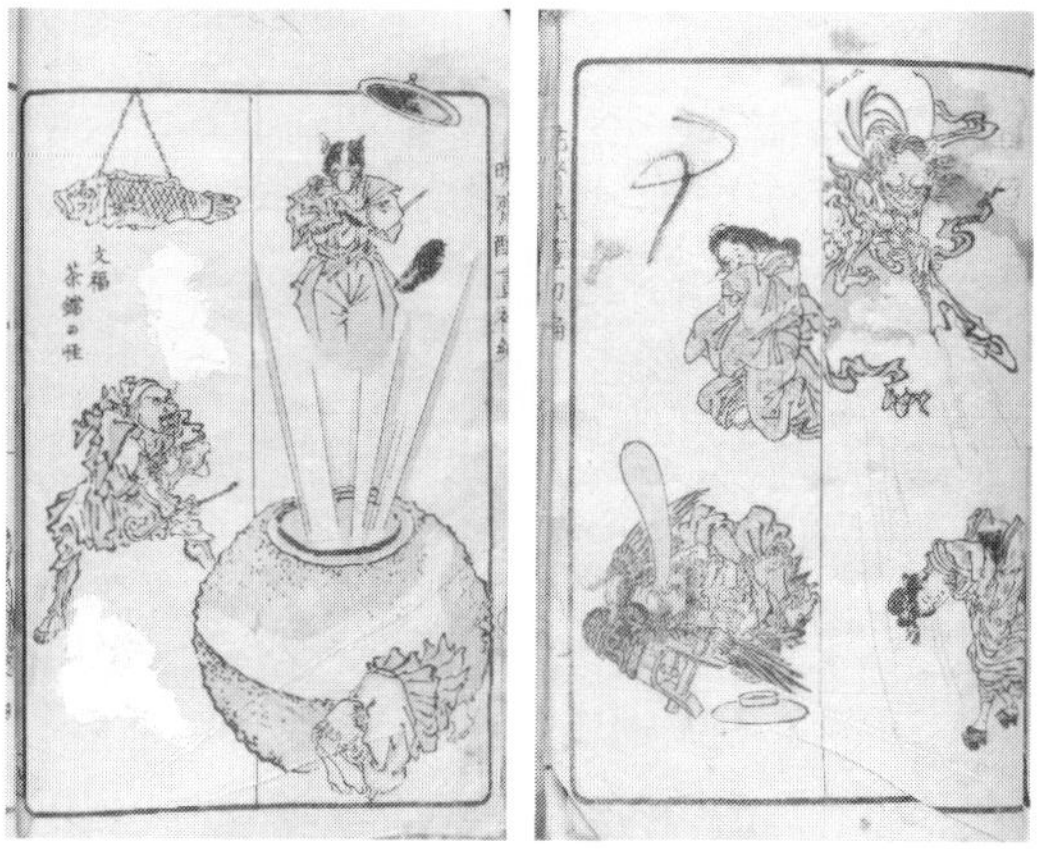

文福茶釜と忍術(河鍋暁斎)

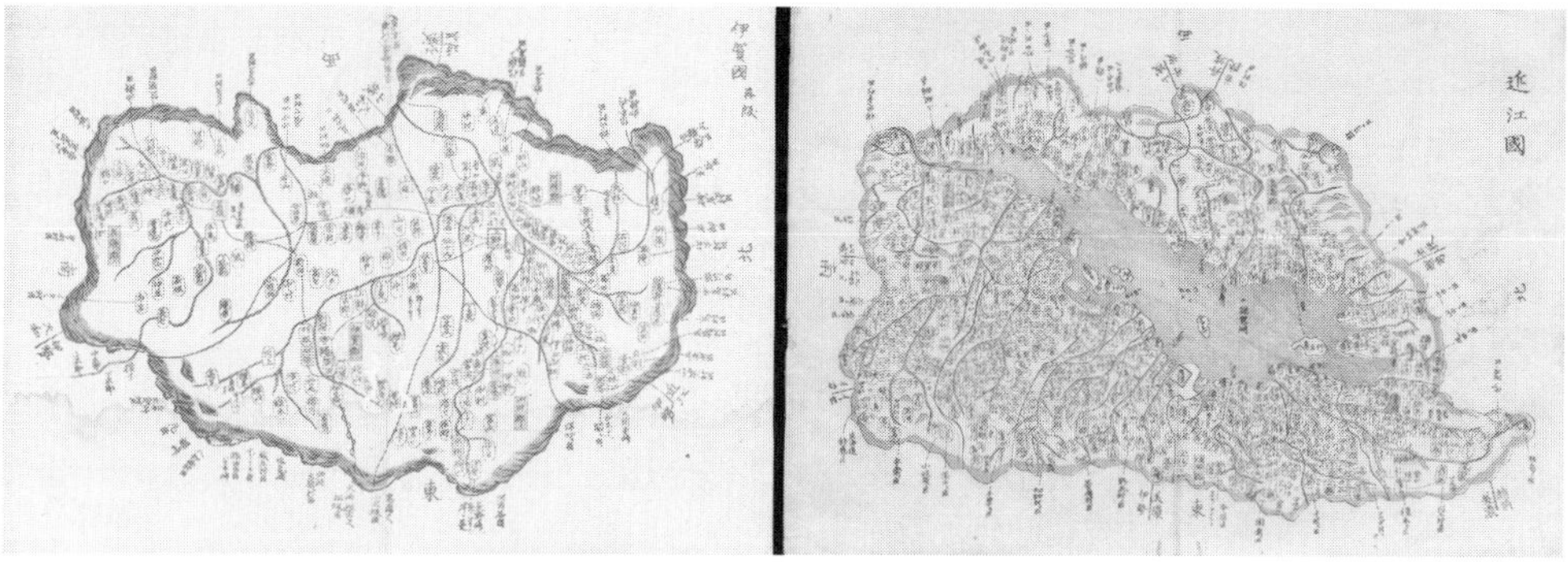

伊賀甲賀の地図

木曽義仲

忍法関係の書画

忍術の書

影獣遁の術

三本足の鳥（右の絵巻物の拡大）

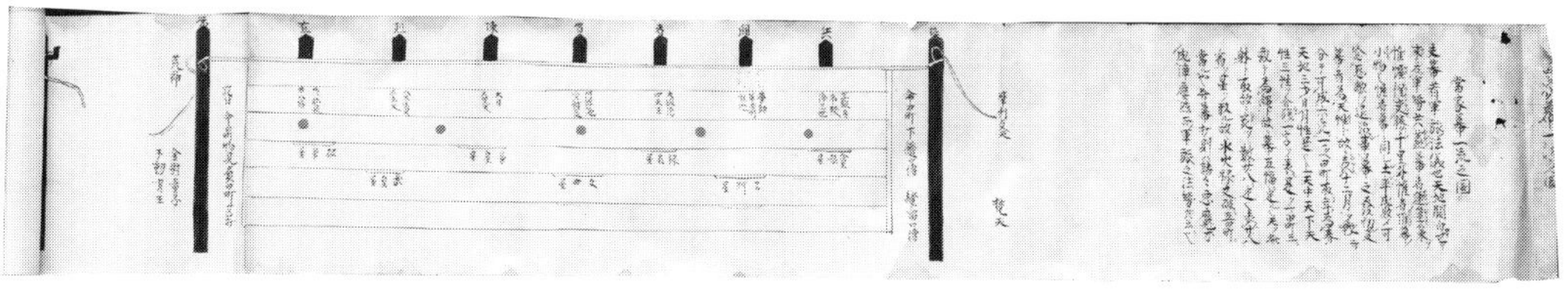

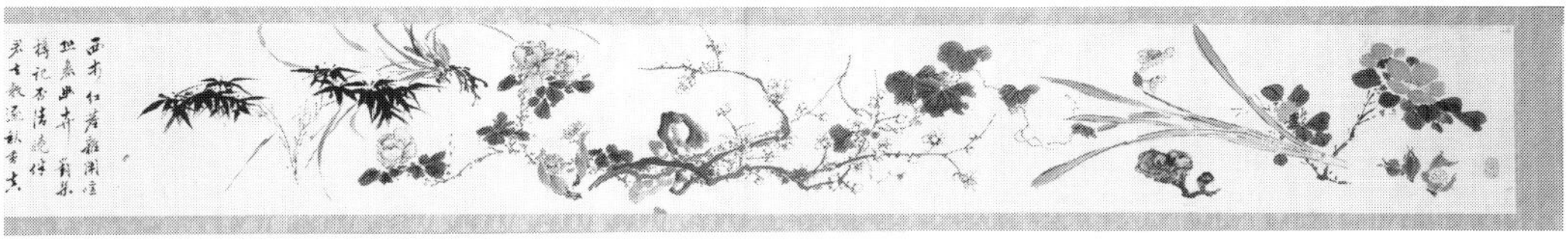

忍び絵暗号

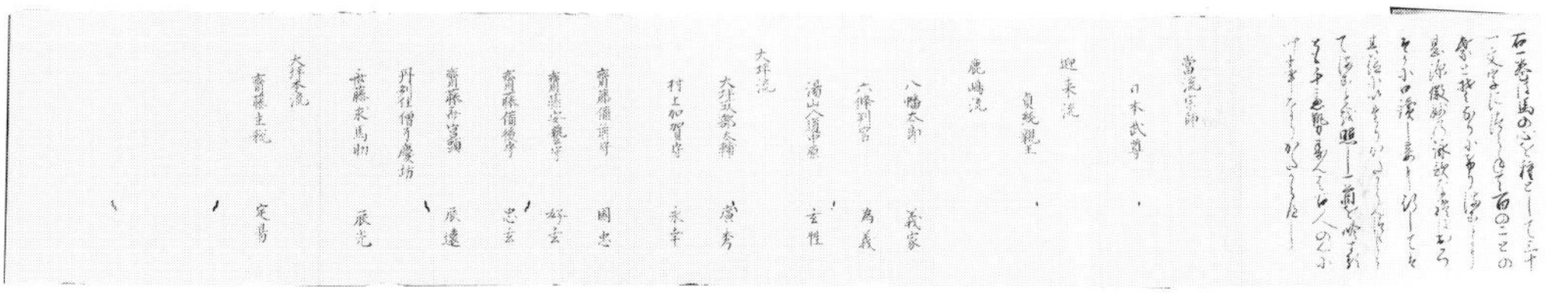

伝書

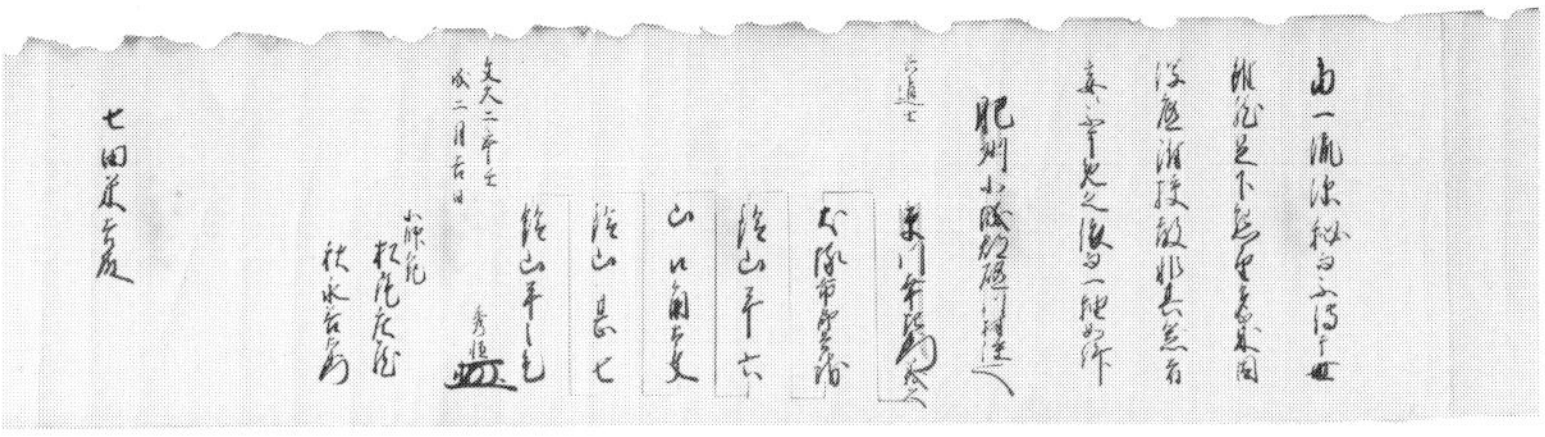

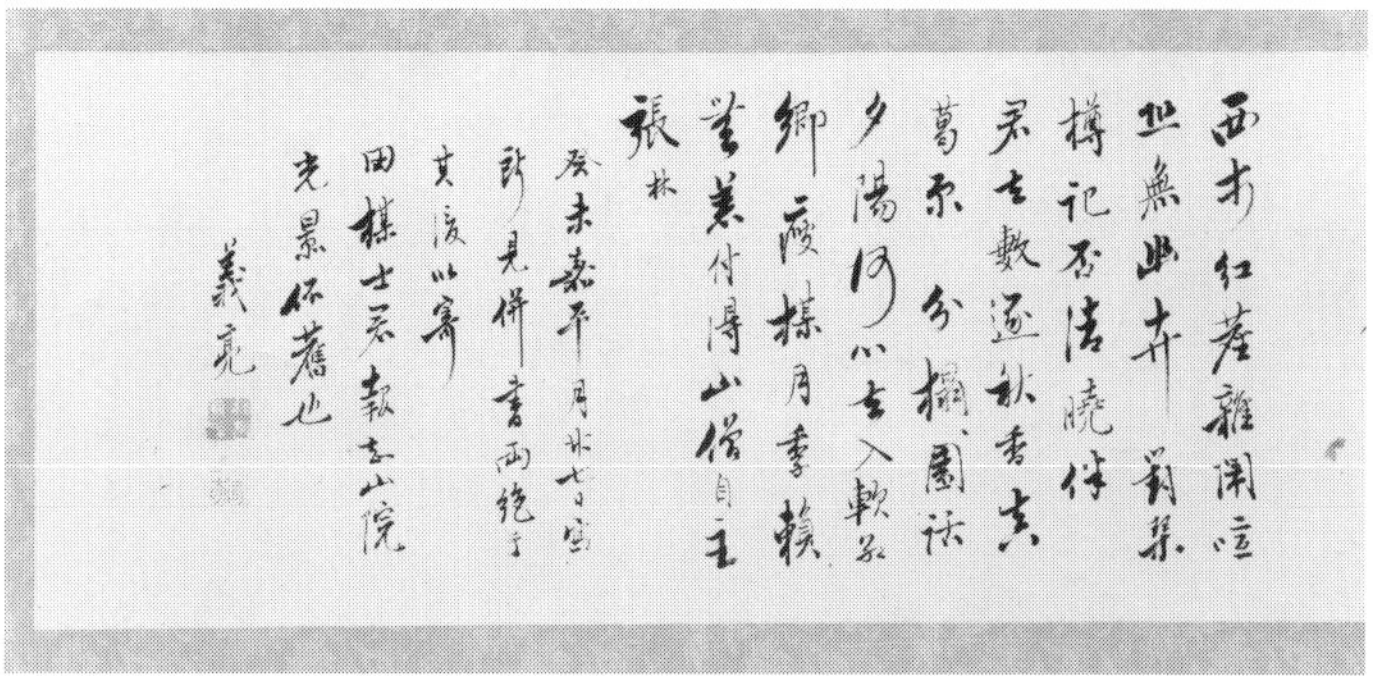

武士訓と七書

七の学に対しておもむきあり

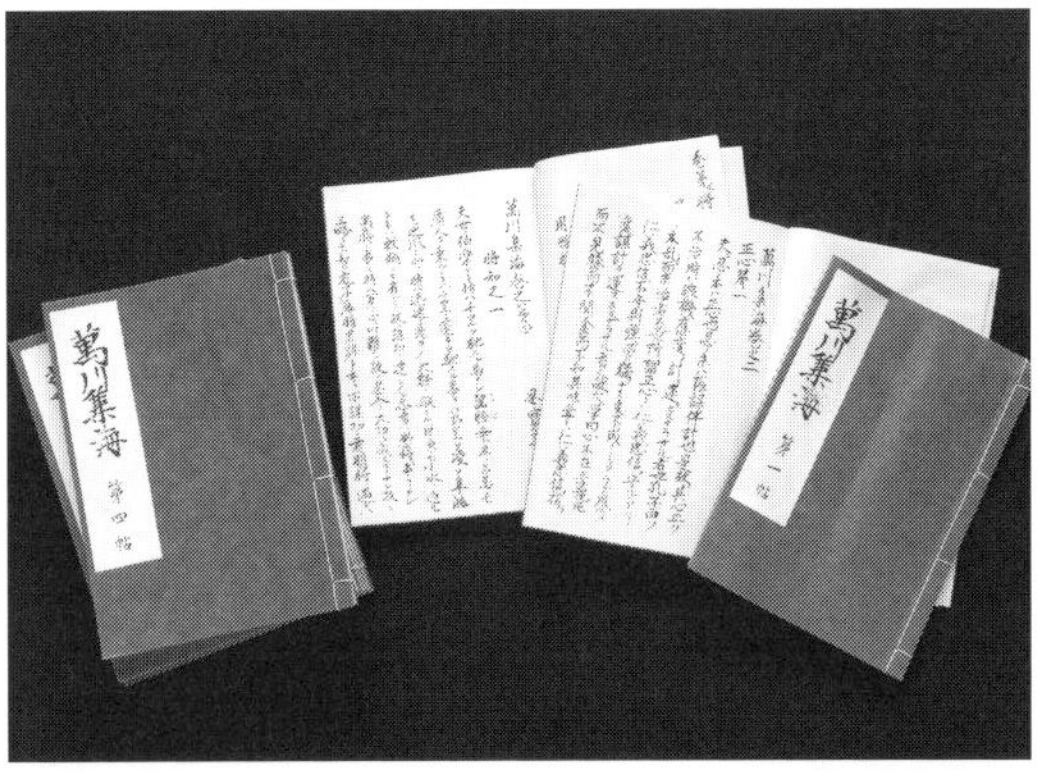

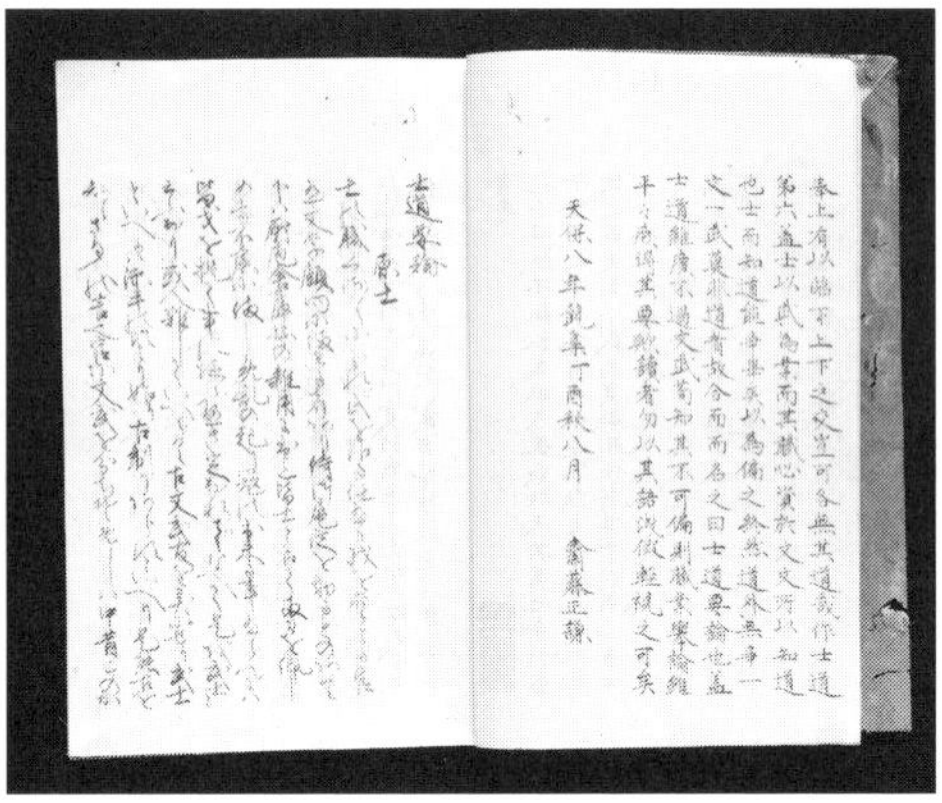

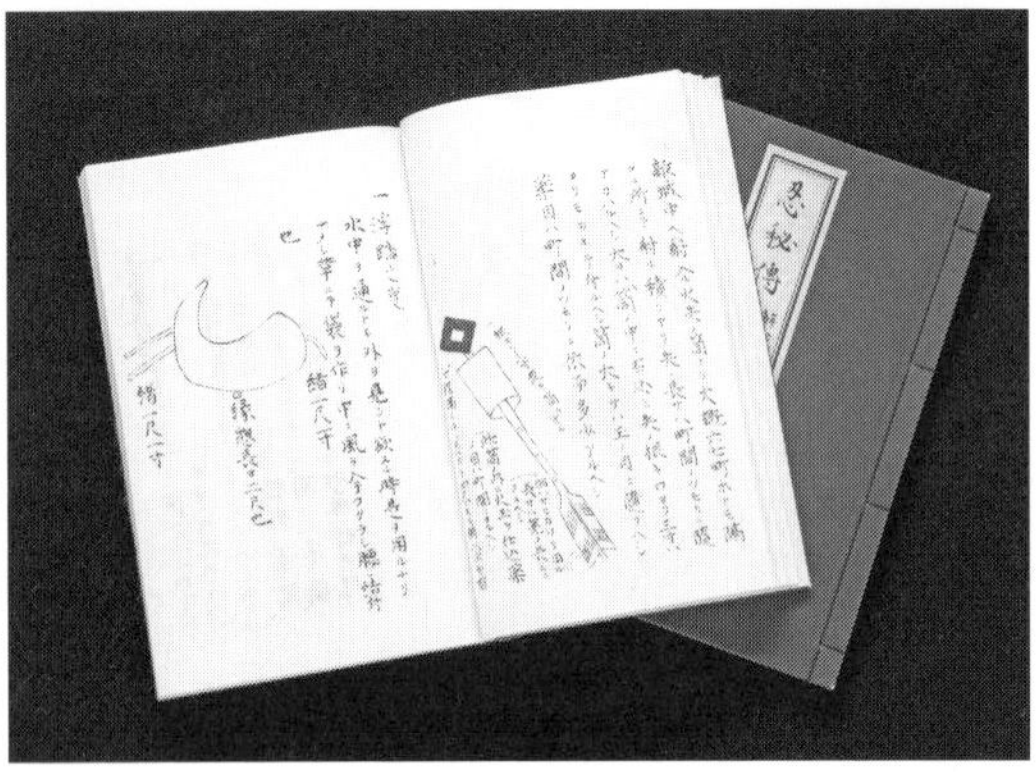

忍法の書

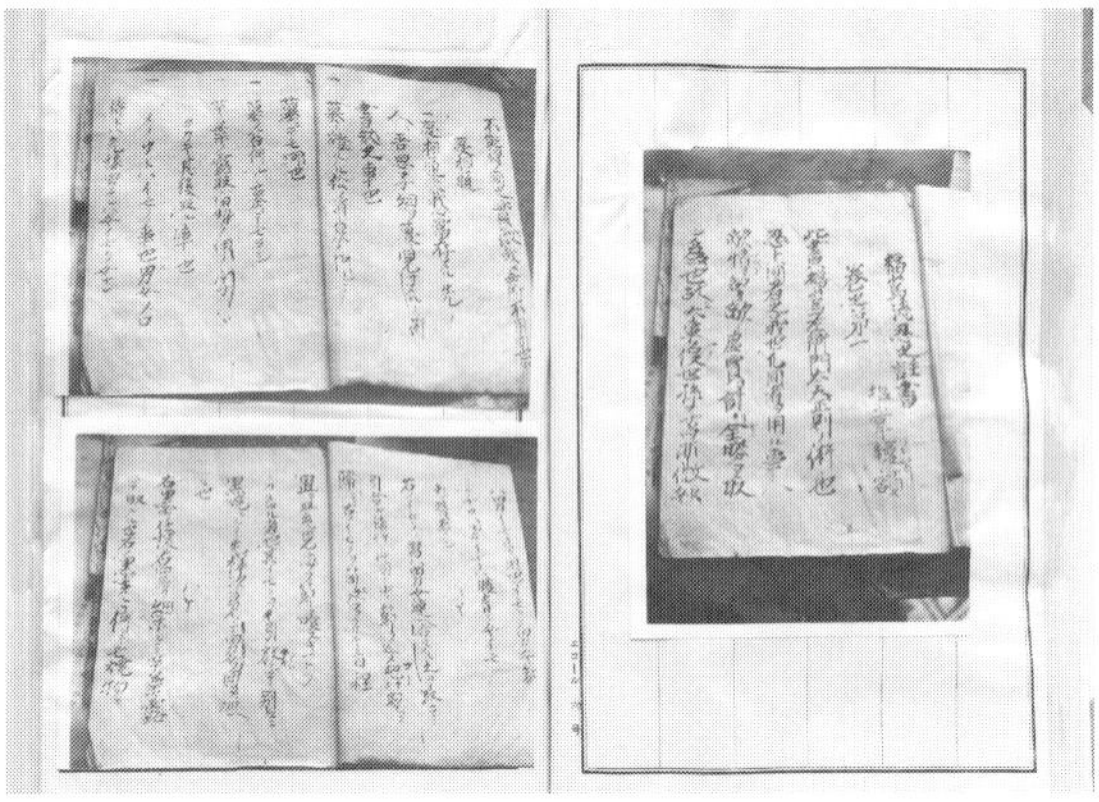

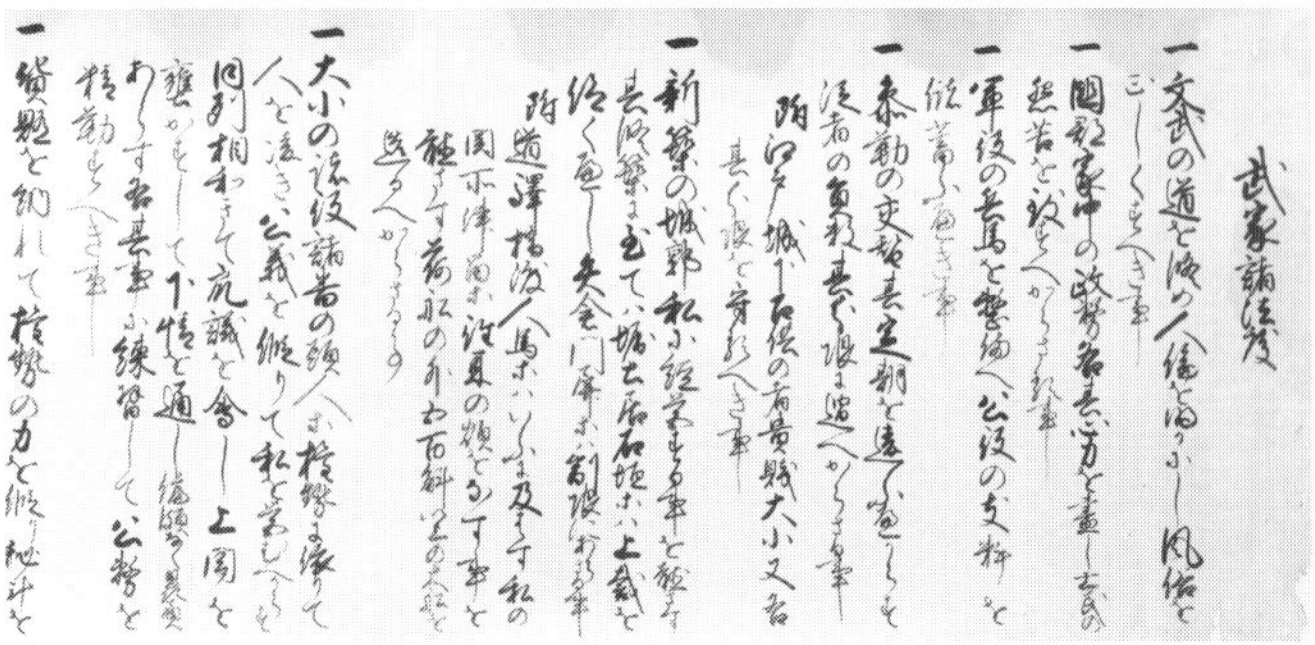

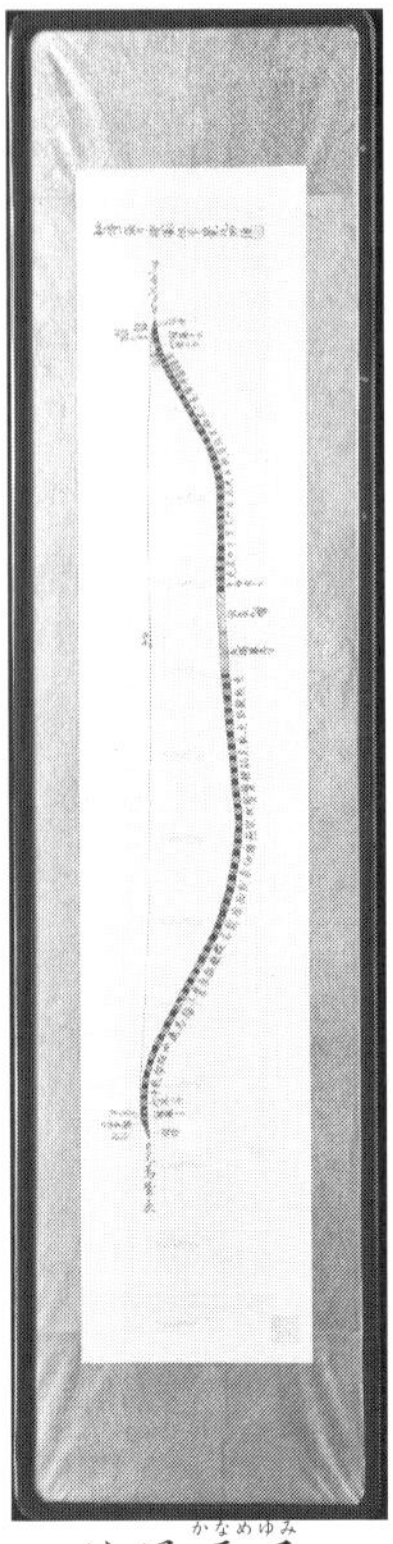

的場要弓《かなめゆみ》
一心を貫く

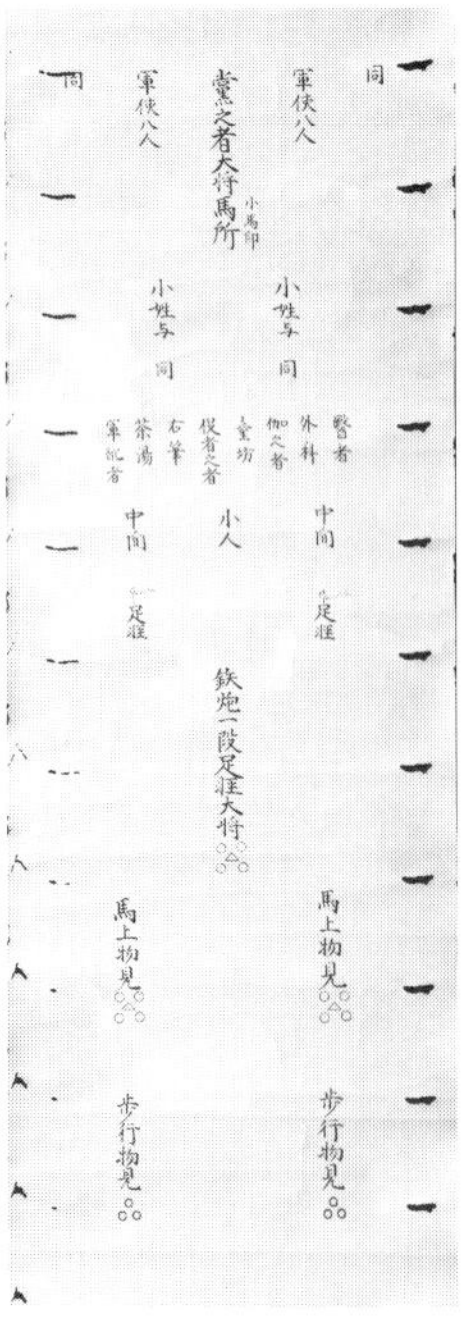

陣地の構

武家諸法度

法界坊とくの一

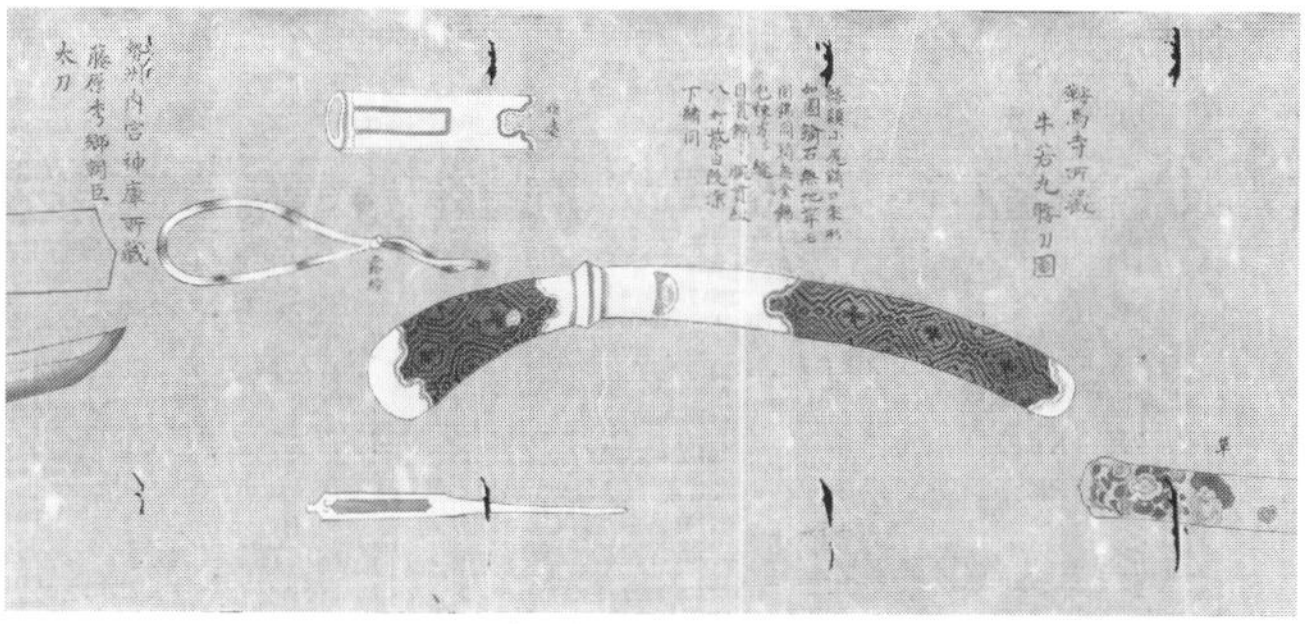

牛若丸の佩刀

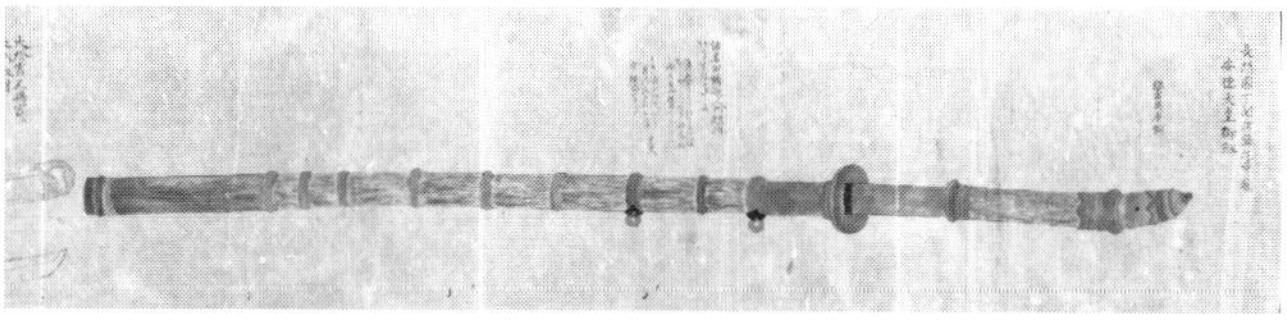

鈒

介錯する武友

忍法伝書

二人達磨（歌川一門）

伊賀

ねずみ退治

忍者の和本

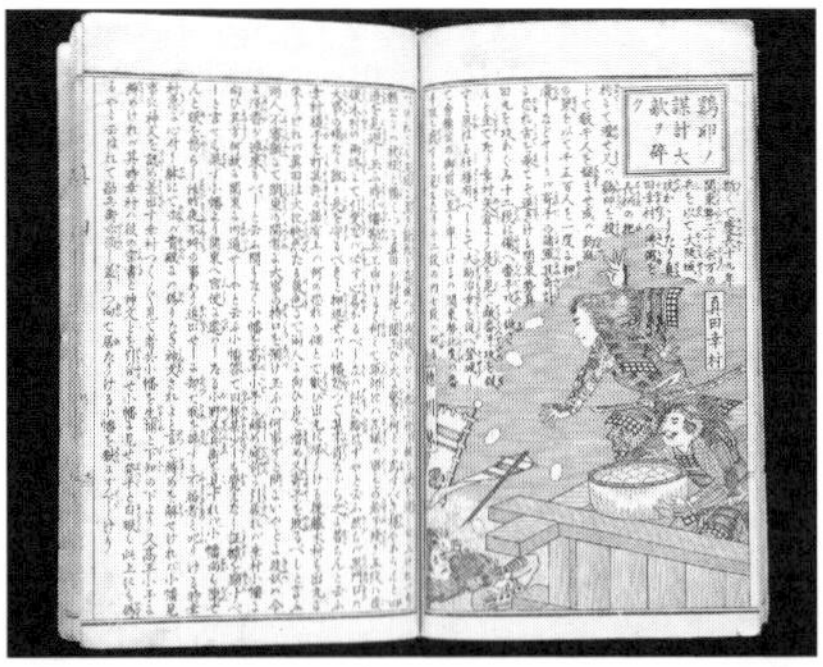

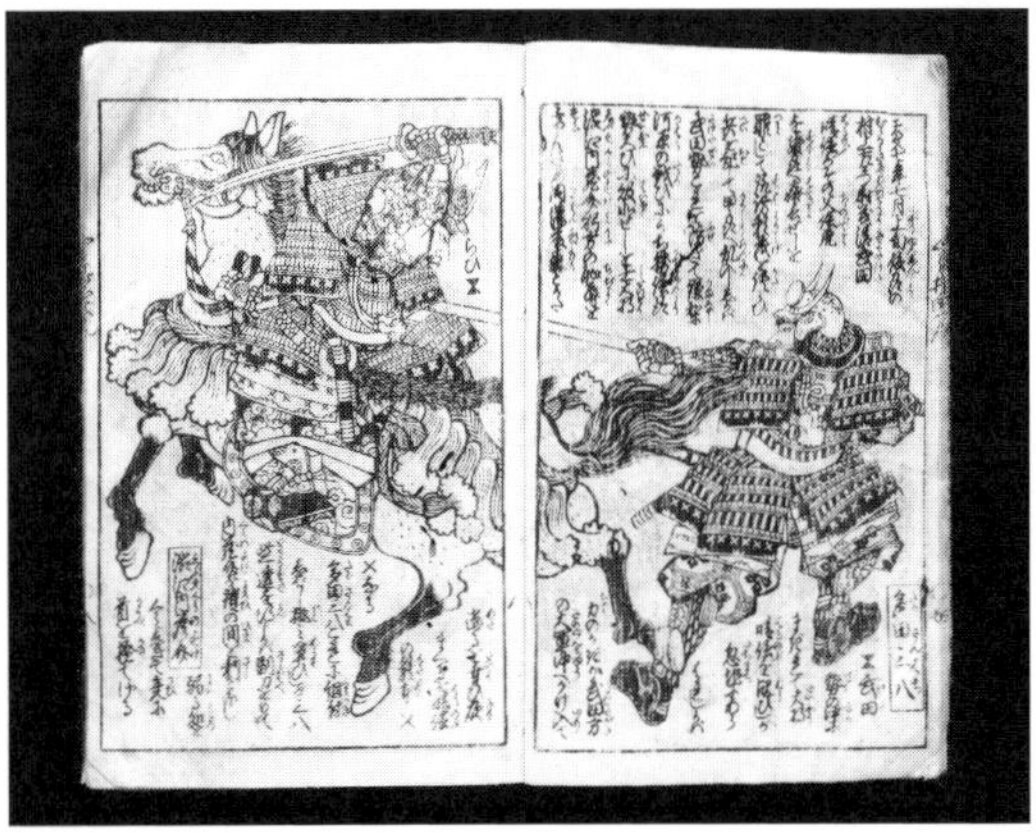

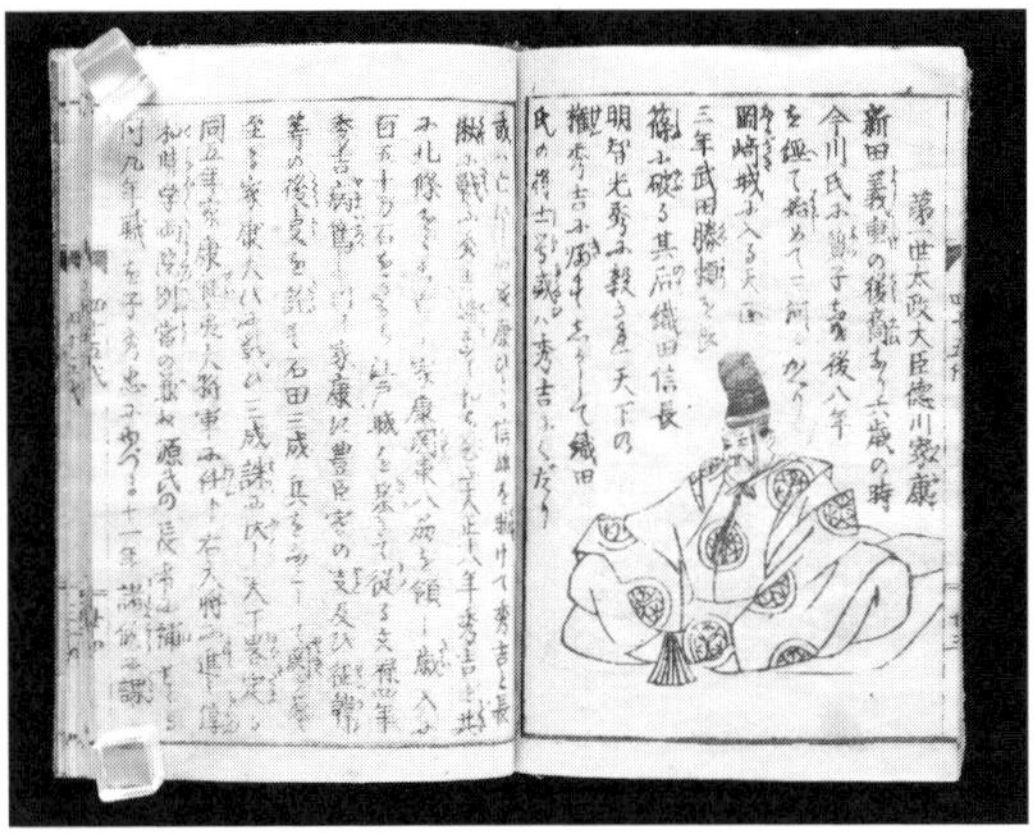

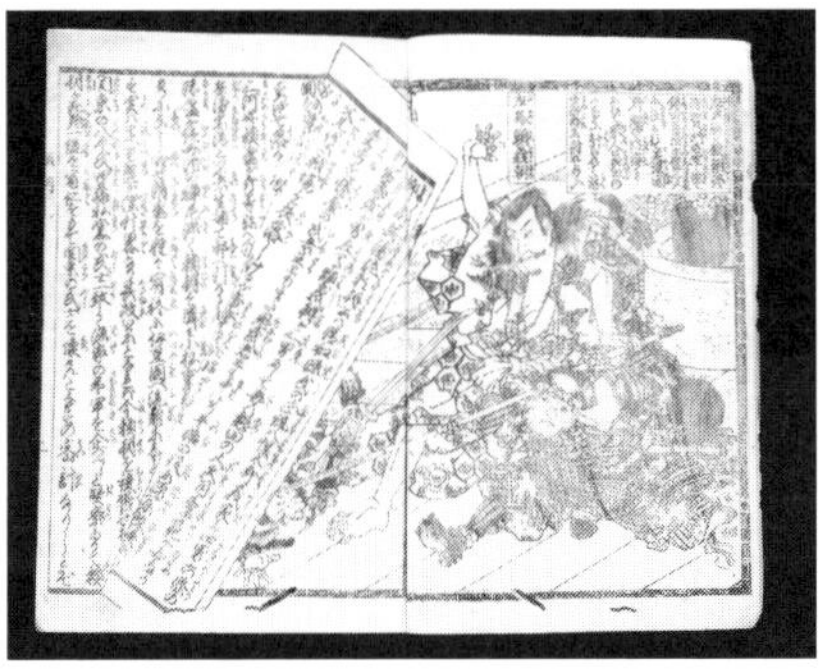

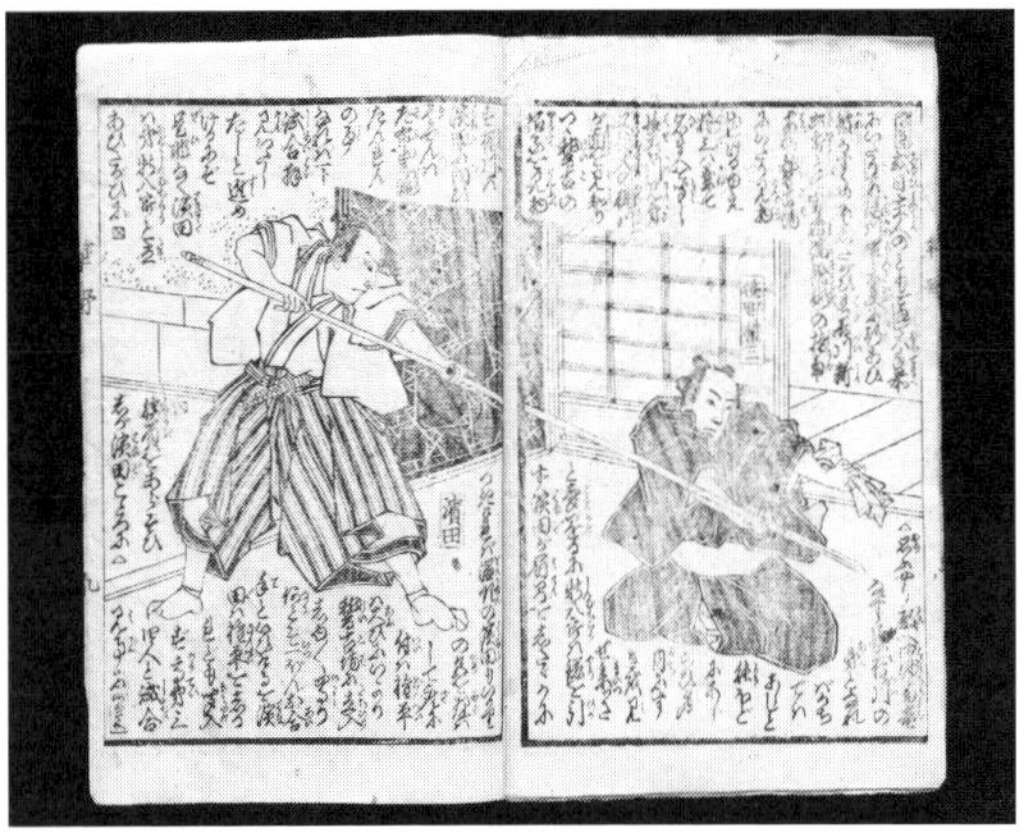

馬の医学書

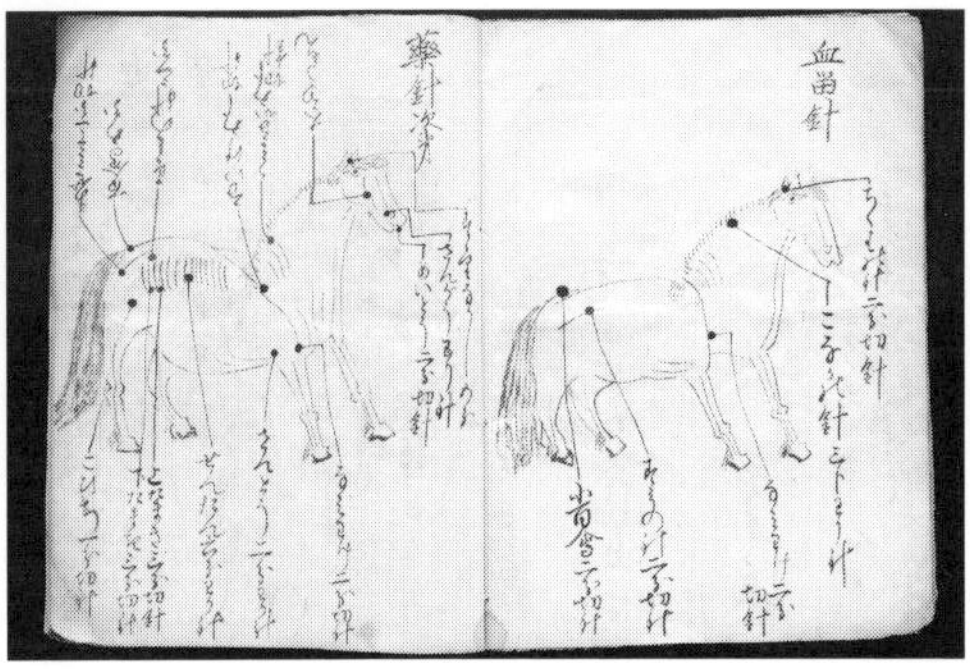

荻生徂徠

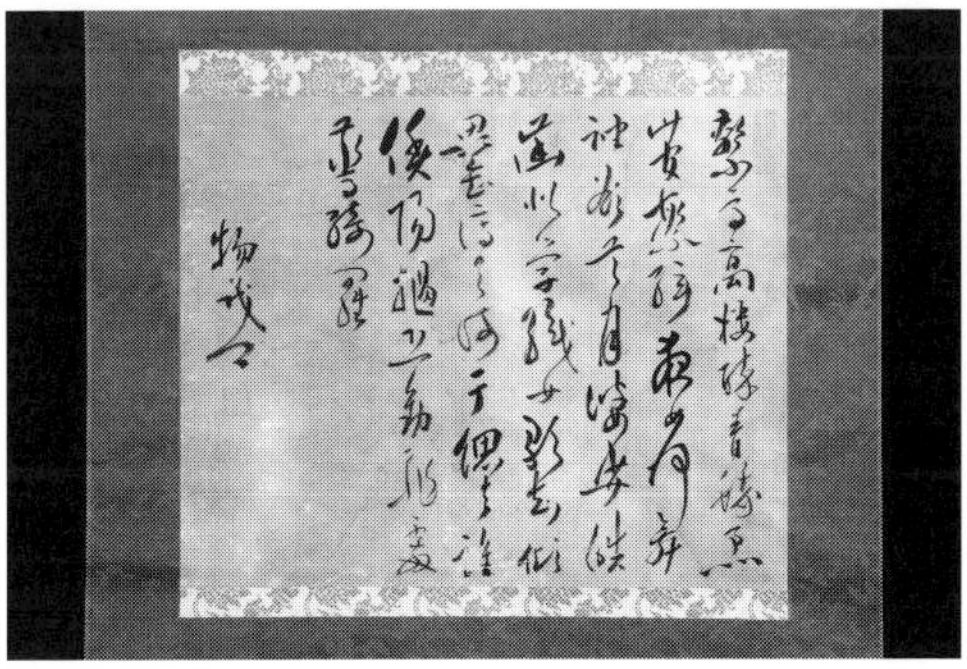

五畿無地図

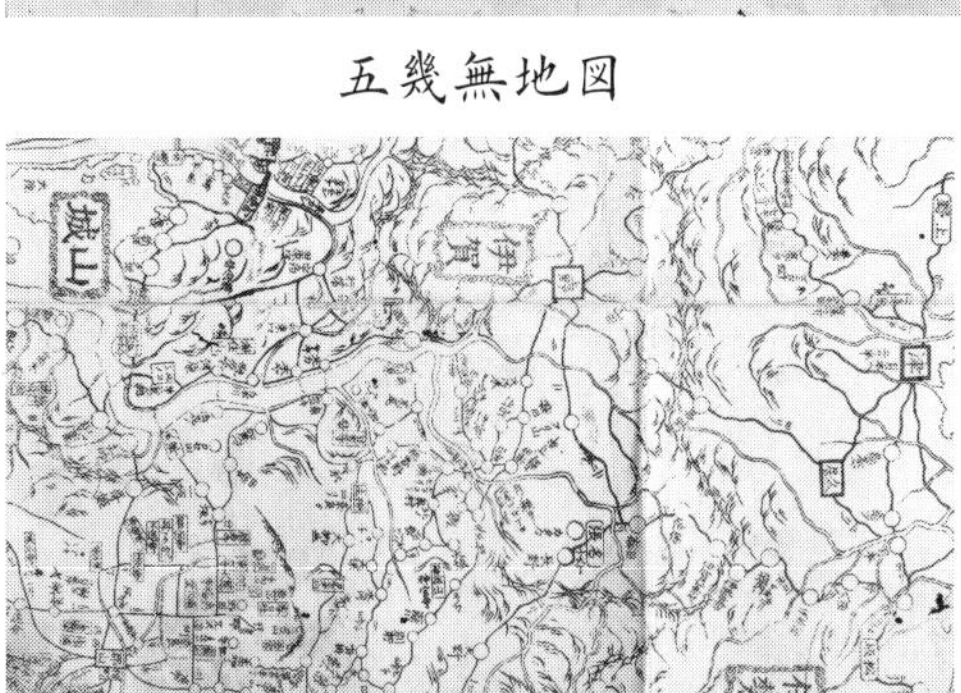

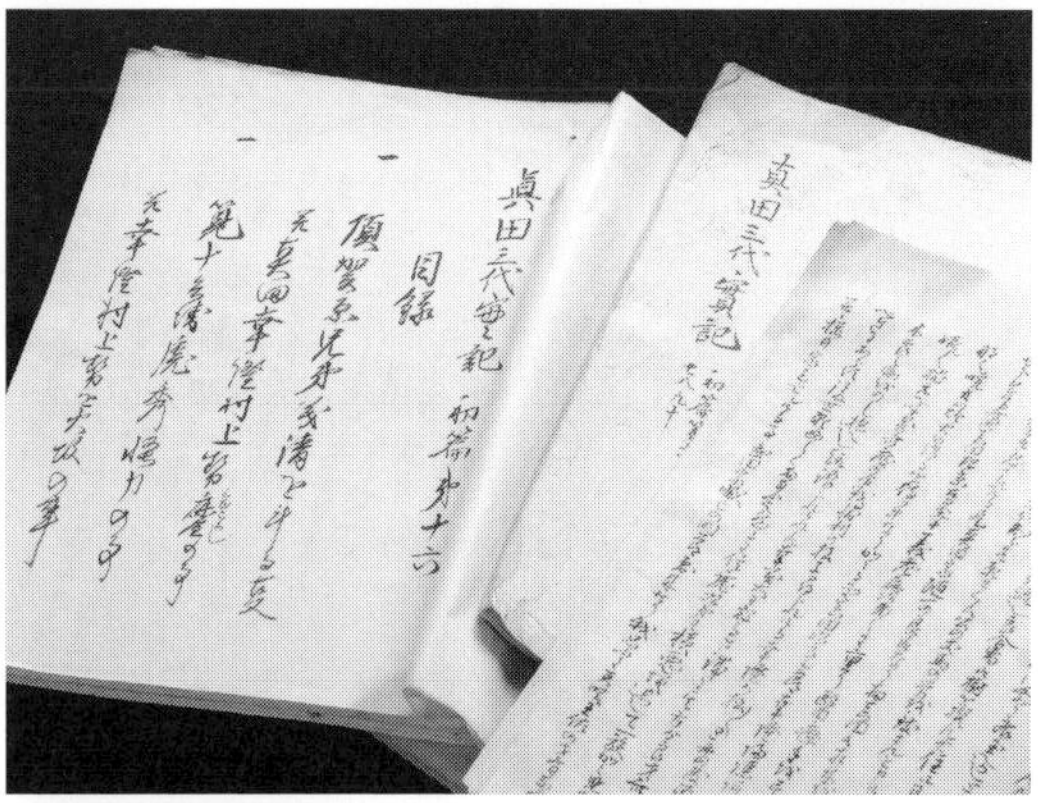

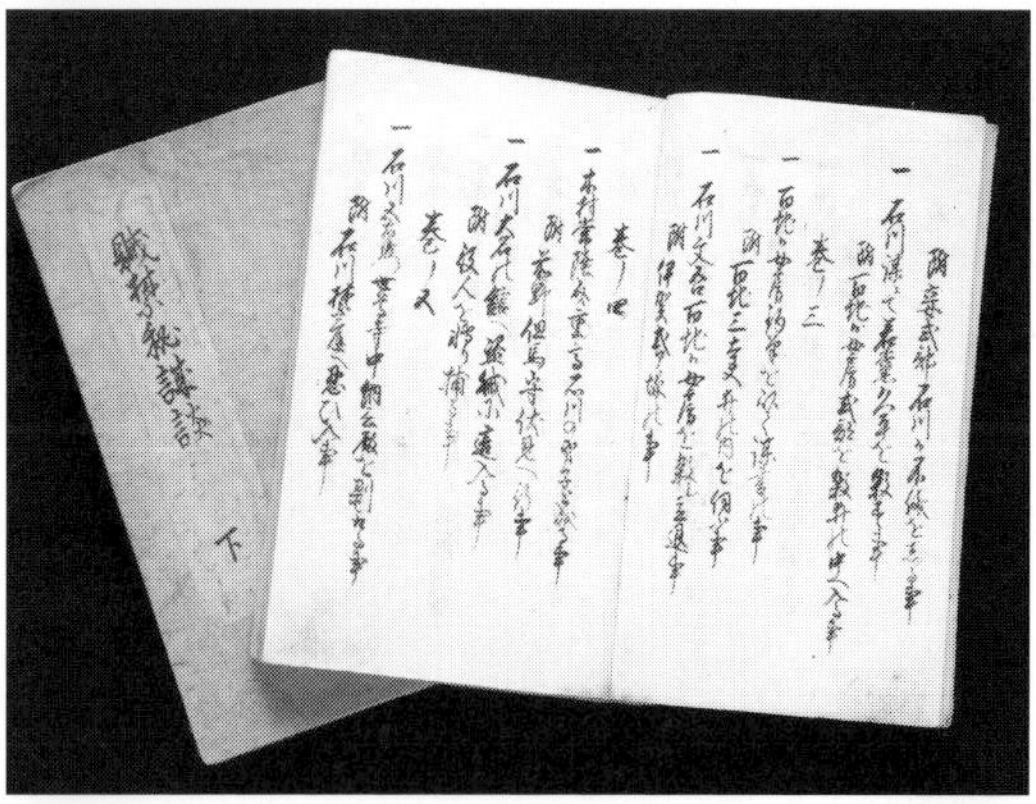

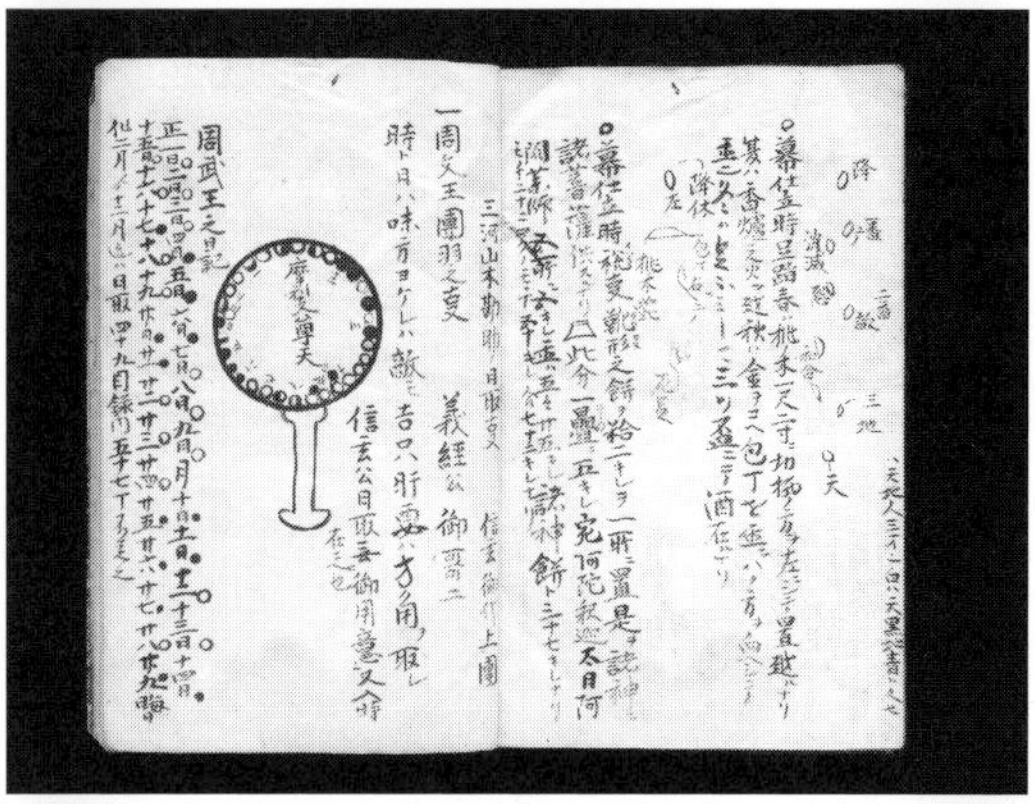

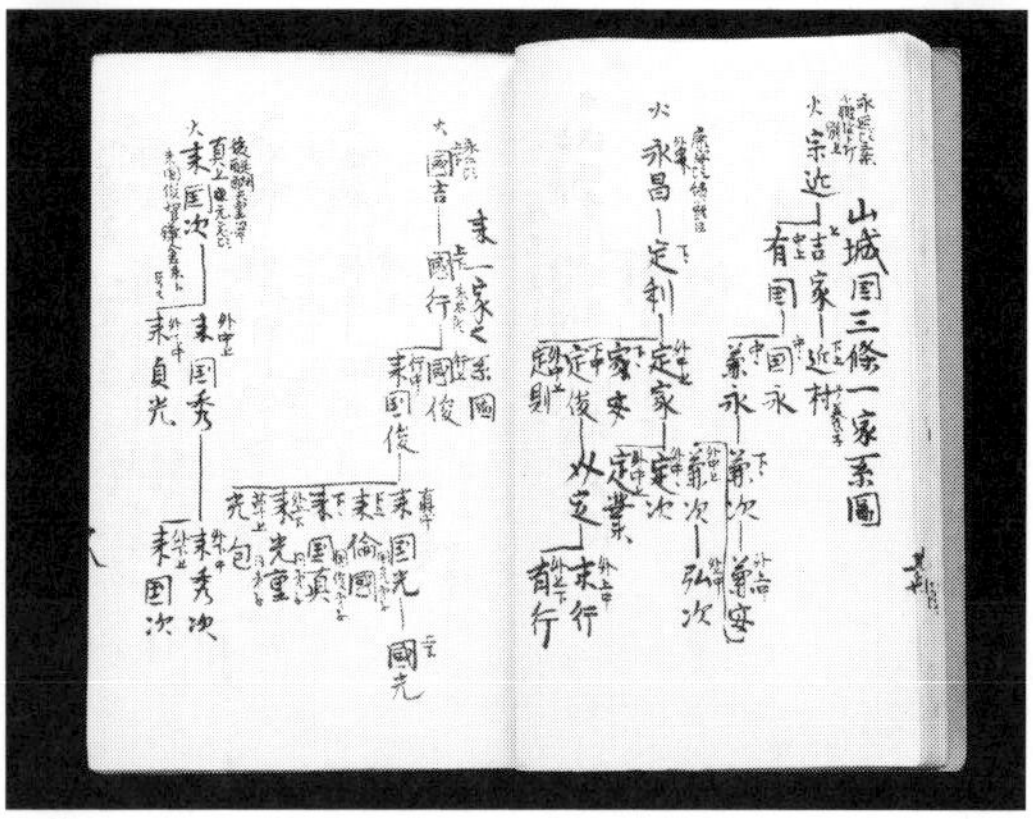

三太刀の帯刀　三条宗周の系譜

第一章 武風と忍法

武神

武神

武神

SOKE

SOKE

忍法とその歴史

忍術の歴史

一、忍術者は、武道を以て神武天皇大和平定に戦果を挙げた。
二、蝦夷征伐に戦果を挙げた。
三、建武年間、吉野朝廷の為に義兵を起し、戦果を挙げた。
四、元弘年間、名和氏、楠氏、北畠氏等の軍に加わり、戦果を挙げた。
五、長享年間に足利軍を紊乱に陥れた。
六、永正年間、関田氏の軍に加わり、足利軍の細川高國の大軍を追撃した。

この当時まで忍者に甲賀流又は伊賀流と云う区別は無く、伊賀に住する者、甲賀に住する者と云うだけで、相伴うて勤皇派として忠節であった。

永正年間時代、中庚午年、将軍足利義稙兵を近江に出して義澄を伐つ時に、甲賀の者は義稙に味方す。当時、伊賀の者は足利に味方せず。為に自然と不和となりたるが如し。

一、伊賀忍者は安政年間、勤皇の士と共に行動した。
二、宮中衛士となって新撰組を紊乱《さくらん》せしめた。
三、大和の乱、天誅組吉村寅太郎、藤本鉄石等に組し、旗揚げした時に忍者も多く戦死した。
四、倒幕の時、大いに戦功あり。

五、　鳥羽伏見の戦に征東に従い戦功あり。
これは戸隠流に書き残された一文である。参考にされたし。

今も残る武神館

忍法の歴史のポイントというのは、伝書にも書いてあるが、どういうふうに忍術が形成されて、つながっていくかということは、時代によって異なるものだ。例えば聖徳太子の時代、それから伊賀、甲賀の時代、戦国時代とか。そしてまた各土地によって形が変わった。すなわち、時代によって土地によって異なるもので、有名な伊賀、甲賀が最高というわけではない。

どこの藩でも隠密というのは使っていたから、忍者的な要素というのは各藩にある。黒脛巾《くろはばき》とか関東乱破《らっぱ》はその一例である。ただし、その差異などは研究家の言うことであって、いろいろな説を紹介したら、それだけで一冊の本になってしまう。

忍法は、人間によって、才能によって違うものだ。だが、「要《かなめ》を知る」、つまり身を潜め、心を鎮め、識を忍ぶ、このことはいつの時代でも不可欠であり、忍法にとってこの三要素が大切だ。仏教には仏法僧という三つの要がある。忍法というのは要として変化するということが特徴であって、その変化を武道の場合においては、「虚実転換」という。

虚実転換というのだから、伝書の中には嘘もある。口伝の中にも嘘がある。そこで、それではいったい何だろう、ということになってしまう。だが、それこそが人間の真実である。正義だと言っているが、何が正義なのか決め付けることができるだろうか。また人間はそれぞれ性格も違うのだから、その人によって価値観はまったく違う。十人十色である。故に「九字を許すも十字を許すな」の訓《おしえ》がある。

そこに、生命のつながりがある

私は、継承した戸隠流忍法の時代的なものには決してこだわってはいない。ある時代に完成した戸隠流というものにこだわっていては、忍者の本質を見抜けない。忍者の武道の型は時代によって異なるもので、ひとつの時代のものが全部というわけではない。忍術に「こうしたものだ」という、決まったもの、固定したものはない。決まったものだと虚実を忘却する。

武神館では、世界中に四十数万人が稽古を続けている。なぜ、それだけ多くの人が学んでいるかというと、無元な教えに次があるからである。

禅の「無心」と同じく、「無い」ということはとても大事だと思う。「無い」というところに、未来もあれば絶望もある。極端である。それが武道の「虚実」である。つまり、「無い」というところに価値がある。それは哲学であれ、宗教であれ、同じだ。それは生命のつながりを意味している。極意に無刀捕と剱がある。

宗教家がよく「神様が言われた。明日はない」ということを口にするが、これについてはいろいろな解釈ができるだろう。それは「終末論」かも知れないし、あるいは「今という、この一瞬を大事にしよう」という思考法かも知れない。また「明日がないから今がある」とか、「明日だったらよいのだ」とか、過去現在未来にわたって、いろいろな解釈ができる。そして、次にもうひとつ続くわけである。継承というＤＮＡである。

さらに、生命のつながりについて言えば、仏教では、布教にあたっては十大弟子がいた。また勝つためには十勇士がいる。十人をもって団結させている。武道では「十方《じゅっぽう》折衝《せっしょう》の術」がある。

忍法、それは未来への道

今、求められているのは、未来につながる生き方である。次の世代が生きられるのか、という。ネクストワンである。芸術家ならば、もう少しやりたかったとか、もう少し書きたかったという願望があろう。それは、願望というより夢かもしれない。もし、生きていたら、それよりいい作品が出来なかったかもしれない。そこに人生の面白みがある。だから、私は戯作《げさく》を描いている。戯作とは「化作」でもある。化けているわけだ。化毛という成人の道である。死してなお化毛毛髪は生きている。

読者に申し上げたいのは、本書を参考にしていくことが大事であるということだ。たとえば忍び縄と、はしごとか、また情報を入手する役割もあった修験者の刀と杖とか。ただし、それなりの閃きのある人でないと参考にすることはできない。

忍者秘伝書として知られる『万川集海《まんせんしゅうかい》』は文中架空のものに過ぎないと言えるが、閃きのある人にとっては素晴らしいものだ。価値があって、価値が無いところに、非常に価値がある。オープンにしないところに、パワーがあると知ることだ。

自我（字画《じが》）で見なければ、捨てた所の境界に入れる。

刀の鞘にしても、中に鉛が入っているとか、鉄の鞘とか、いろいろな造りがある。水蜘蛛についても、一般に思われているように足に履くものではない。事実は、あの中にまたいで入るものだ。水の上を歩く場合は、はしごを用いる。それも太陽を背にして歩くと、人目に付かない。

逆転の発想ができるというか、頓知のきく人でなければ忍者としては務まらなかったわけだ。頓知というのは「全機」と同じであり、武道で言う「虚実」に通じるものだ。

ただし権力争いの歴史上、忍者というのは手先負けの事実もあって、前面に出ず、全面から消えている人が忍びをやって成功を収めていたということは言われない。金遁の術を影に用いて日露戦争を勝利に導いた明石元二郎や井上馨などは、常忍のなかの常忍である。

私は、強い弟子に対して、「弱くなれ」と言っている。自分が弱くないと、弱い弟子を育てることができない。次の世代を育てるためにも、強弱柔剛という考え方が生まれてくる。

こうして私の武神館の忍法では「忍者四天王」が出ている。

じつは支《ささえる》天王とその誠意は、「死転往」（忍びながらの忍び返し）四転往生のことを言い、そこに虚実がある。

伊賀、甲賀が忍者の代表だろうか

忍者について上忍、中忍、下忍と言うが、何にでも、くの一にでも上品《じょうぼん》、中品《ちゅうぼん》、下《げ》品《ぼん》もある。多くの人が上品の忍者のことを知らない。大名になった柳生宗矩のような人物もいれば、天下を取った徳川家康のような人物もいれば、政権を倒した西郷隆盛のような人物もいる。

忍術といえば、一般に戦国時代の伊賀、甲賀が忍術の代表格とされているが、忍者とはけっして、世に言われる忍者だけのものではない。たとえば徳川家康の家臣に本多忠勝がいる。忠勝は五十七回戦場で、激しい戦いをしたものの、一度も敗れることはなく、かすり傷ひとつ残さなかったという豪遊無双の武将である。そのことは、忠勝が桁外れの忍ぶ力、すなわち並外れた心の諜報力があったことを物語っている。そうした生きる感覚がなければ、生死の境にあって生き延びることはできないものだ。

忠勝は伊勢桑名の大名となった。関ヶ原の戦いの後、真田幸村親子の命を奪おうとした家康に向かって、「ならば殿と一戦も辞さぬ」と一喝して、その命を助けた話は有名である。

江戸時代になっても忍術らしき行動があった。また幕末動乱の時期に活躍した西郷隆盛はお庭番という役職の忍者だった。闘争の中には、生きるためには、形態はいろいろと異なるが、必ず忍術的なものがあるものだ。すでに述べたように明治時代には明石元二郎という、日露戦争の折に諜報活動で活躍した陸軍軍人の名将もいた。名将たちの裏には明石元二郎の存在があった。陰陽を成す人物の存在があってこそ、日露戦争の勝利につながったのである。井上馨閣下も「金がなくては戦は勝てぬ」と言って軍事費を集め、軍事力を強力にした。その下にも影の血脈が見える。

グローバルな現代とあって、いま情報化時代といわれているが、機械力だけでは情報を正しくつかむことはなかなかできない。そこがいちばん大切なことで、武風一貫することによって、肌で勘知するような人となり、位成、その威勢を養うことができるのである。

忍びの序曲

月遁の術

森羅万象
五遁三十法の体術

丑《うし》三つ時に藁人形をもち、大木に釘で打ちつけ、呪いをかける、
丑の刻参りというものがある。
月影を歩くその姿は、幽気に満ちていた。
白く浮いて人玉の尾を引く呪殺遠当《とおあて》、サボレフツの怨念を。
忍びの者が、この怨を報じ去る。忍辱《にんにく》精神がこれを消す。

月と雲が遊ぶ。忍びの者は語らずとも風と語る。
風それを聞いて雲を呼ぶ。

流星一閃、月影に
消闘(小刀)は光り、消える。

一閃入身した忍びの一刀。
夢刀捕《むとうどり》で消える。

星遁の術

星を見て進退。勝星を求めて九字を切る。
北斗七星、武曲星、生成《せいじょう》木火土金水星の煌《きらめき》。

・霧隠忍び歩きは春の音。
霧は変相する春の日に霞と化し、夜霧は朧と化し、人の心に忍び込む。

霧遁の術

・霧遁　鎌の光は合図用。
霧は環境によって生き生きと生きる。
そして座し伏し、霧ととも流れる。
・放射霧は盆地で。
・移流霧は冷える海面や地面に暖かい湿った空気が面を撫でた時。
・蒸気霧は川・湖・海が冷たい空気に包まれた時。
・前線霧は雨のいたずら。
・滑昇霧は山の音とともに。
・冬は霧氷に変相する。

雷遁の術（鬼火の術）

雷光稲妻に乗って鬼面を被り、障子に影を写したり。口火を加え、火吹き術を加え、謀略の一手に用いる。

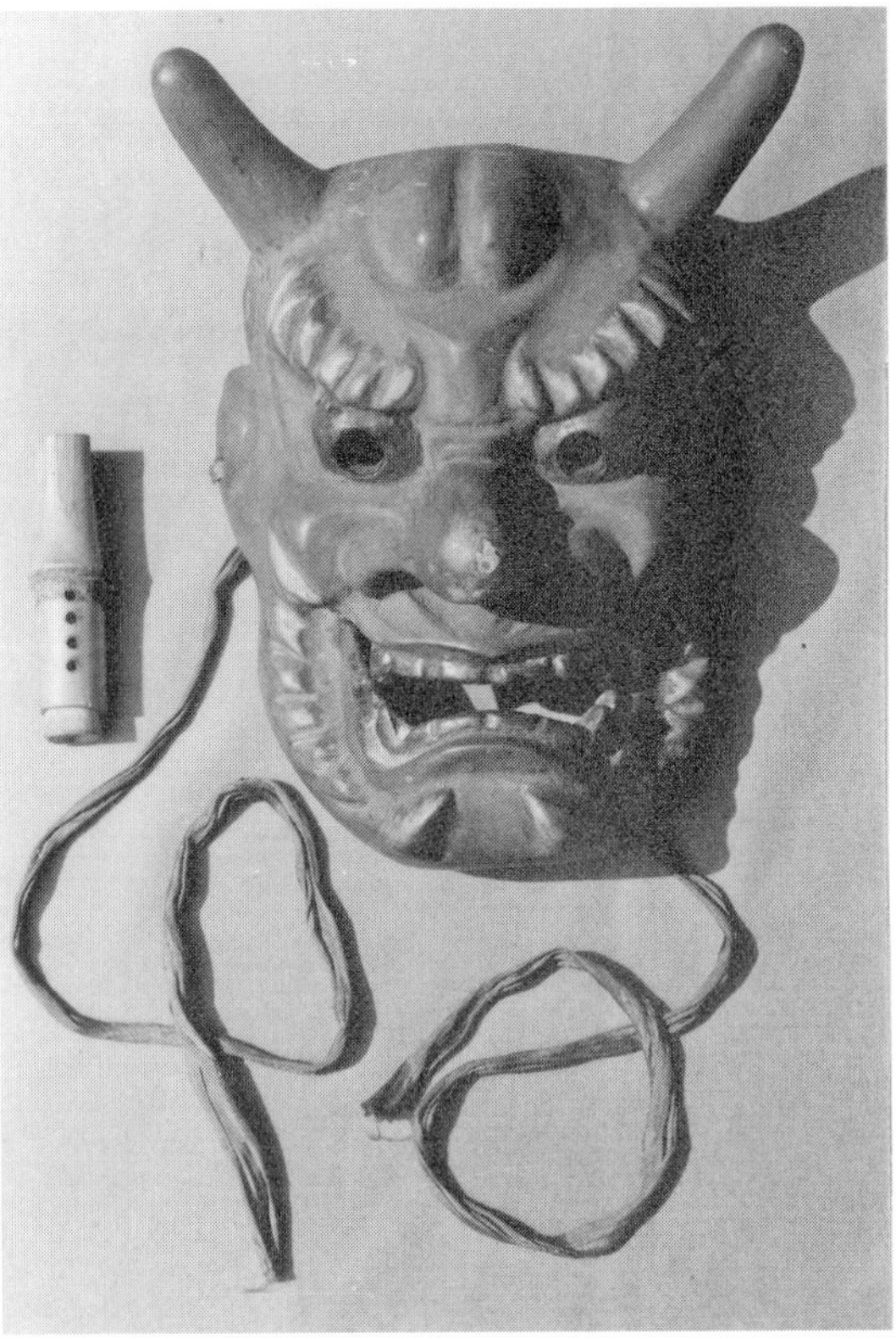

風遁の術

奴子《ヤッコ》ダコと風天に飛武《とぶ》。

雨遁の術

雨と雨具は忍びの秘具と化す。隠れ蓑。

傘は隠れるようにして賊に近づき、蛇の目は傘ごしに平手拳にて目潰。

雨下駄を脱いで手にはめて胸骨を砕き、足指を砕く。

雪遁の術

雪遁には白い忍者衣裳を着る。
雲原白陣の構。

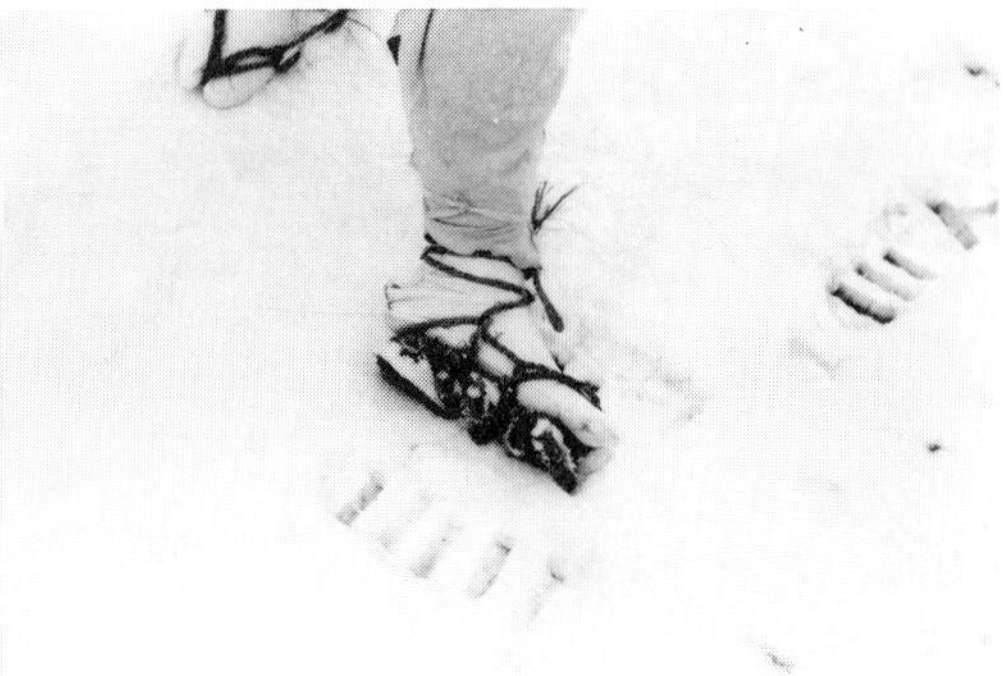

雪面に残る足跡の虚実に用いる。
また、すべり止めにもなる。

忍び草鞋《わらじ》
草鞋の下に竹筒をくくりつける。

雪崩《なだれ》忍び剣法

雪の剣法、風姿花伝雪月花の剣法。

吹き矢の術

遠くの獲物を狙っても百発百中の、二間もある吹き筒。

毒吹針

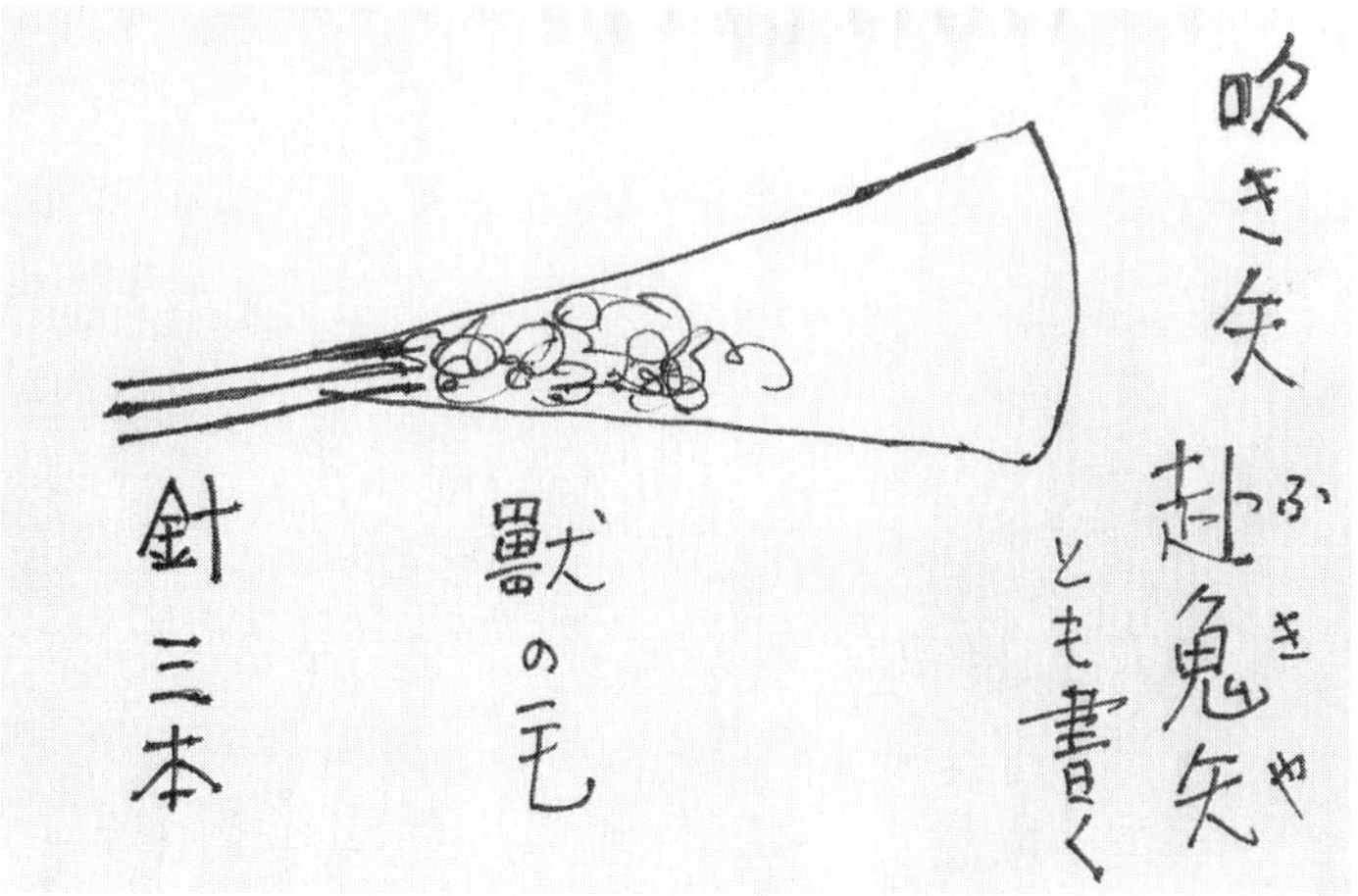

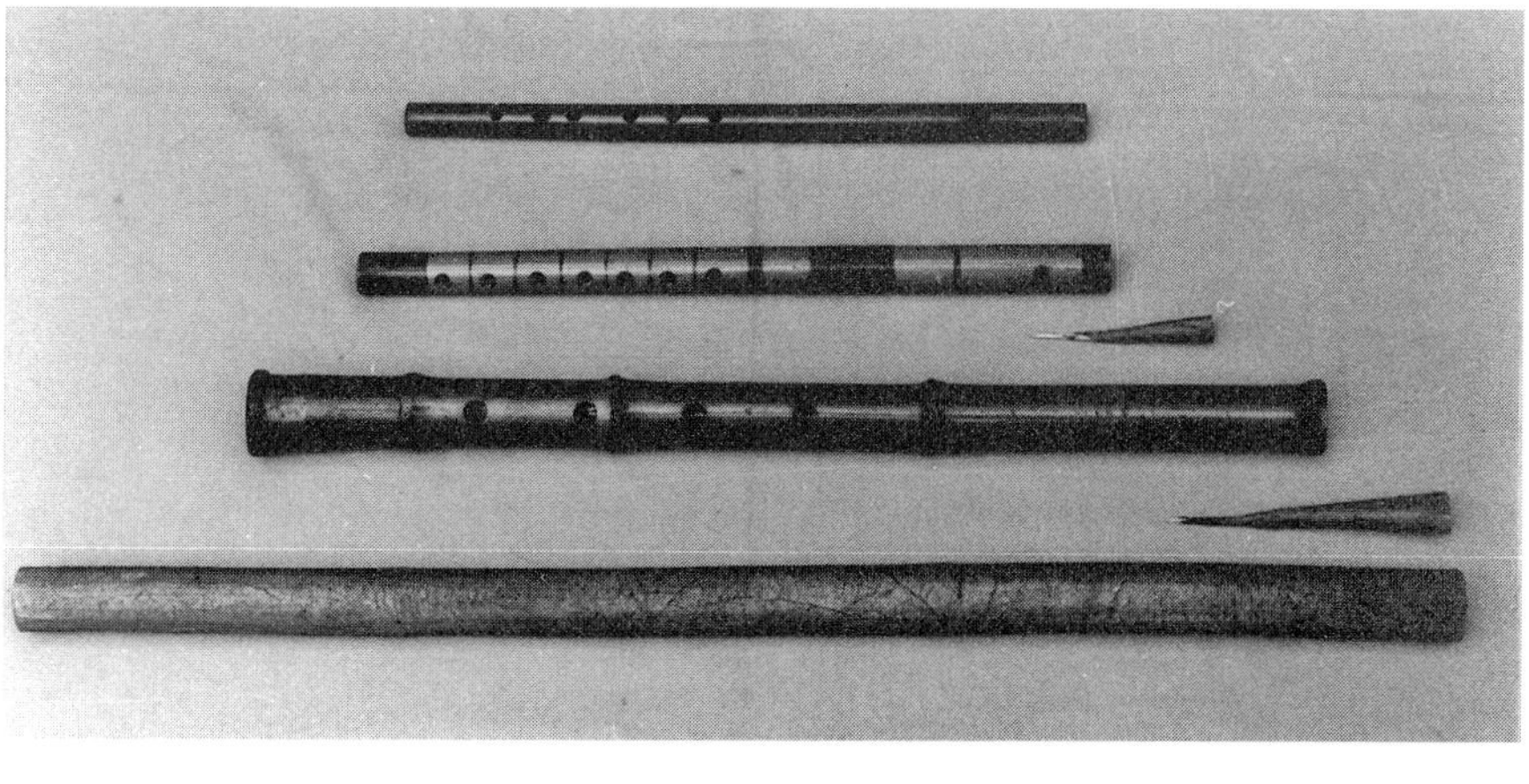

上より、
横笛二本。
尺八一本。
吹き矢筒一本。
いずれも吹き矢術に用いる。

投げる技

土遁投げ　顔面砕

目潰し投げ

技を捨てる、消技体術《しょうぎたいじゅつ》

指型が神へのサイン

水火攻勢の構。

水火護心の構。

受身の極み

受身に受身なし。
受身の型なしとする。
そして空なる受身を
会得すれば、
受身の極みという。

体変術

六法九字体変術
十方無刀捕

体変術で相手の攻撃を避けながら相手につけ入る術がある。真剣で斬り込んで来る剣を体で避ける事を基本とする。

斬り込みに対して後方に廻転する。

刀に押されて後方へ。

斜めに廻転する。

足払いを飛び上り。

斬り込みを飛び交う。

骨指術と骨法術

禮により禮に始まる時の心得

禮の本質を知ろう。
（一）忍びの自然禮には、
術により変想せる禮のあることを知り、
（二）禮の瞬間に、彼我の心技体の程度を計る、
人身観破の上での備えの禮技があり、
一念威光により、敵が攻撃をしかけることの
出来ぬという、威圧不動金縛りの禮技がある。

浮化身と妙変術隠形の法

木遁・火遁・土遁・金遁・水遁
人遁・禽遁・獣遁・虫遁・魚遁
天遁とは日遁・月遁・星遁・雲遁・霧遁・雷遁・電遁・風遁・雨遁・雪遁
地遁とは木遁・草遁・火遁・煙遁・土遁・屋遁・金遁・石遁・水遁・湯遁
人遁とは男遁・女遁・老遁・幼遁・貴遁・賤遁・禽遁・獣遁・虫遁・魚遁

立流れ

氷上で足を前方に流しながら、受身を流す。氷の圧を知る。

受け身

前方廻転
手をついたりつかないで、前方に廻る。

後方に廻る自由廻伝

側方廻転
左右に廻る。

前方受身

前方に
投げられた時は
前方受身。

右足を横流れにしつつ、
前方受身。
これは遁形の場合や
地音を聞くためである。

両手前腕で受身。
右足を後方に上がるのは、
倒れる力の
分散のためである。

飛倒《ひとう》

落下蹴り

蹴り

勝負は足にありというくらいであるから、蹴り型は正しく自由にレッスンすること。

足先で、槍で突き込むように蹴る。

踵骨の所で、ハンマーで打つように蹴り込む。

側方蹴り

後方蹴り

側方顔面蹴り　それは化狸《けり》と言う。

忍法体術

囮《おとり》歩き

音をたてずに
忍者が歩くものだと思うと、
さにあらず、音を立てて歩く陽忍の歩がある。
夜歩く時、足に笹の葉をつける。
獣（けもの歩き化）
これが味方同志の合図にもなる。

地門がけ

地利を知りて早がけ。
波紋を見せる。
玄武門　青龍門
朱雀門　白虎門
五黄《おう》門

目潰しがけ

煙がけ。
煙からの出入りに人形を使うと影。

獣遁

木から木へと猿歩き。
猿飛び栗鼠《りす》鼯鼠《むささび》の如く影をつるす。

屋遁歩行術

廊下にうぐいす張りの仕掛のある時、歩くと廊下が叫ぶので、
廊下板を歩かず、横柱に手足をかけ、横木歩きを使う。

自由型

自由型は
天門地門の場によって変化する。
左右、首振り、手振り、を自由として、
横歩きから立て歩き、常の歩き、
変想歩きの自由型。

屋遁

音をたてぬよう横歩き。
鼠に学ぶ。猫に教える、鼠の猫の妙術。

遁走の術

東西南北天地六方
虚実六六三十六法転意無法の遁走の術。
六方を浮武《ふむ》。

転生

廻転型。
障碍物を置き、
その間合を勘知しながら前転。
自由転。
これを生々流転の絵姿なり。

登生

自然の立木による訓練。
はじめはゆるい勾配《こうばい》の木を選んで練習する。

昇天の術

松の木をかけ登る。
一気にかけ登る。
限界がきたら、　大木に抱き止まる。
または後転。
着地の訓練。
そして忍ぶ縄。

飛行術

四方八方に飛び交う。
そして地に伏し天に飛ぶ。
上下飛び。
我に地なし。

飛鳥天門地門飛び

影おとし。
前向き、
後向きに、
横向き、
四方向き。

木から木へ猿飛の影。

体術は自然力への道を開く

体術は
自然力の道を歩め。
二人大将の首捕りの影を見せる。

三心斬り忍び型

手鉤と体術と意識隠身法

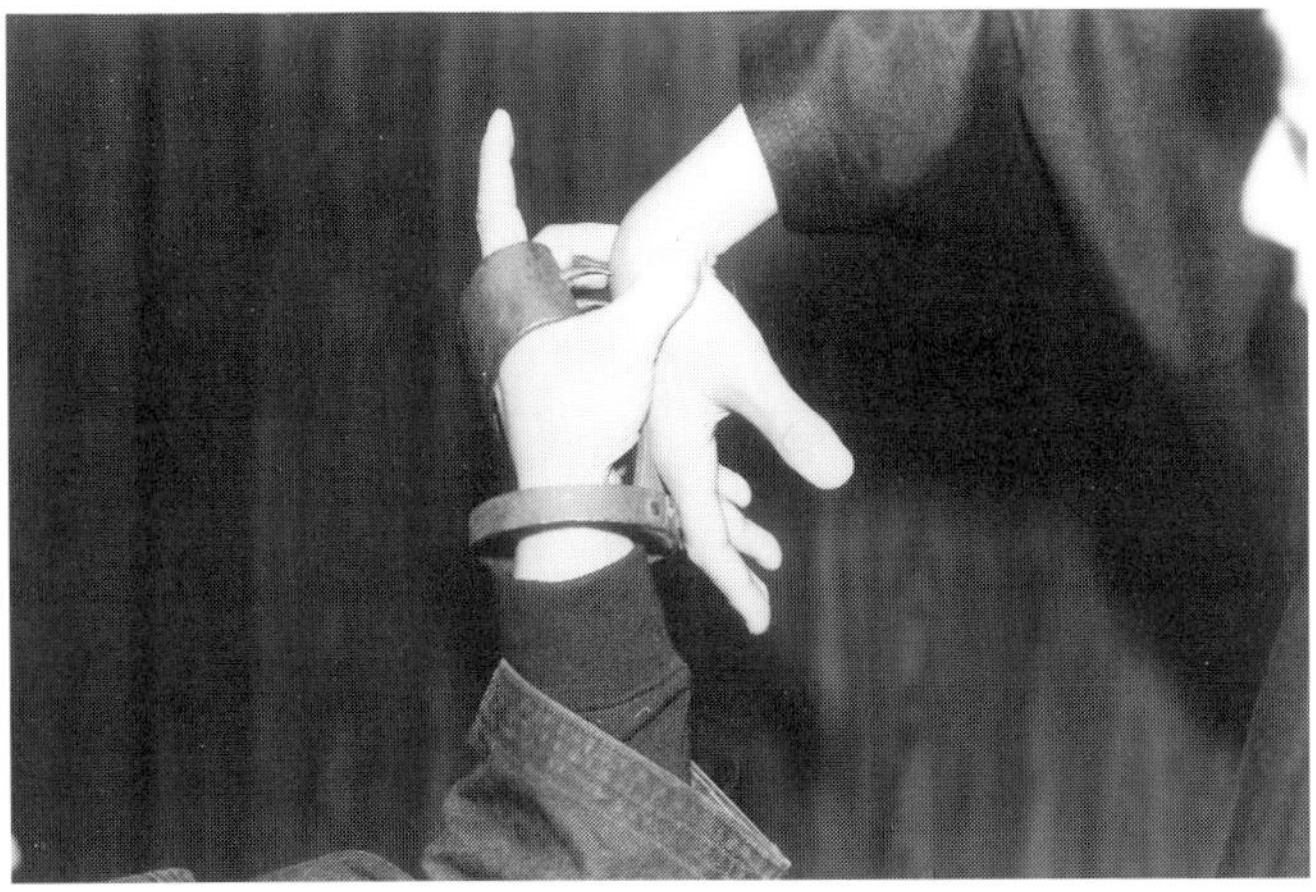

語らずとも。
鉤を使わず
体を使わず、
己《おの》れ空なり。

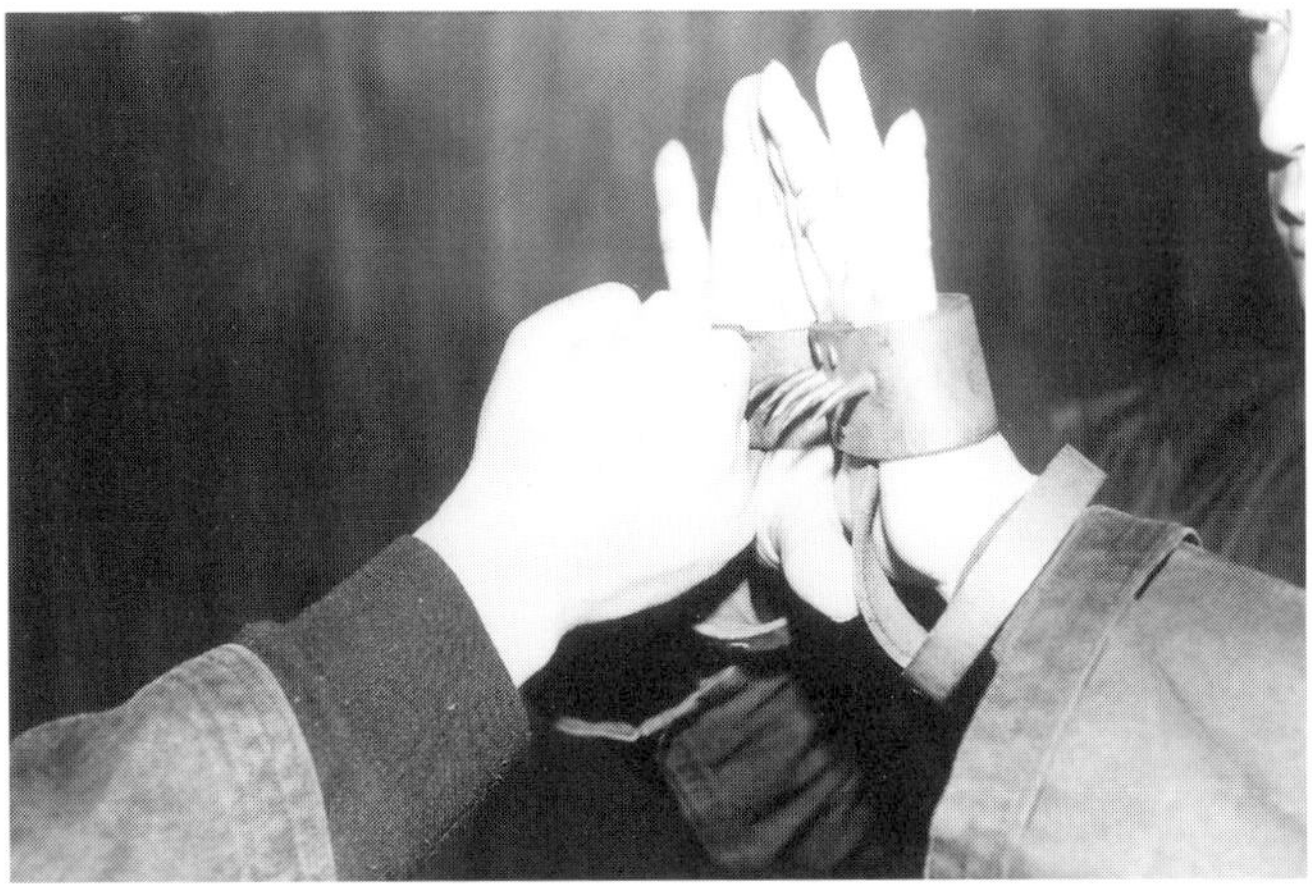

不《ふ》動《どう》無《む》吽《ごう》

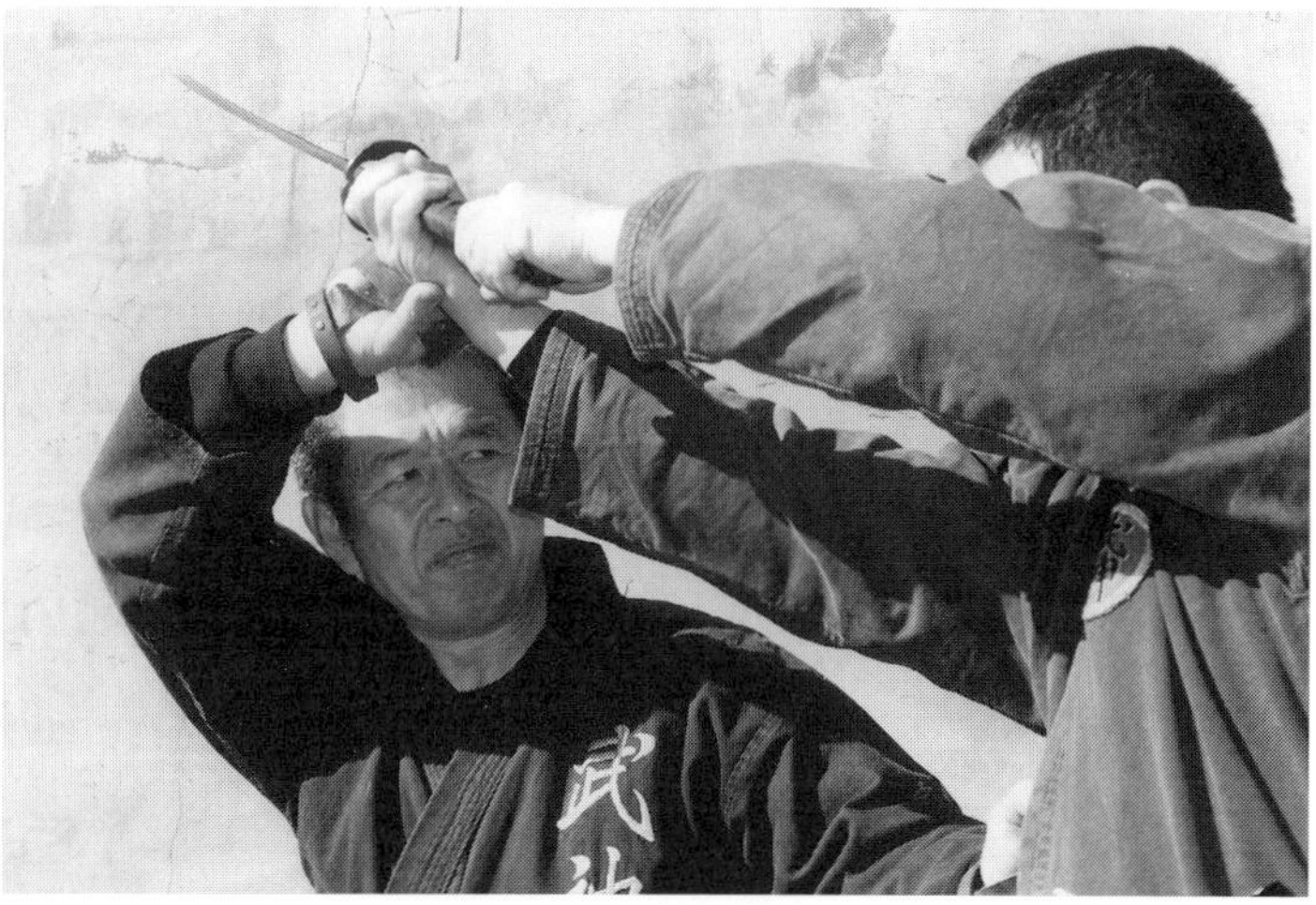

無刀捕りの極意は
無闘捕りの得。
体術の極意は
平和の道なりと知る。

足鉤と体術

無刀捕りに足交《そっこう》する。

縄投術

忍び縄の術

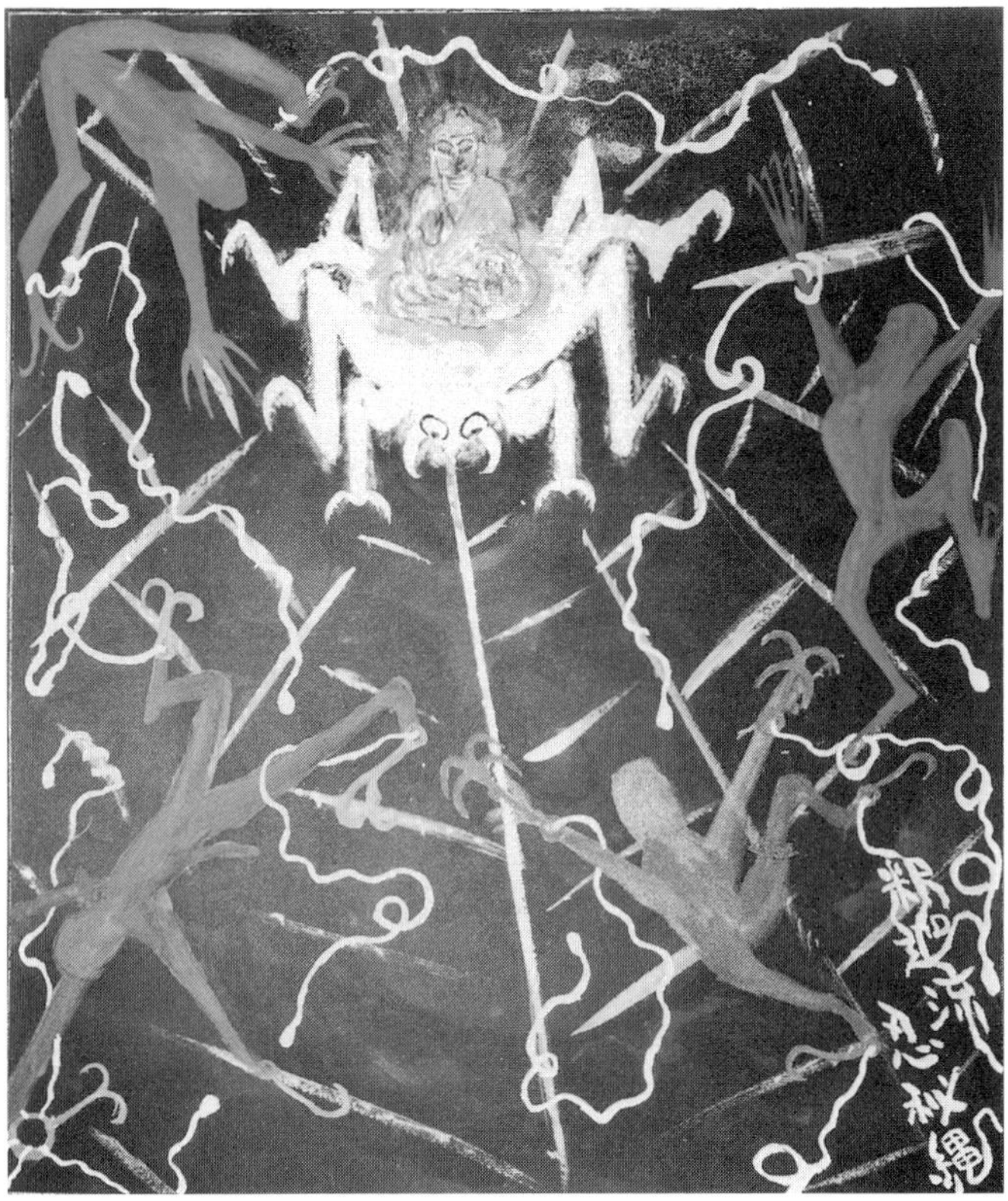

忍びの表道具の一つ、忍び縄。釈迦の蜘蛛の糸より。著者画。

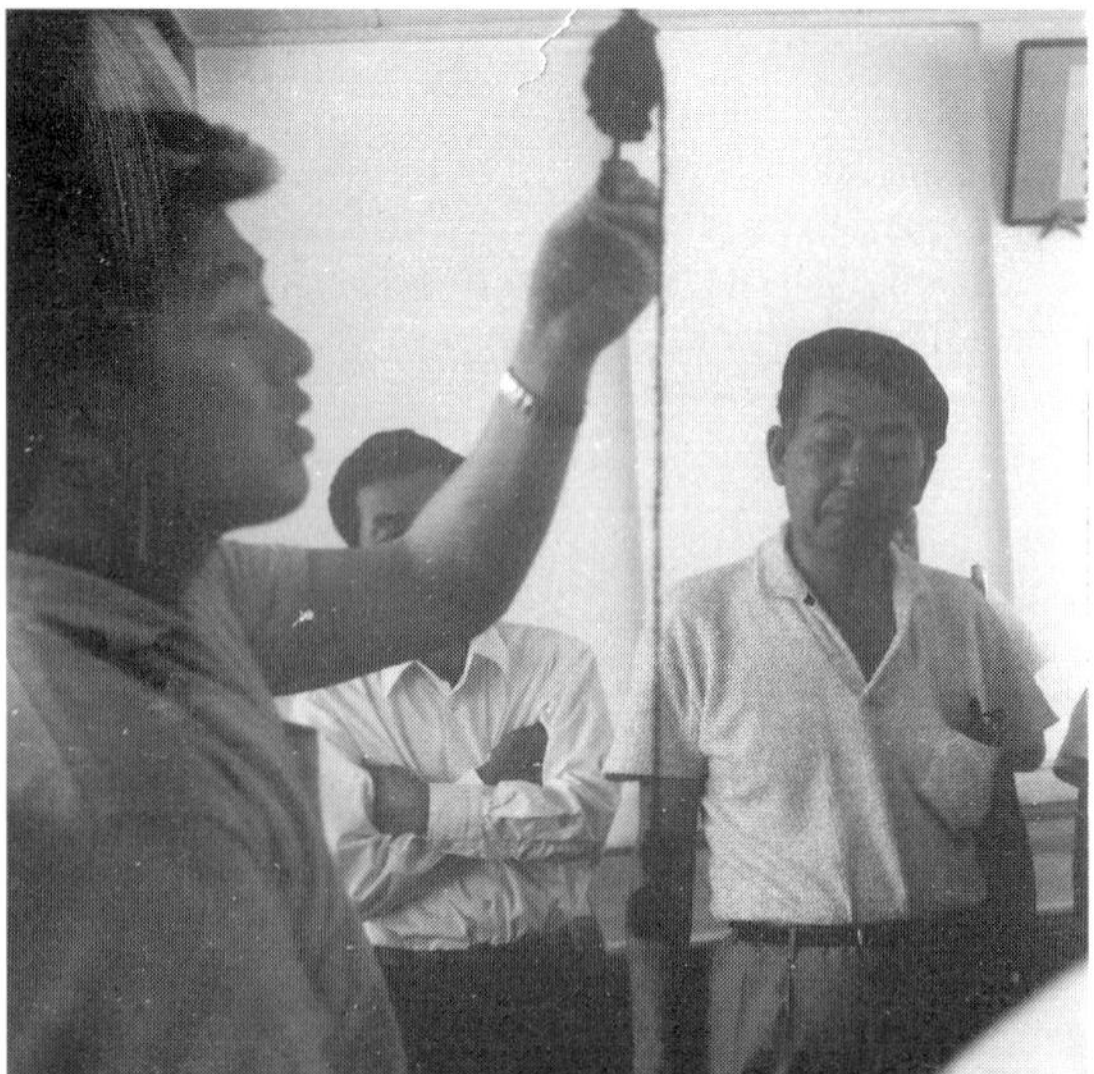

蜘蛛の縄の説明を見る映画『忍びの者』の山本薩夫監督。

鍵縄注連縄大明神

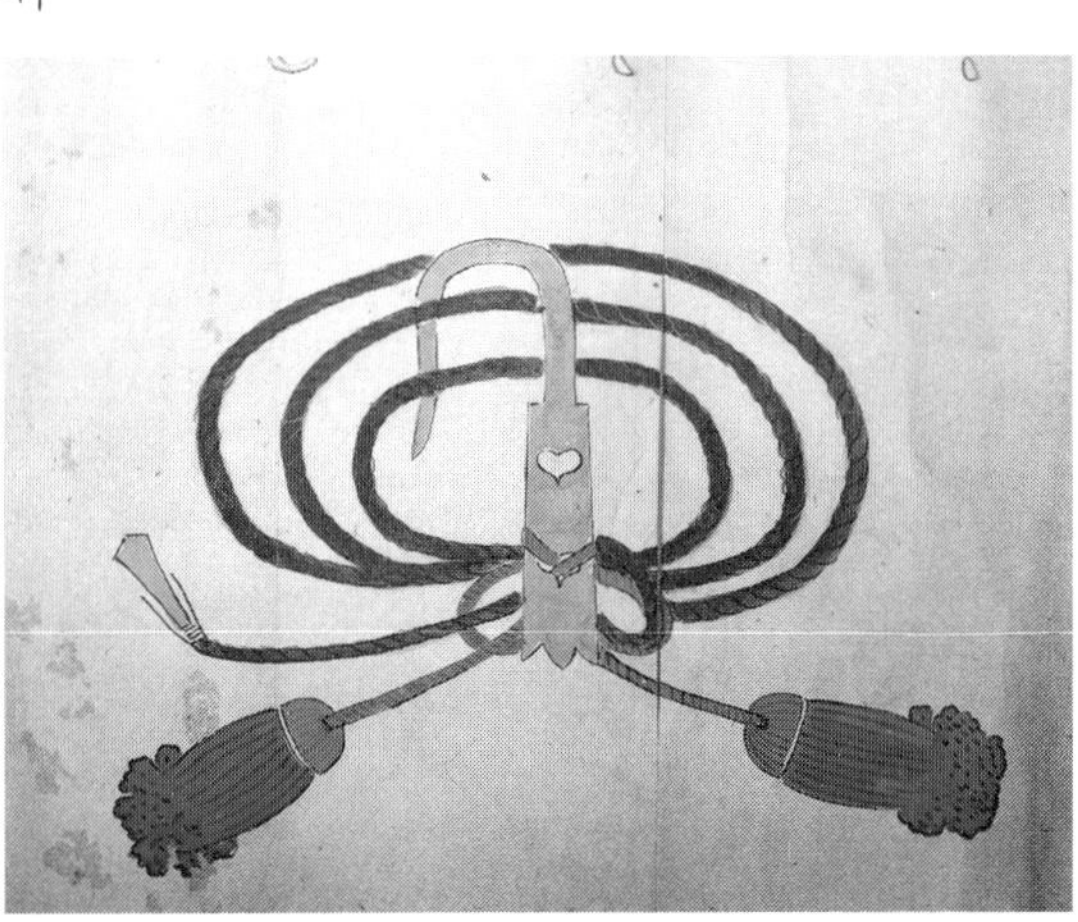

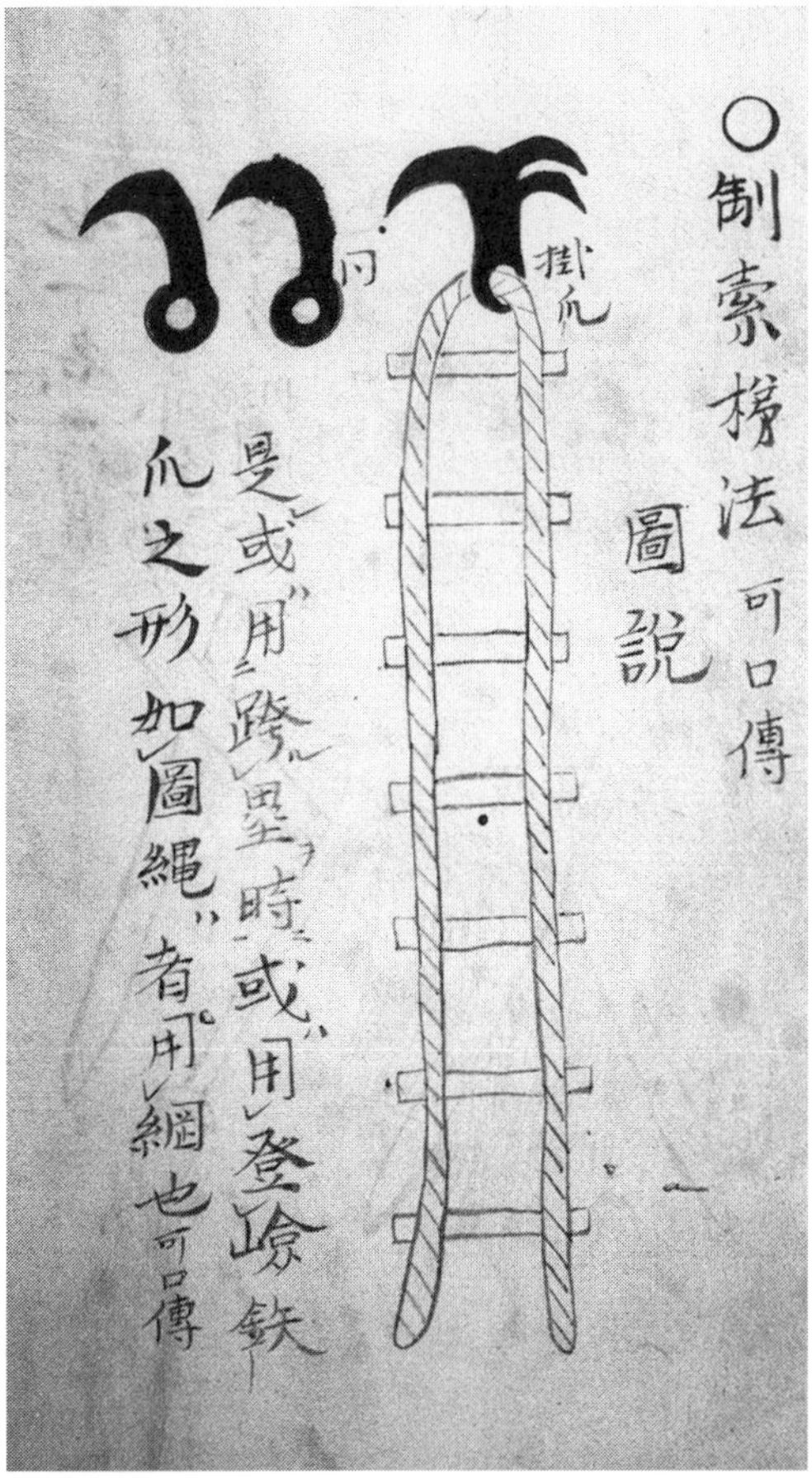

○制索梯法　可口傳
圖說
是或用跨塁時或用登嶮鉄爪之形如圖縄者用細也可口傳

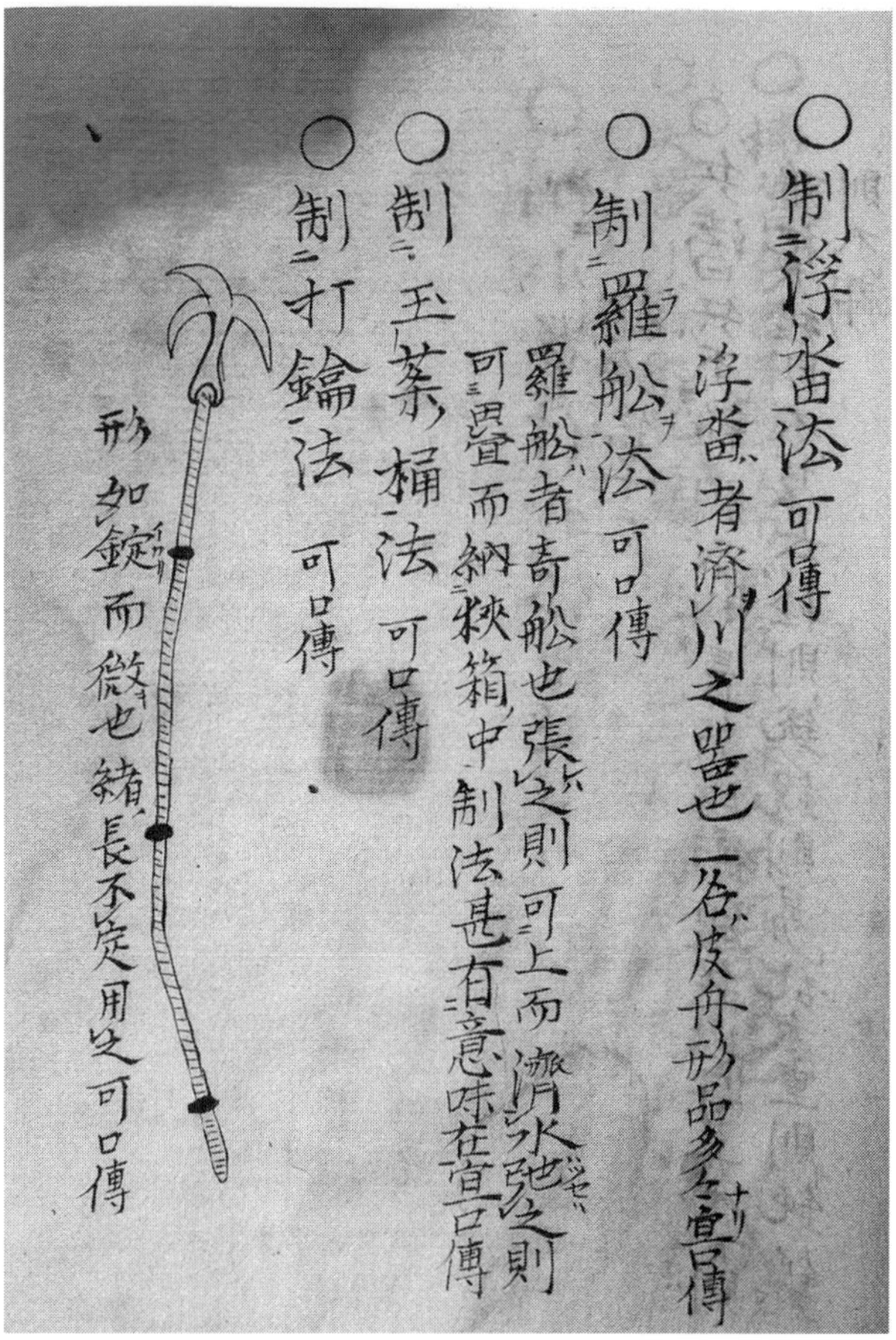

○制浮沓法　可口傳
浮沓者濟川之器也　一名皮舟形品多有口傳
○制羅船法　可口傳
羅船者奇船也張之則可上而濟水弛之則可疊而納挾箱中制法甚有意味在口傳
○制玉薬桶法　可口傳
○制打鈎法　可口傳
形如鈎而微也緒長不定用之可口傳

無《な》武《む》阿《あ》弥《み》駄《だ》物《ぶつ》
十方折衡トアミの心得。

雨乞いに行ったという津久舞

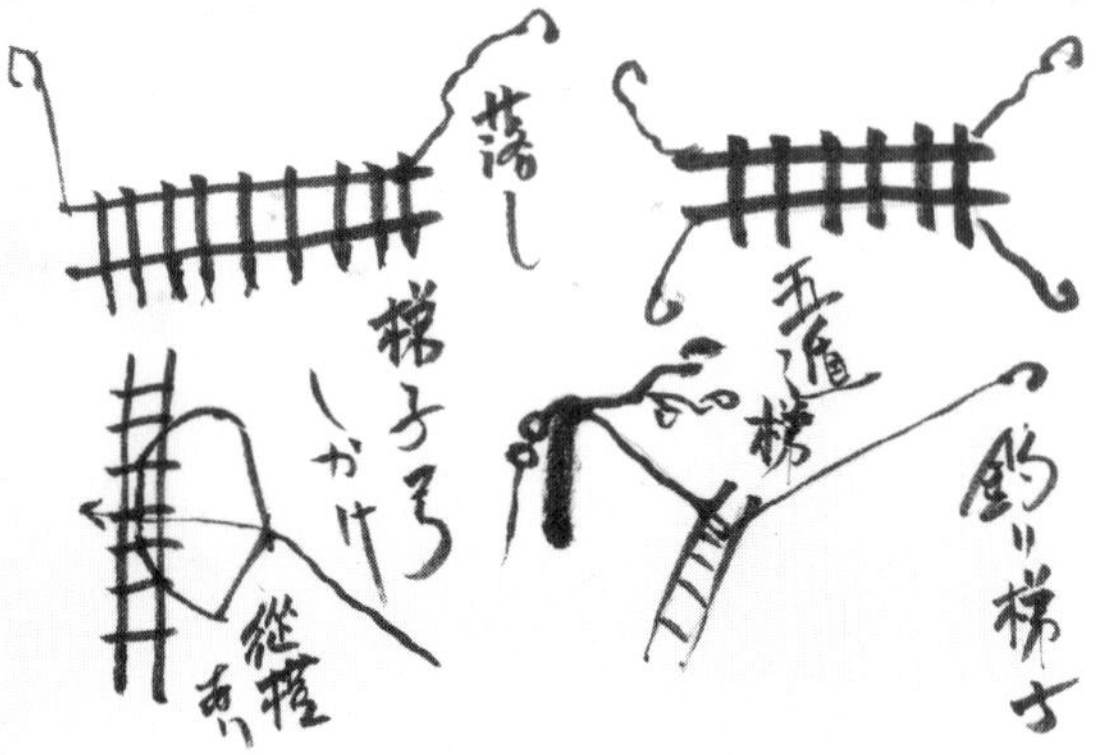

縄渡り。
縄遊び。
縄どまり。
そして友縄を使う縄飛び。

北斎漫画にみる忍び縄と柔術。

猿飛の術。
縄投を使って、木から木へ飛ぶ。
縄を使って、縄を使っているかの如く見せて。

大映『忍びの者』
山本薩夫監督と筆者。

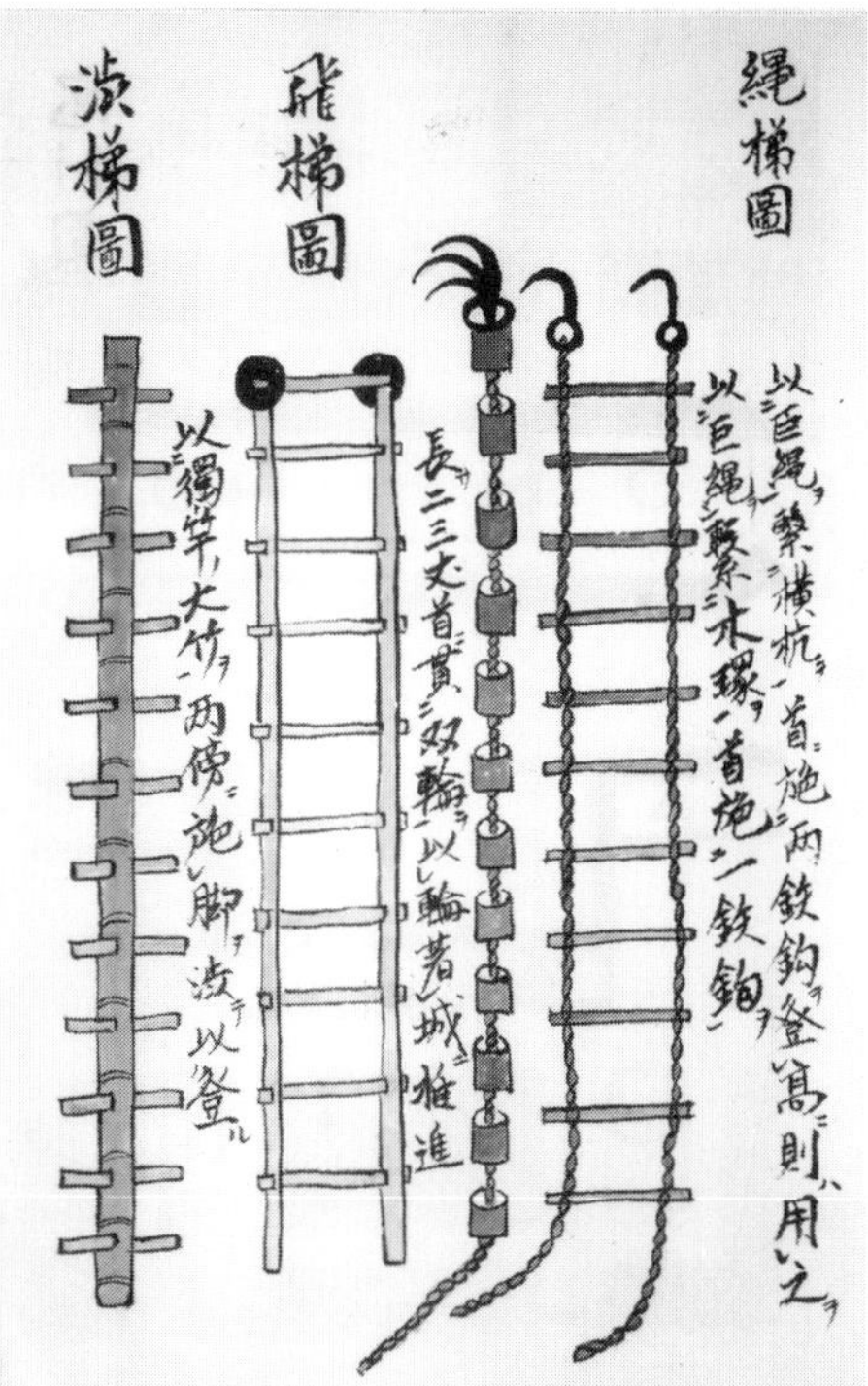

兵法書に見る梯類
軍略の書に見る梯子

縄の組合せで十蜘《とも》の術とする。

雲梯　管縄　鈎梯　高梯　飛び梯

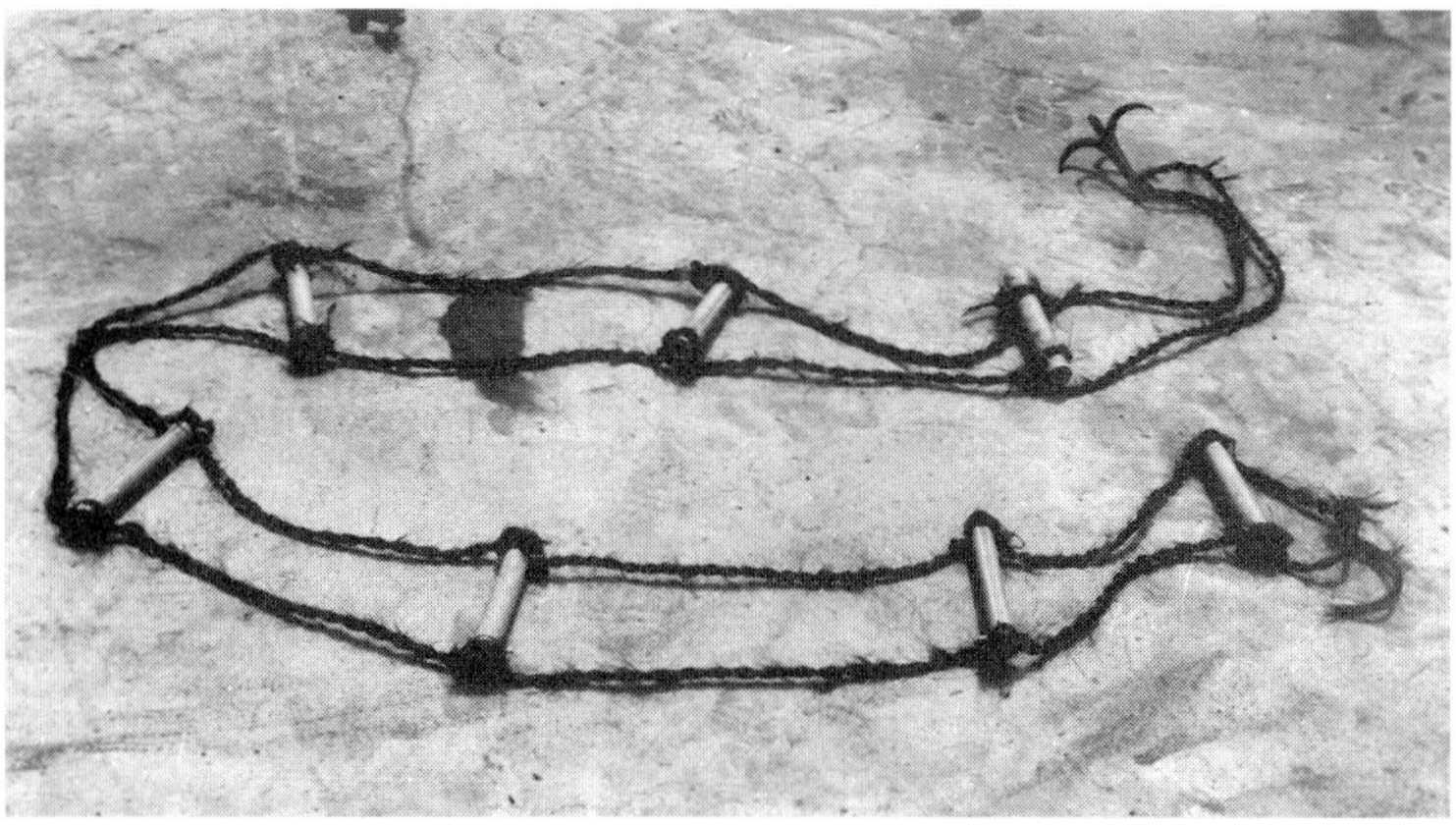

囮《おとり》縄の術
飛び梯
時によっては切れそうな縄で梯をつくり敵に使わせる用罠縄の術がある。

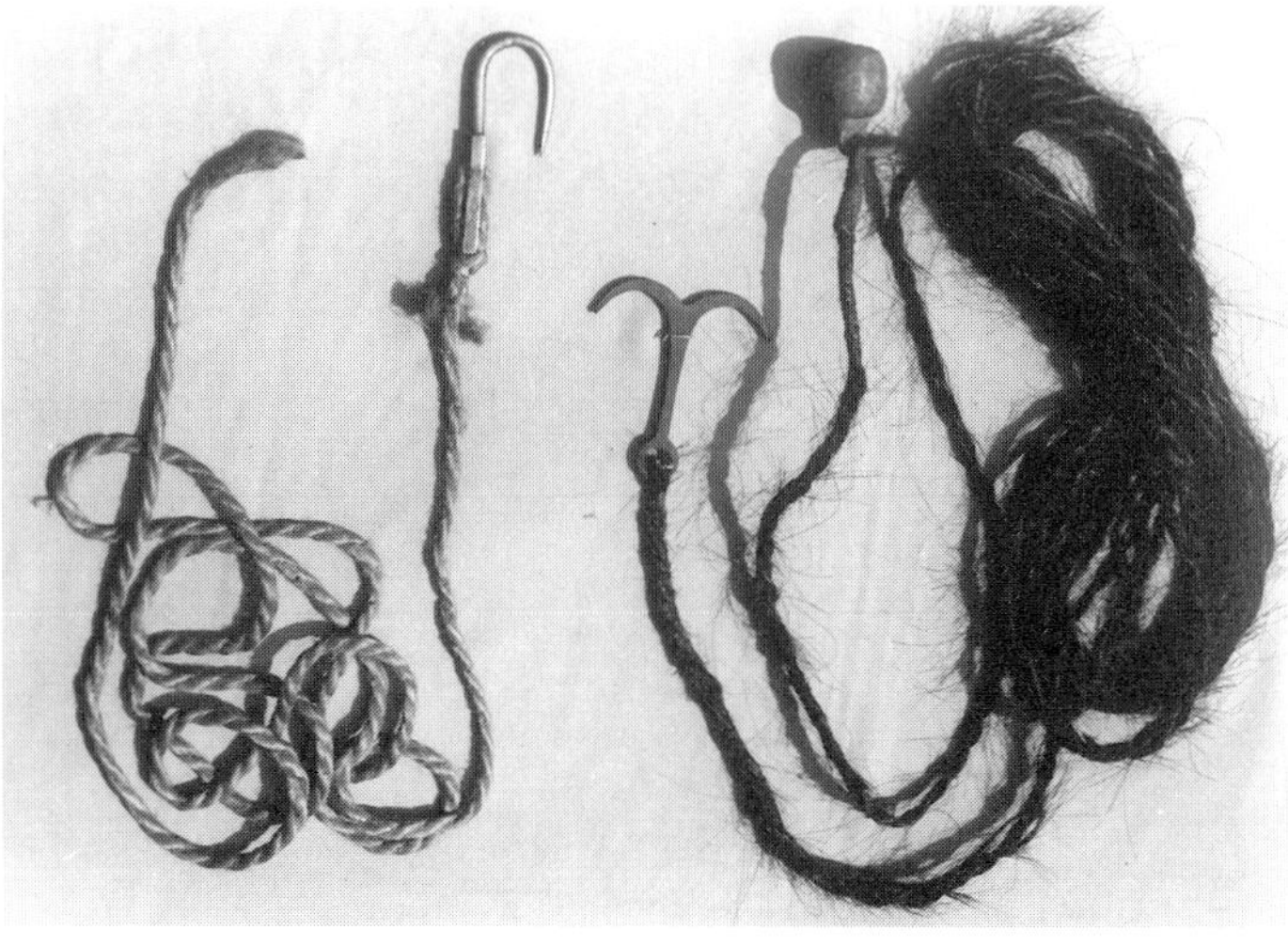

鈎縄《カギナワ》　忍び縄

高松先生が描かれた伝書の一部。

結び梯

結び輪は手にかける。

結び目は足の拇指と二指の間でかける。

結び梯の作り方

一本の縄に
①②③④の順序で
結び輪を作っていく。

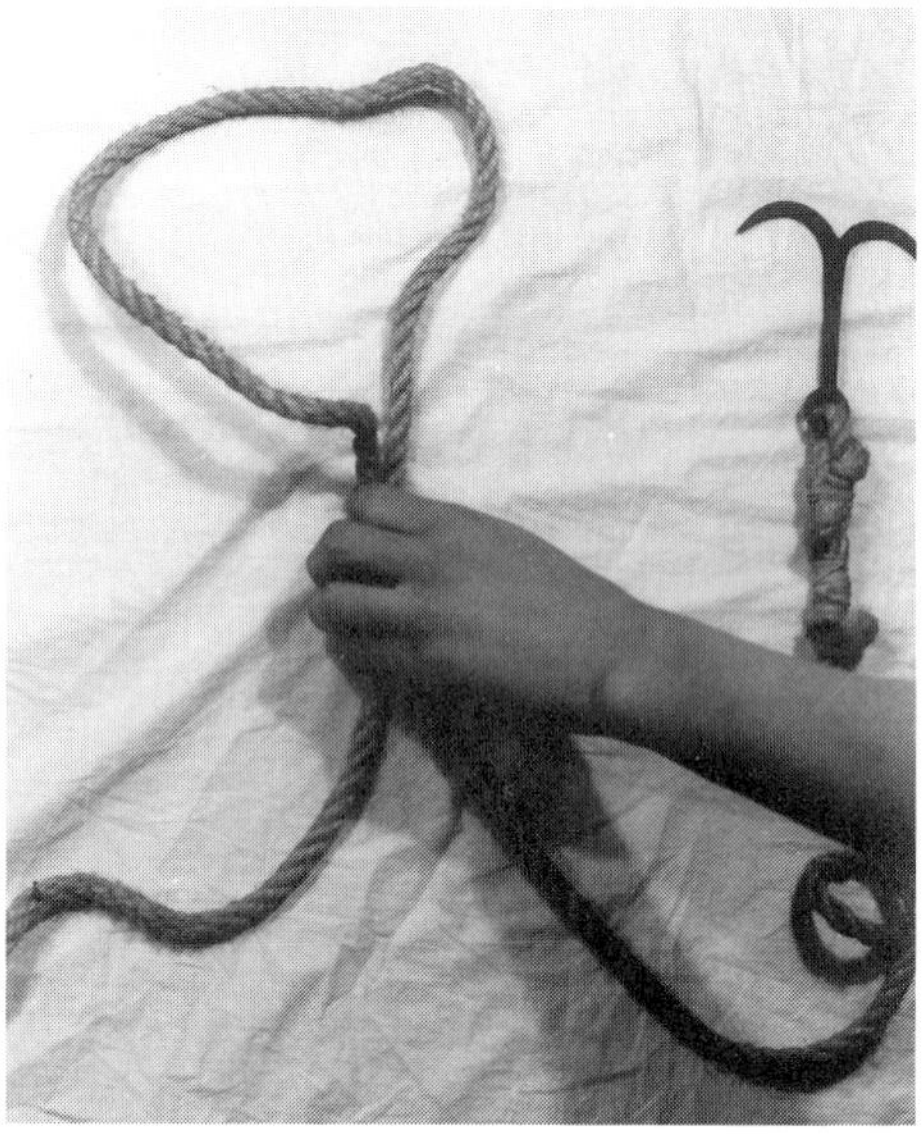

①

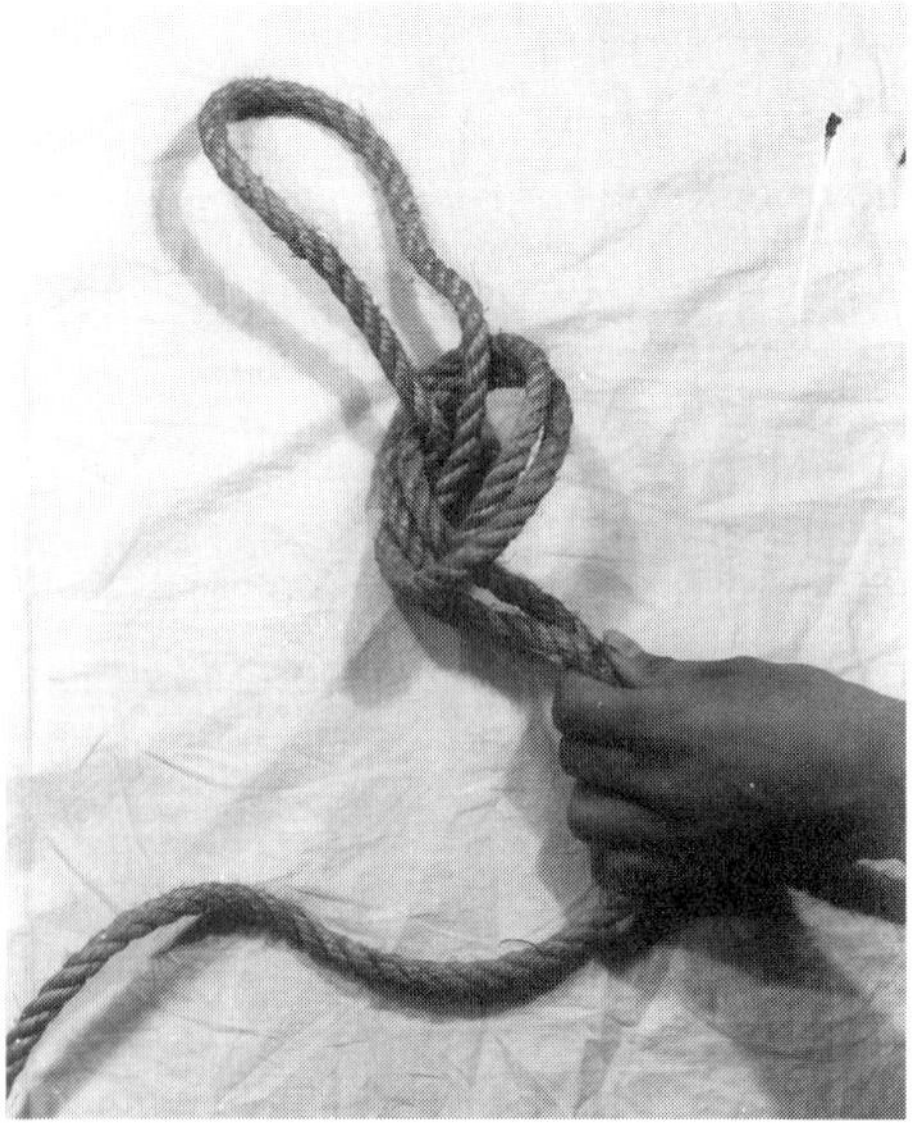

②

③

④

鉤《かぎ》かけ縄の結び方

鉤の輪に縄を入れる時、結び縄を一つ作ってから縄がけをする。まず縄の先端に結び目を作っておく。

①

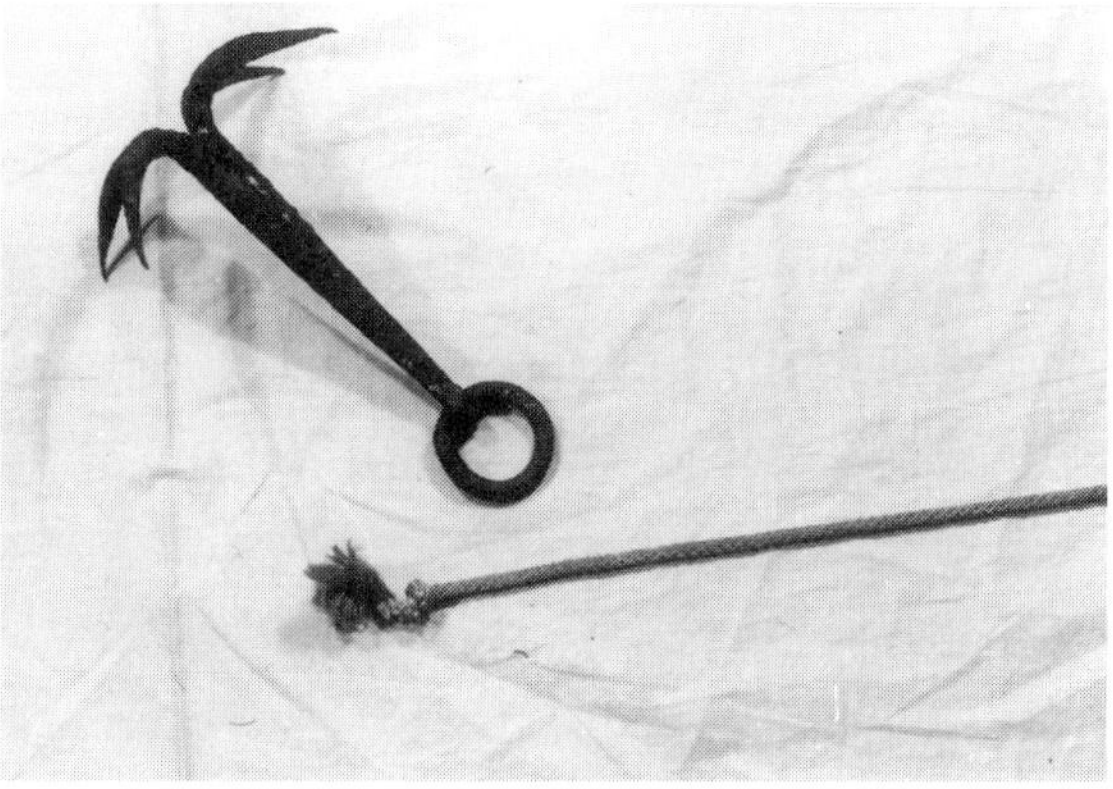

②

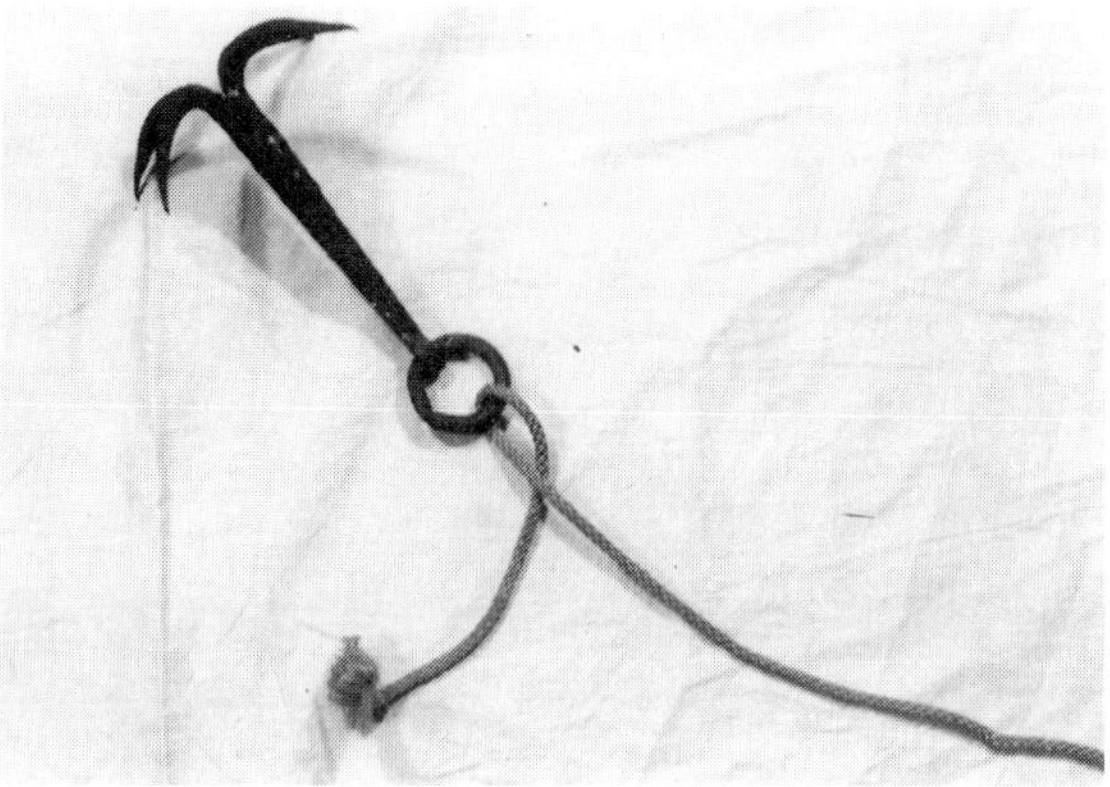

③

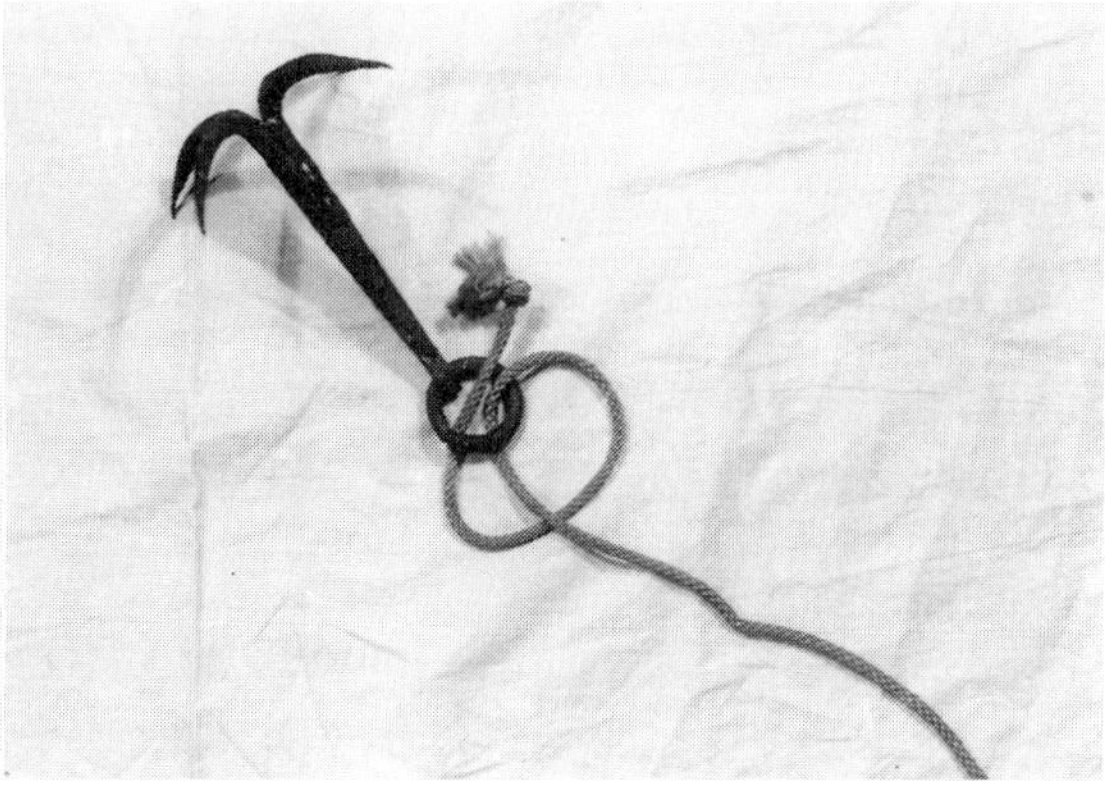

④

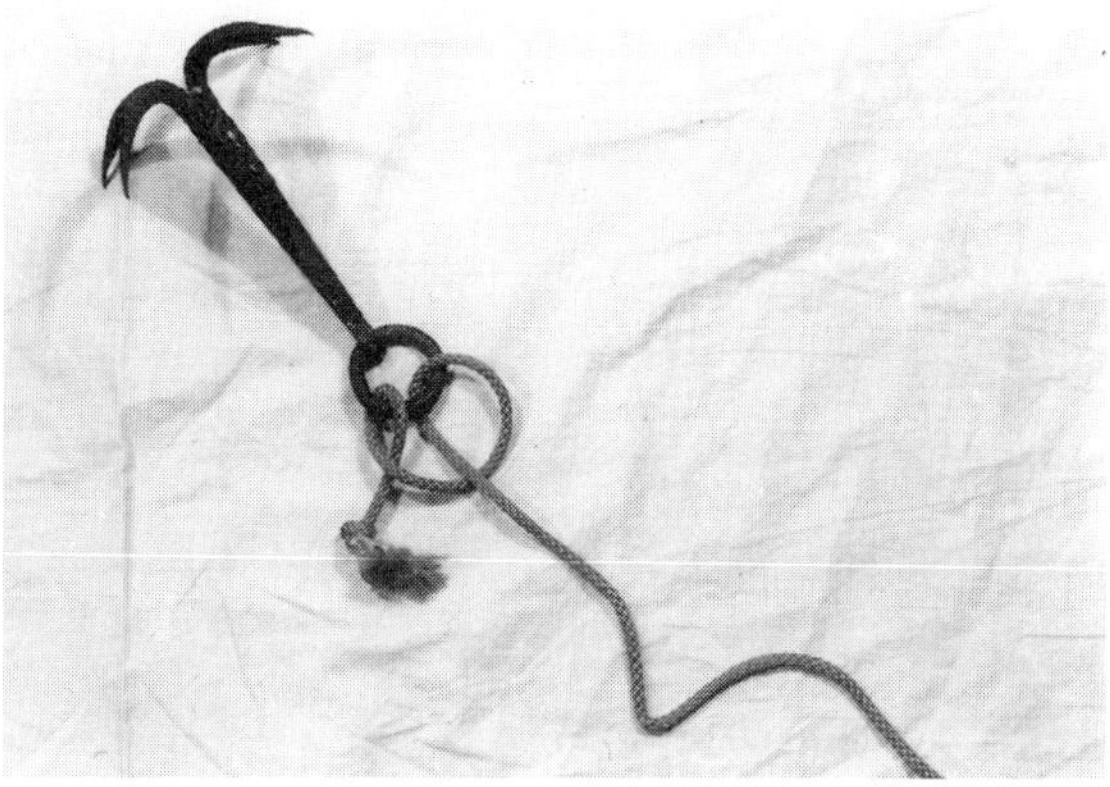

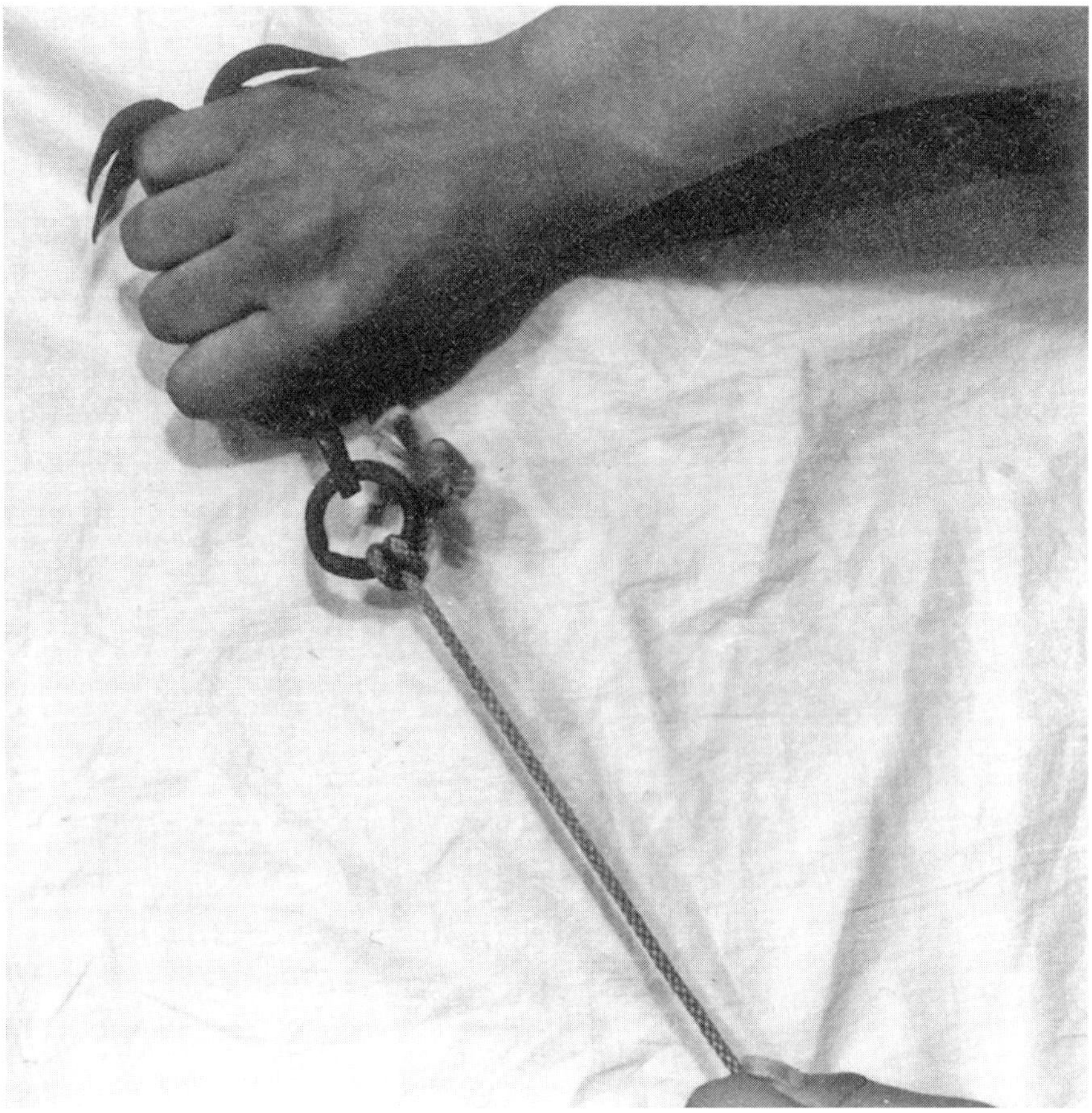

縄を引くと、
結び縄は結び目で抜けることなく止まる。
この方法は、結びを解くにも早く出来る。

高松寿嗣先生曰く、
「こない引いても大丈夫や!!」

蜘蛛梯

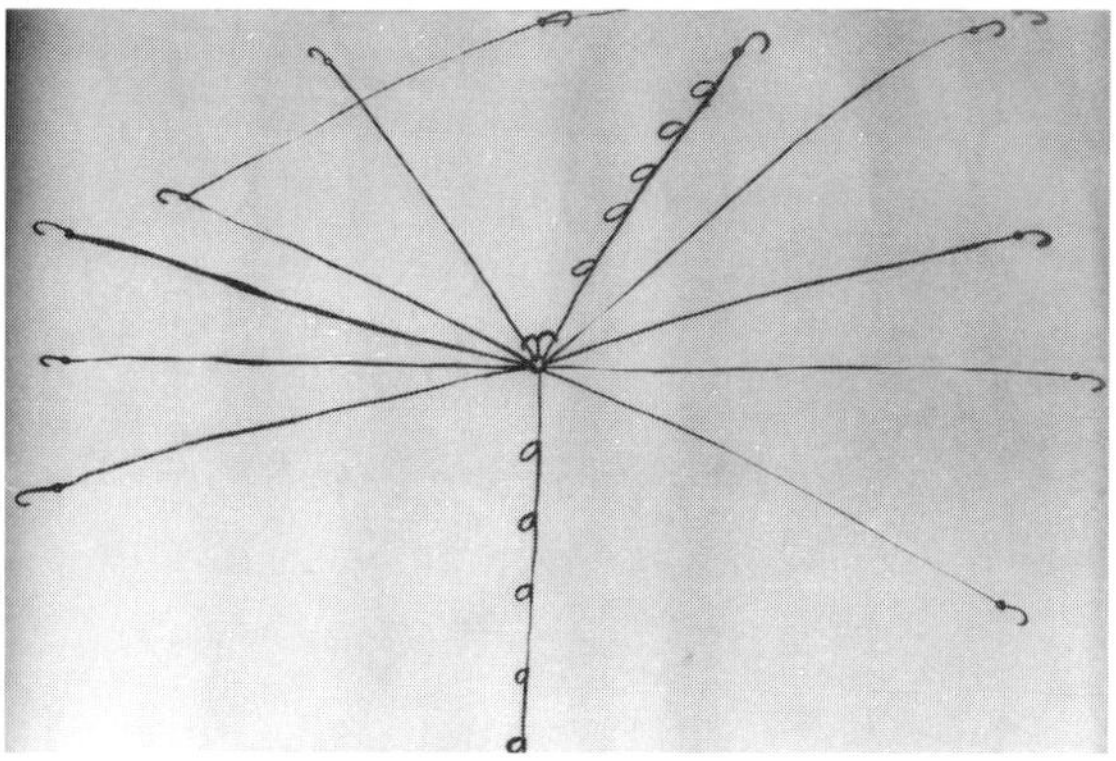

蜘蛛梯の図。

忍びの梯は梯の作法を参考に。
あらゆる梯型を合せたりして
有効に使用する。
そしてまた、影梯虚梯ともする。

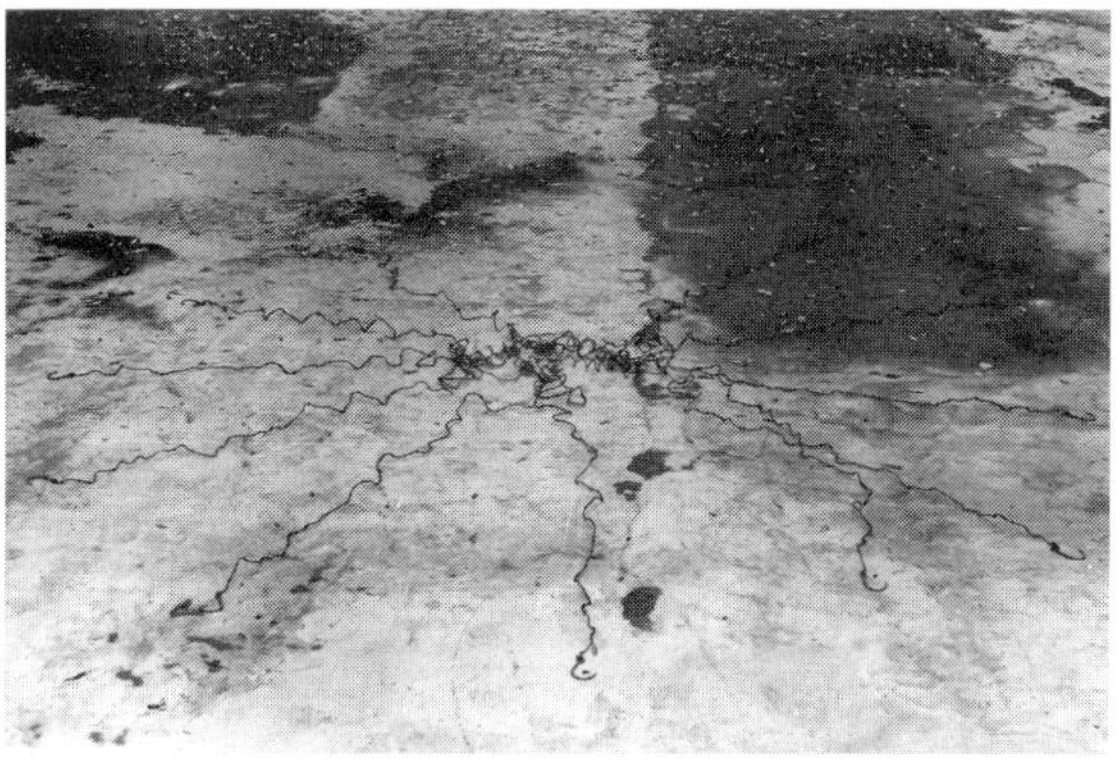

蜘蛛梯の使い方。
色々な方向に
忍び縄を張りめぐらす。
梯にとりもちをつける。
捕り梯ともいう。

高梯

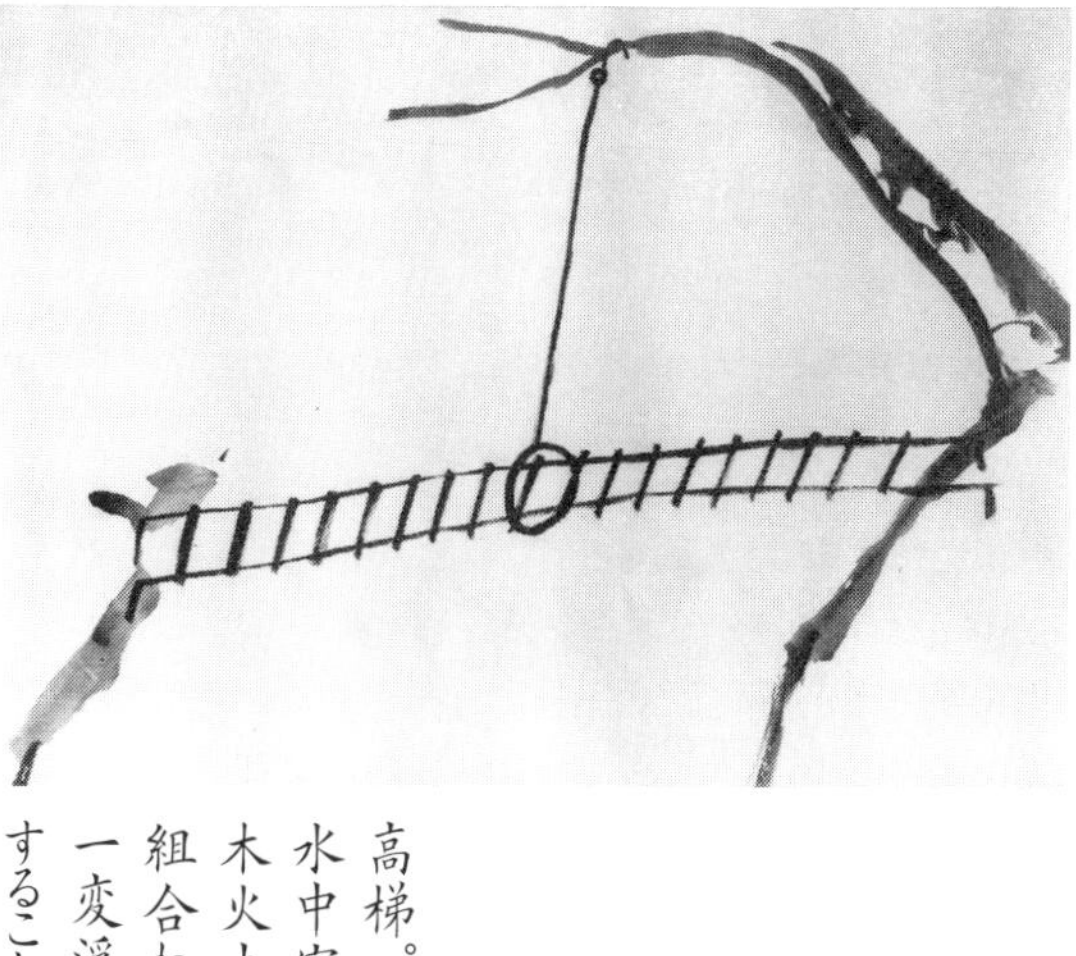

高梯。
水中空中
木火土金の
組合わせ。
一変浮梯と
することもある。

水上歩行梯

すべりやすい所や水上にて。
屋道のような家の中でも
音消跡消し用として使われる。
高松先生画。

忍び紐は廻し投げで
鉤を目的の物にかけるのだが、
音をさせないためには、動物を使ったり、
細糸の先に小さな分銅をつけて飛ばし、
細糸に縄を結ぶ、
かけ縄の法、 友縄の術がある。
高松先生画。

縄抜け

縄抜けの術も
体術の骨を利用して行う。

手首を広げたり閉じたり、
調子をとりながら、
ちょっと手を曲げて
血液の流通を見ることもある。

鎖鎌の術

鎖分銅で刀を巻き捕る。また分銅で頭蓋骨を割る。
しかしこれは表の型で、裏は分銅も鎌も鎖を見せず。

忍火鎌

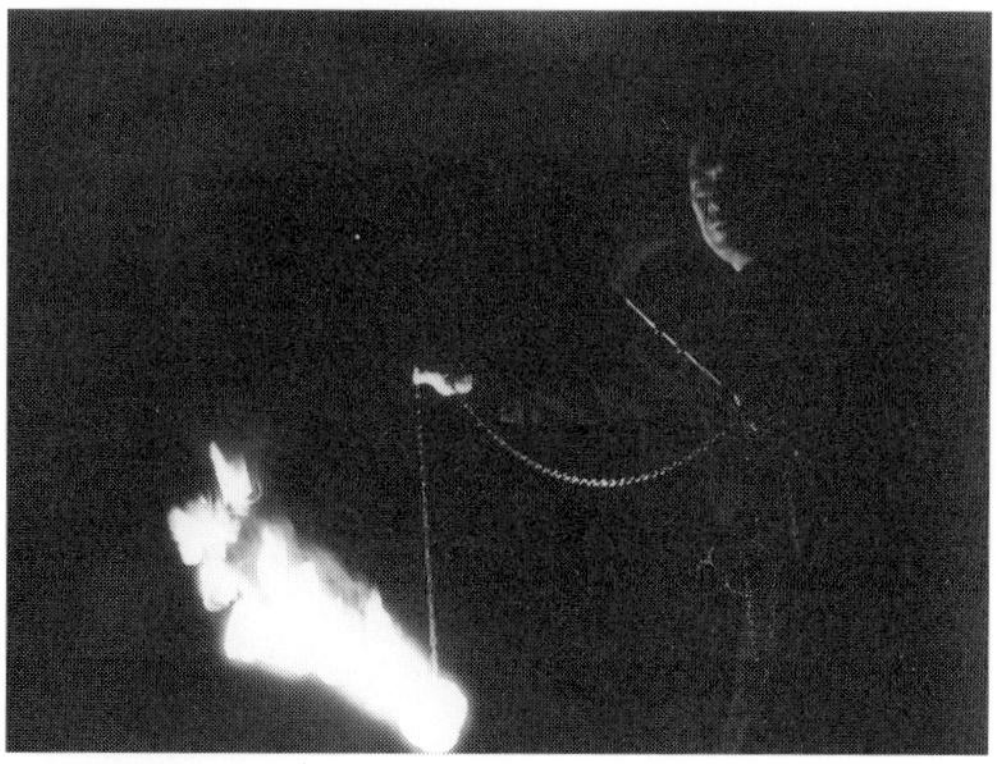

分銅に火炎、火薬、
毒物を用う。
攻撃、遁形、合図、
暗号、焼打ち。

人魂とたわむれる
分身の術に変化。
二人の忍がある面をかぶったりして
忍び顔は一変する。
暗号暗心を読む。

隠し

こけし分銅

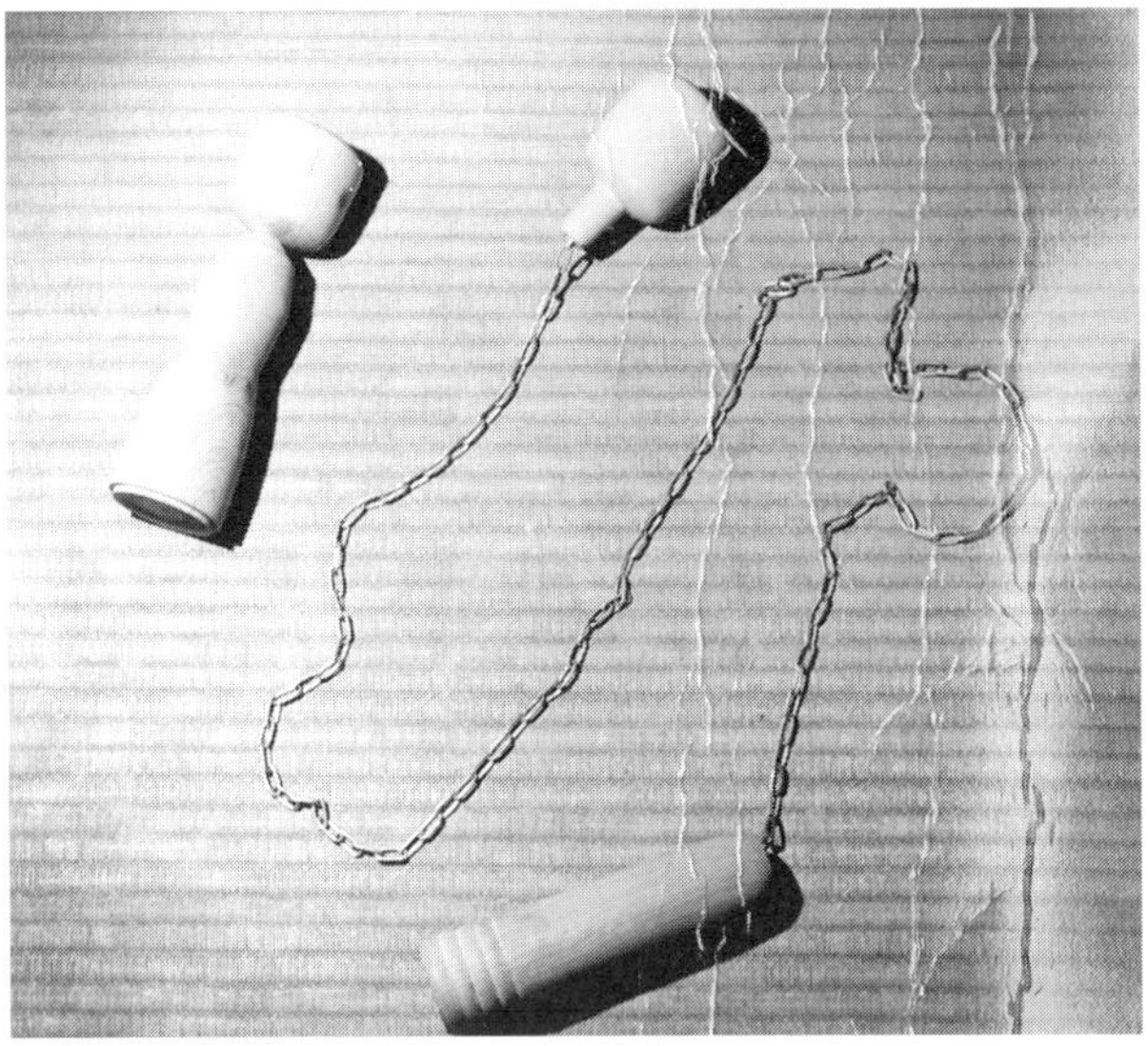

こけし人形の首が
分銅になり、
こけしの中には
鎖がしこまれている。

鎌術

農夫に変相。鎌と縄でもよい。
その先に分銅になるものをつけて術技とする。
野菜をくりぬき、火薬玉等をしこむこともあり。

鎖で刀を押しつつ左足を折り、
膝にしつつ、鎌で首落し。

伝書に見る
鎌術と棒術。

火炎鎌

霧隠鎌の術。
天遁十法を利して行う鎌術。

『忍びの者』で
百地三太夫に扮した
伊藤雄之助氏と。
距跋渉毛《きょけつしょうげ》と袖筒。

大映撮影所にて。
距跋渉毛は
体術が出来なくては
生きてこない。
体変で剣を避ける。

渉毛で
相手の右手を打ち、
捕る。

蹴上げる。

距跋渉毛で刀を捕り、
分銅当て込み。

再び相手の左攻撃を
分銅で受け打ち。

相手の拳をとりながら、
逃げる相手を
分銅で巻き捕る。

高松寿嗣先生とともに。
大映撮影所の映画
『羅生門』のグランプリの前で。

編笠

編笠にも色々の種類がある。

薬売の行商人。

虚無僧

くの一
鳥追

侍の編笠と虚無僧の笠

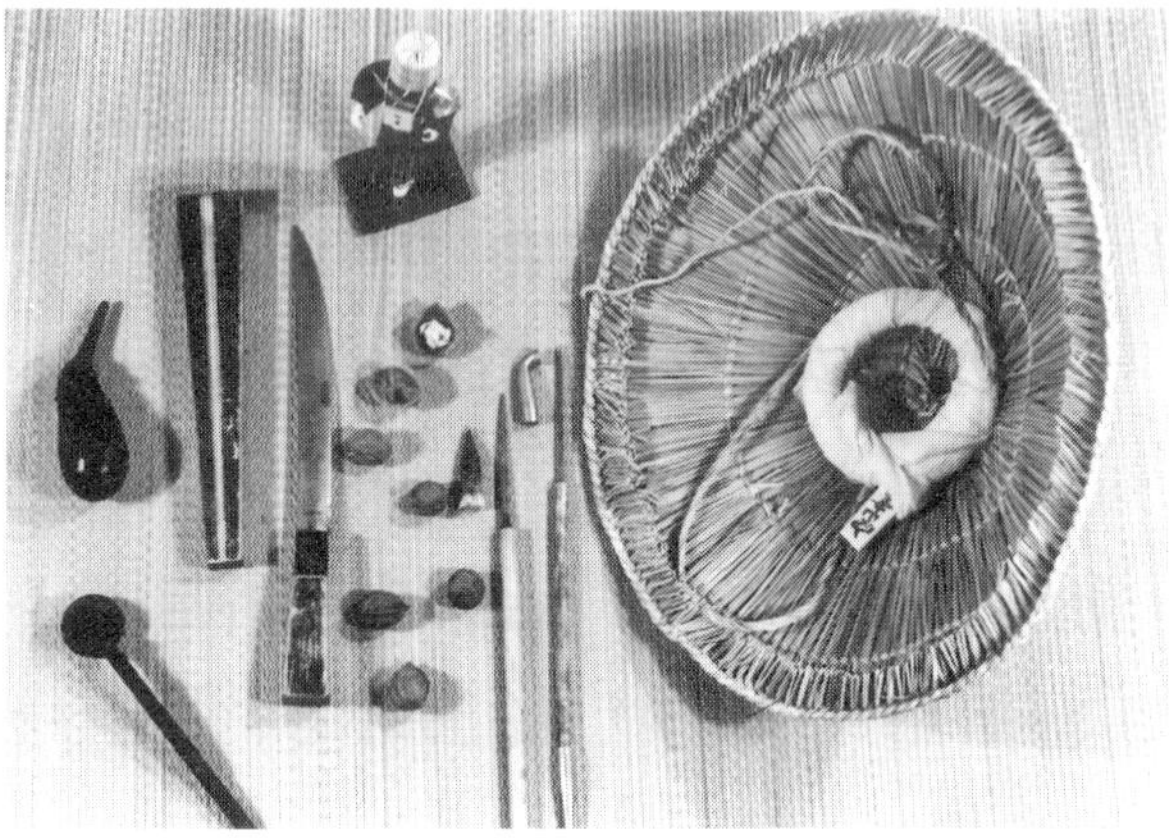

編笠に密書を潜ませる。

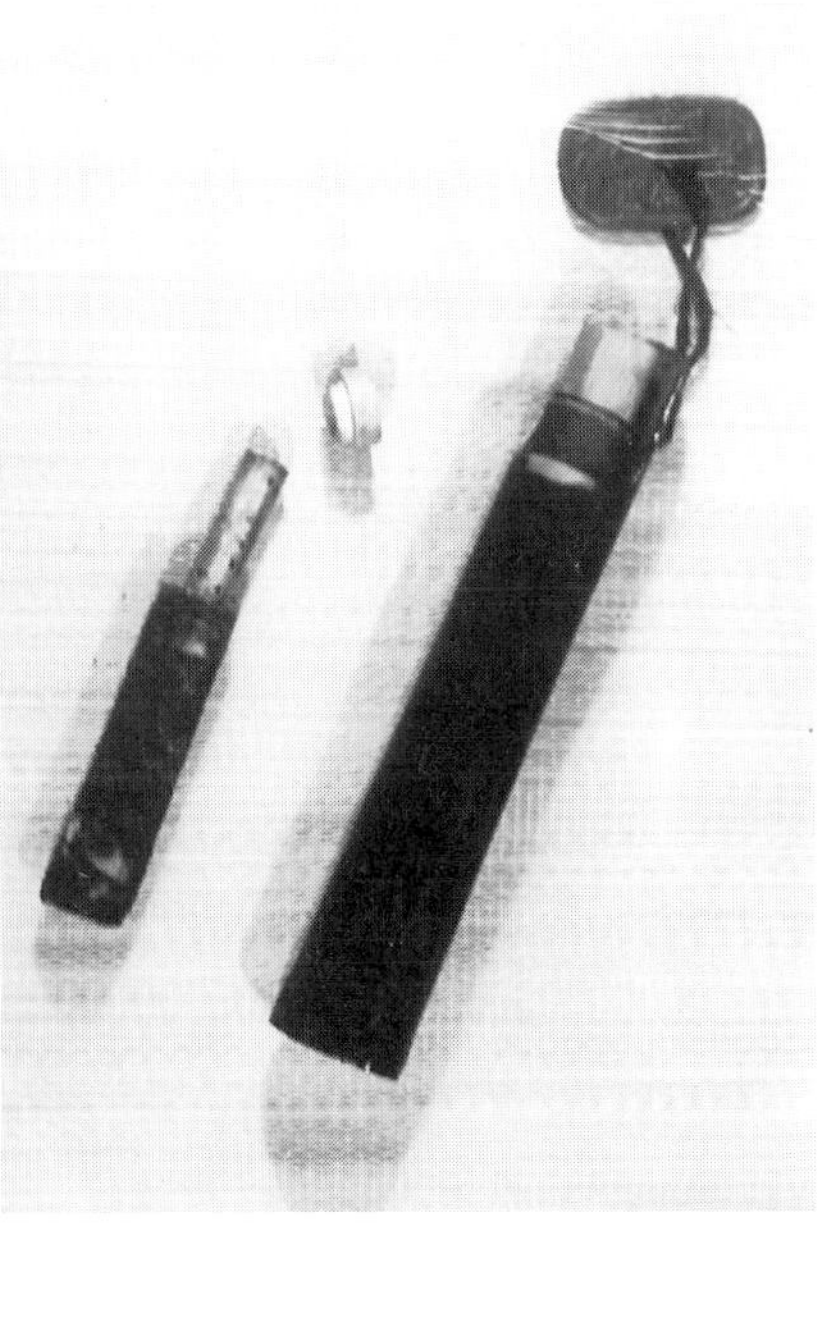

打竹。発火、灸、保温、にも用う。

忍び杖

①先の鈎をかける。

②飛び立つ鳥の葉音。

③結び縄を使って登り器ともする。

④図の如く、木遁一刀斬。

釣り捕り

鎖分銅術

体術の構から。
投げ鎖は円を描いて
敵の足を捕る。

手中に隠しもつ鎖分銅が
飛鳥打ちに敵の急所に飛ぶ。
鎖分銅とは限らず、
縄の術はある意味では
手裏剣投げに等しいものがある。

反転手中に返る。

影に構え。
八字六法振りに相手を打ち砕く。

生きている忍者の歴史

忍びの者の武心

高松寿嗣先生曰く、
忍びの者の一之構、
それはシェイクハンドでもある。
『「武心和を以て貴しとなす」と。
動物は敵に会うと牙をむきだしよる。
人間は笑うことが出来ますがな』と。

昭和三十六年三月十二日
高松先生宅にて。
高松先生のその高弟、秋元先輩（故人）。
義鑑流《ぎかんりゅう》秘剣で飛び立つひばりを斬る
居合の名人である。

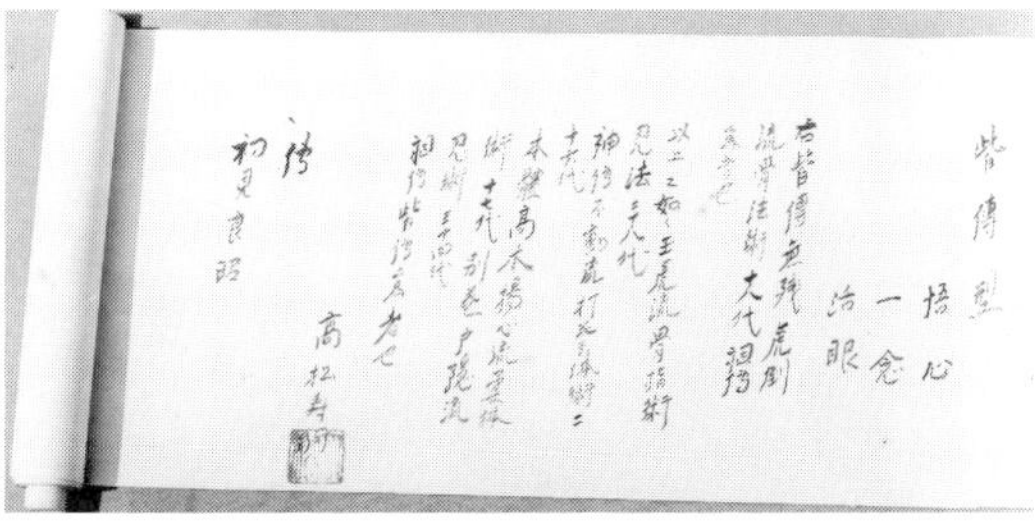

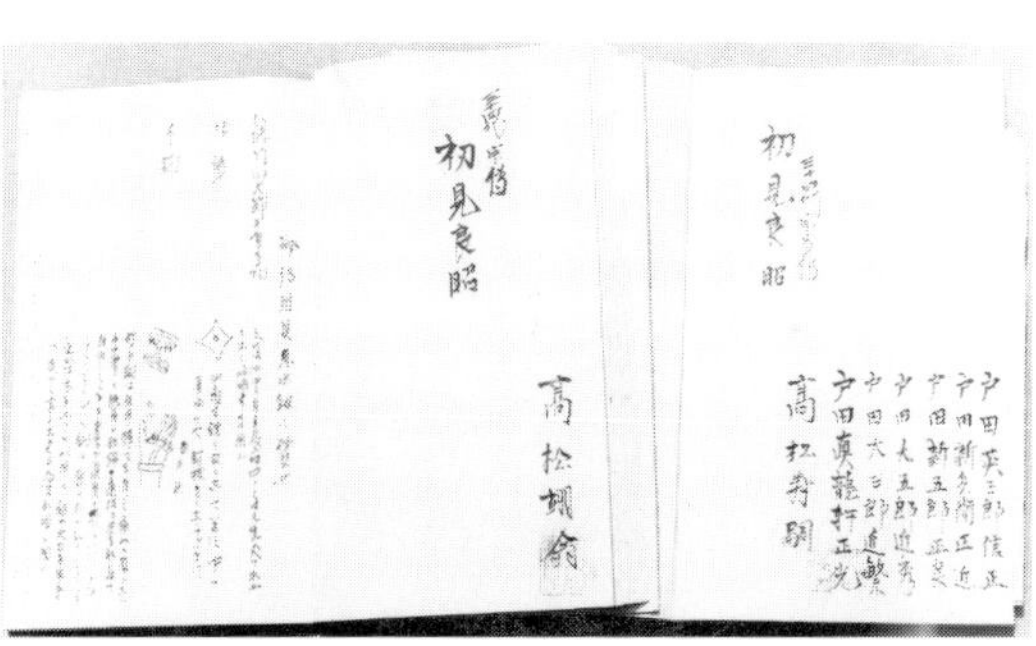

高松先生書

巴御前

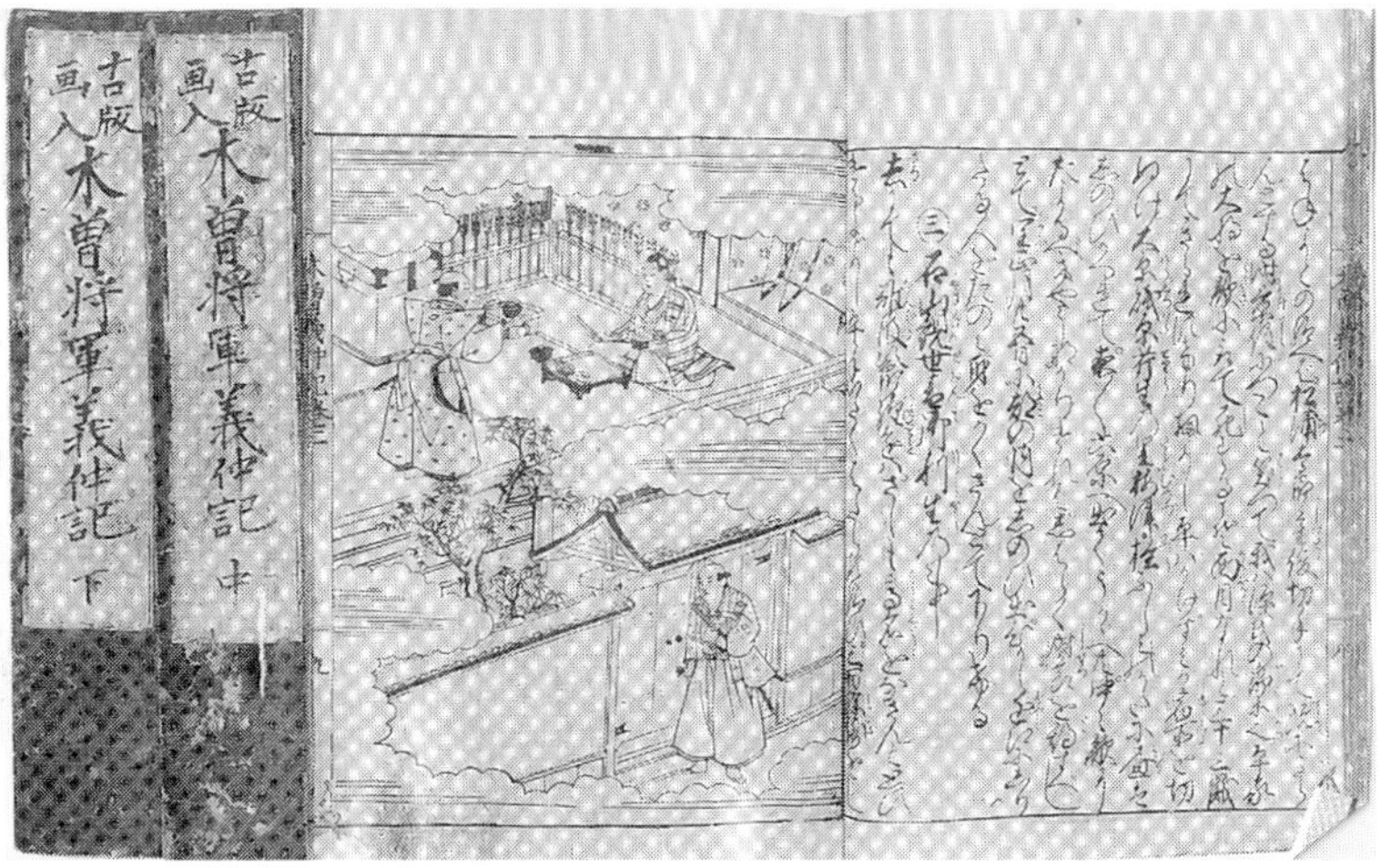

戸隠流の歴史を忍んでいただきたい。

木曽義仲の愛妾巴御前は、薙刀《なぎなた》の名手と伝えられている。

巴御前が水練にも励んだという巴が淵。

源義経

源義経は鞍馬の山で
鞍馬八流を学んだというが、
実は玉虎流八法秘剣
を学んだのだと師伝されている。
神伝不動流の居合の名人
水原九郎義成は
源義経の落胤であると
語り継がれている。

戸隠流伝書に見られる
鈴木三郎重家、
伊勢三郎義盛、
伊賀平内が
錦画に画かれている。

義経の八艘飛の話も
玉虎流飛切りの術だと言われている。

高松先生に学ぶ

高松先生にお教えいただく。
「鬼砕《おにくだ》きは表と裏がありますな。
相手が突いて来た時でも、
胸をもって来た時でも同じです。
相手の右手を右手で抱え捕りに行きながら、
相手の肘を屈曲させ、
左手をこう入れ込んで行くんやな」

「裏鬼砕きはこない取ってな、
やんわりと添えているだけやな。
相手が動けば、　こちらが支点となるんや」

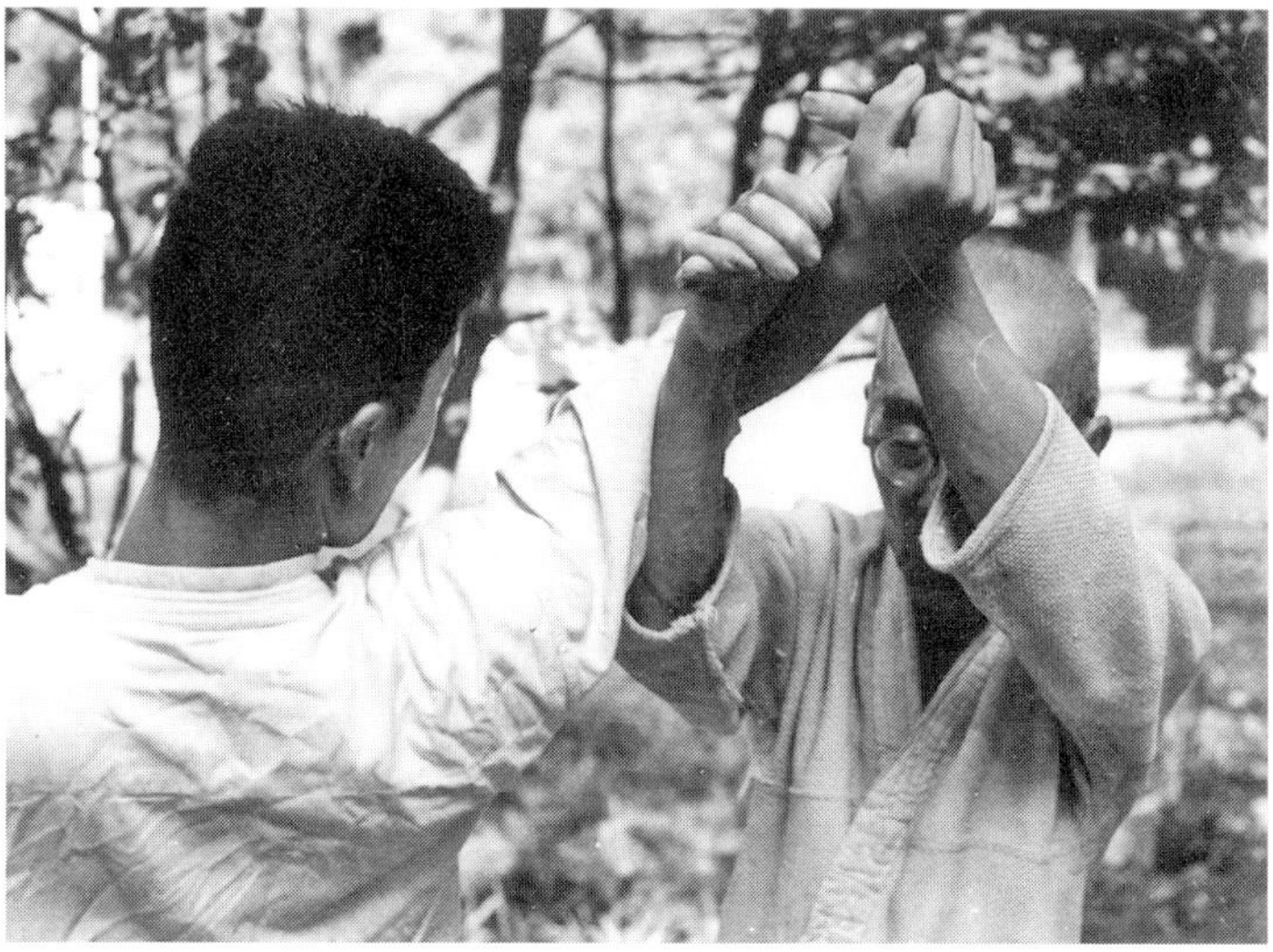

「でなかったら、　潜型とか、
相手の手を上に上げる、　下げる。
体の調子、　全体のやで極まるんやな、
ずっとな」

「相手肘を屈曲させながら、
こない、しっかりと抱えこむ。
そして足払いで行く、ということです。
これも、突いて来た時でも、
つかまれた時でも同じやな」

「これは相手の左肘と肩の関節をこう取るのやな。
すぐ手刀も行けるしな。巌石落しにと変化も出来ますな」

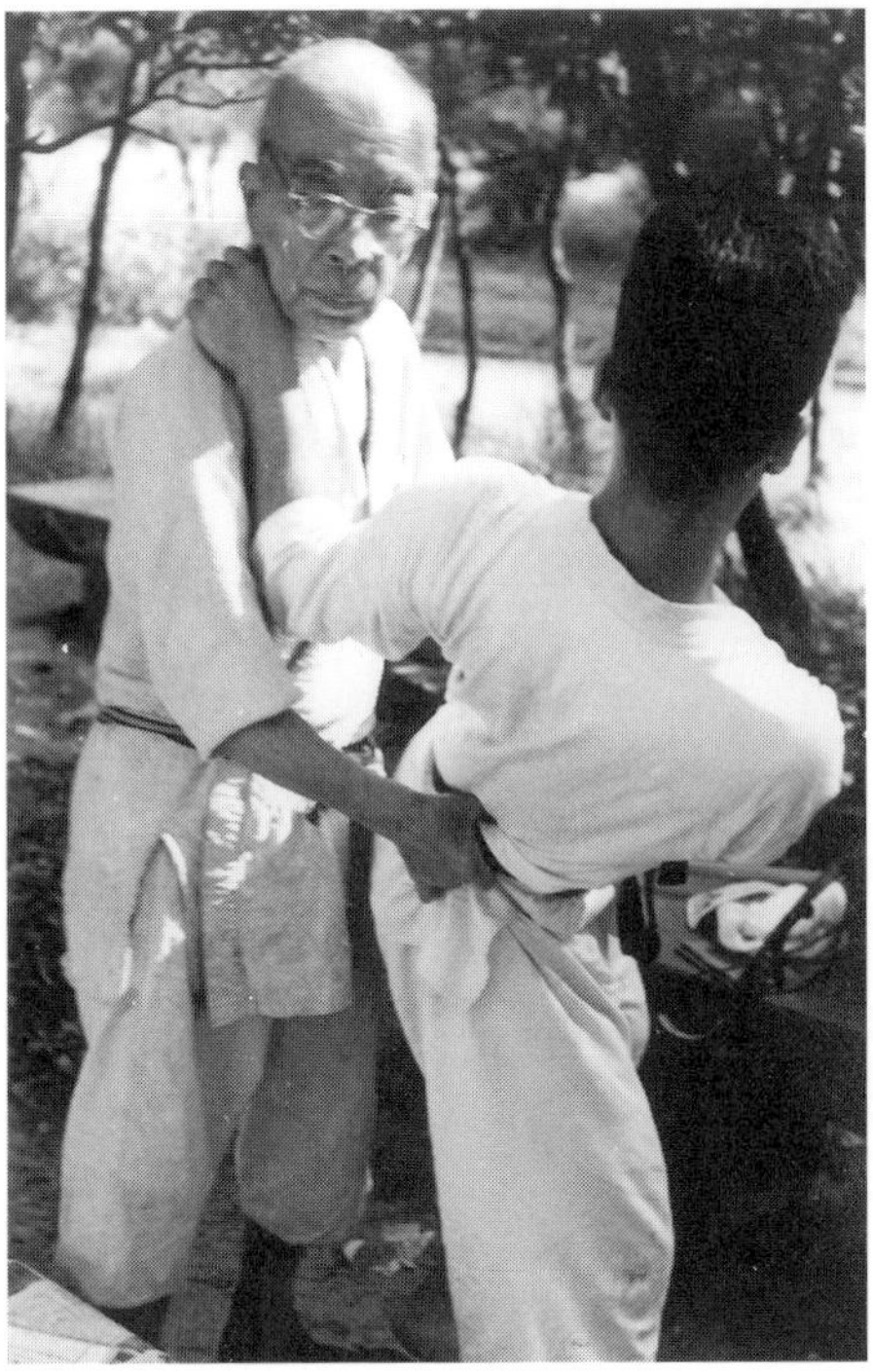

「相手が投げ技で来たら、腰壷《こしつぼ》の急所に拇指拳で行くのや。
こないすると、七日間も腰が立ちよらんようになりまっせ。
虎でも腰が立ちよらんで。笑……」

「但《た》だふみ込めや、先は極楽」
と言うが、
自然力で相手を包むことが
無刀捕の骨指骨法である。
あも一寸の玉虫

第二章 戸隠流忍法

武神

武神

SOKE

武神

武秘神心要《かんじんかなめ》(神眼《かなめ》)の巻

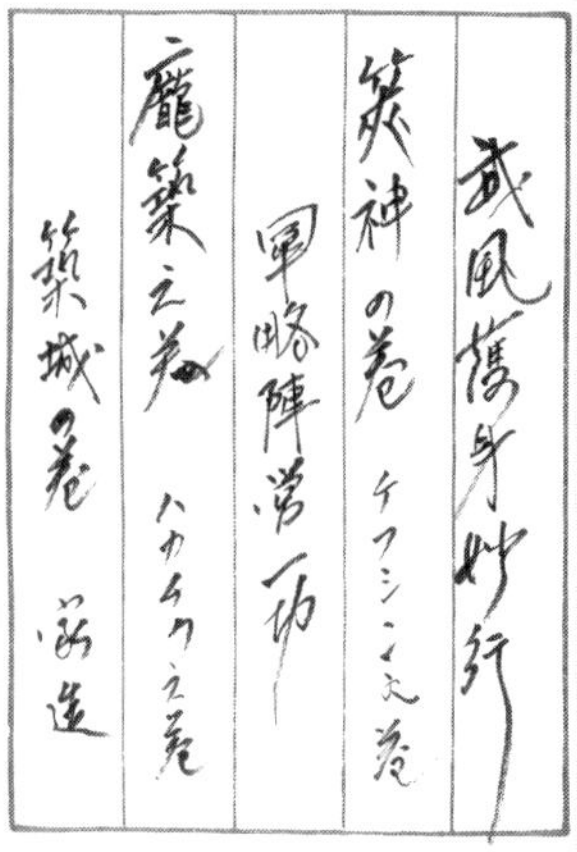
武風携手妙行
策神の巻　チフシンノ之巻
軍略陣営一切
麗築之巻　ハカムクノ之巻
築城の巻

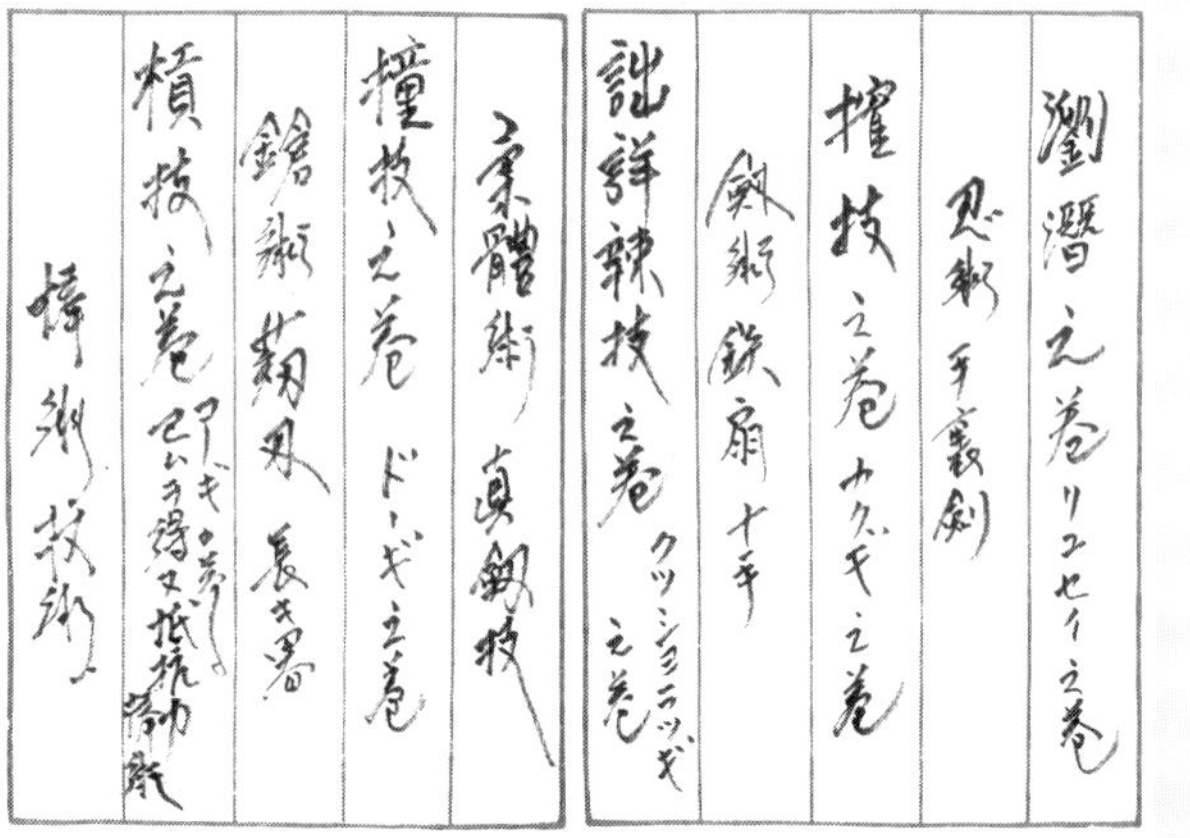
瀏灣之巻　リュセイ之巻
忍術　手裏剣
擢技之巻　カクギ之巻
剣術　鉄扇　十手
詭詳辣技之巻　クッショニッギ之巻
柔體術　真剣技
撞技之巻　ドーギ之巻
鎗術　薙刀　長キ器
槓技之巻
棒術　投術

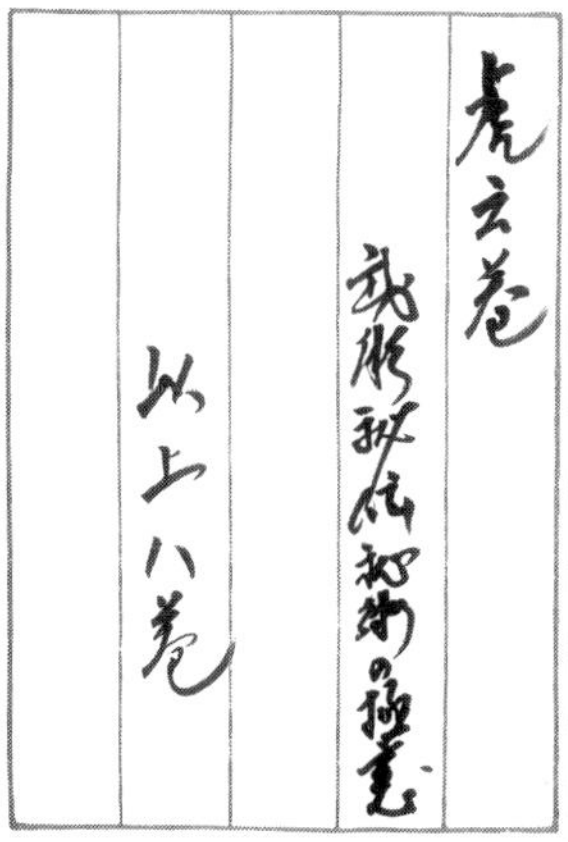
虎之巻
武術秘伝秘術の極意
以上八巻

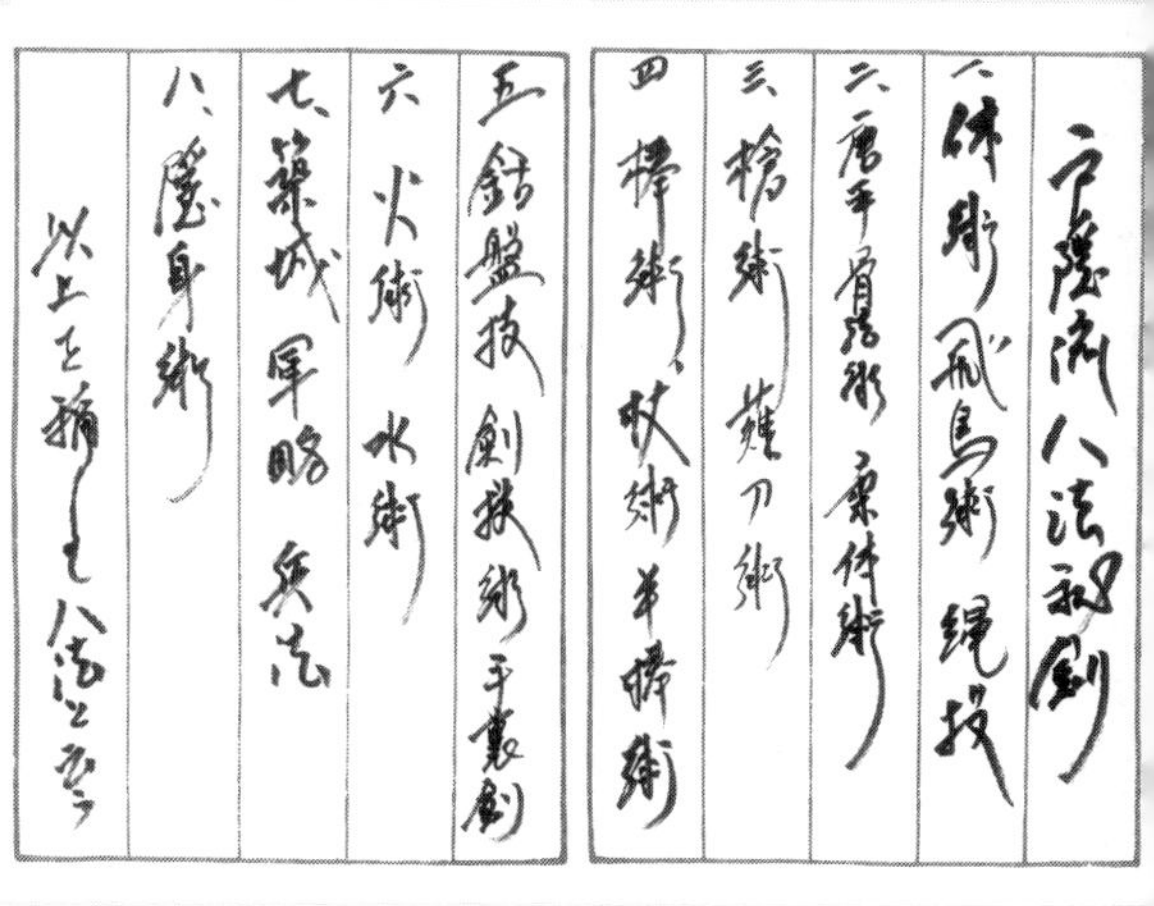
戸隠流八法秘剣
一、体術　飛鳥術　縄投
二、唐手骨法術　柔体術
三、槍術　薙刀術
四、棒術、杖術　半棒術
五、鉄盤投　剣投術　手裏剣
六、火術　水術
七、築城　軍略　兵法
八、隠身術
以上を称して八法と云う

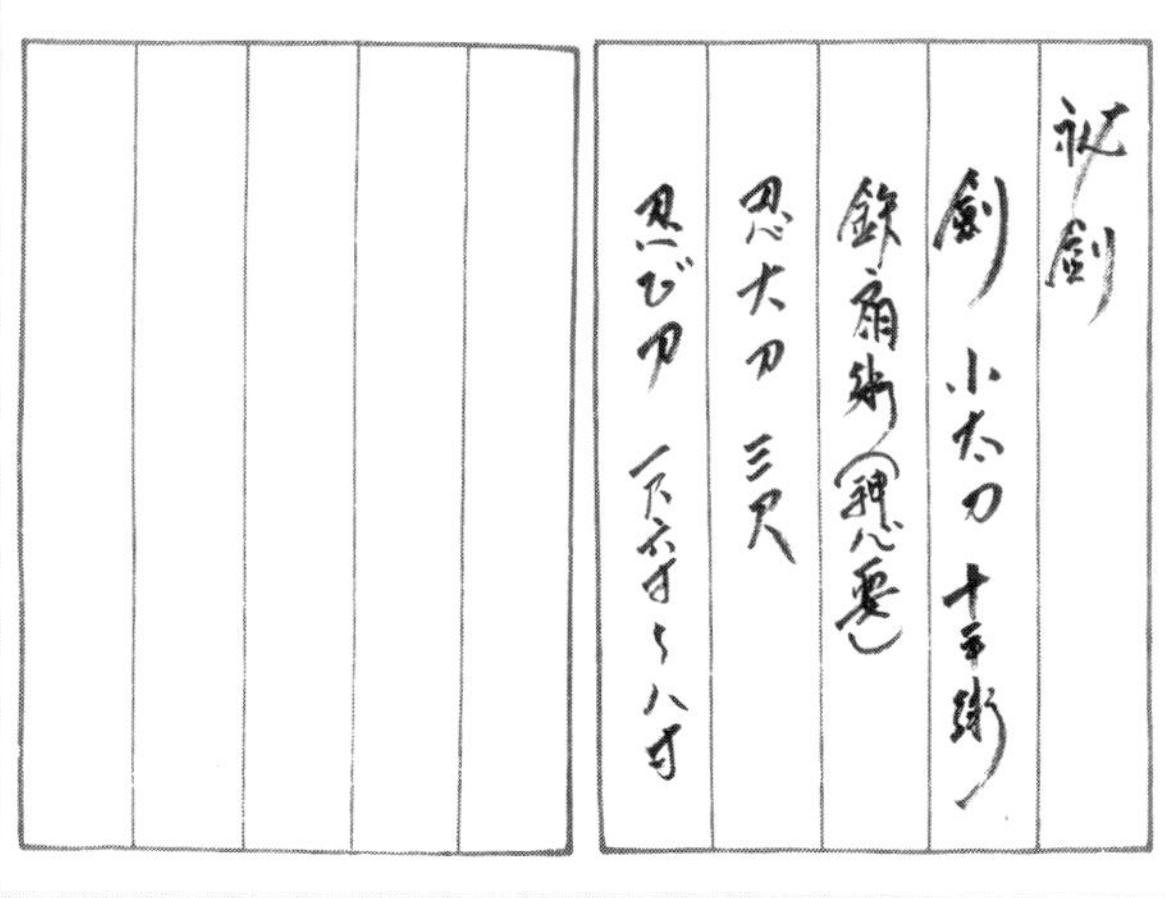
秘剣
剣　小太刀　十手術
鉄扇術（秘心要）
忍び太刀　三尺
忍び刀　一尺六寸～八寸

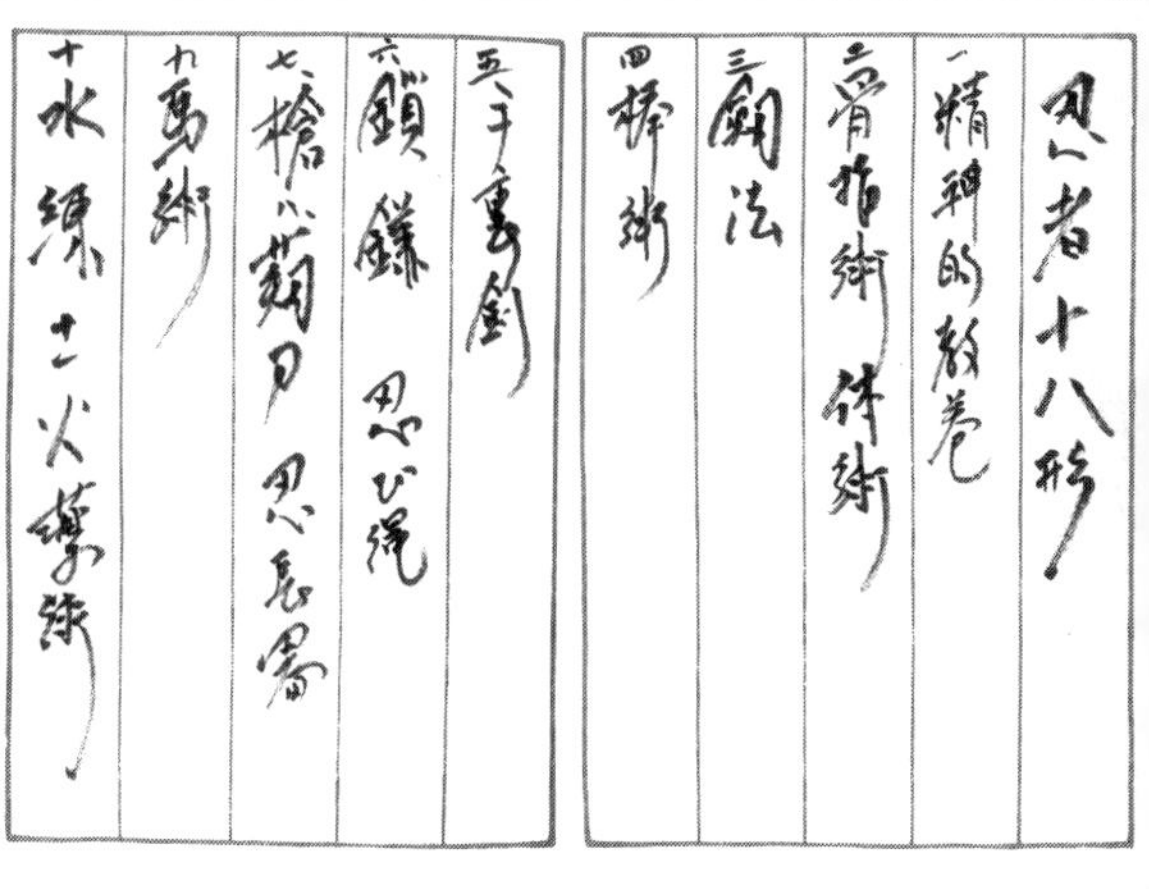
忍者十八形
一 精神的教養
二 骨指術　体術
三 剣法
四 棒術
五 手裏剣
六 鎖鎌　忍び縄
七 槍　八 薙刀　忍び長器
九 馬術
十 水練　十一 火薬術

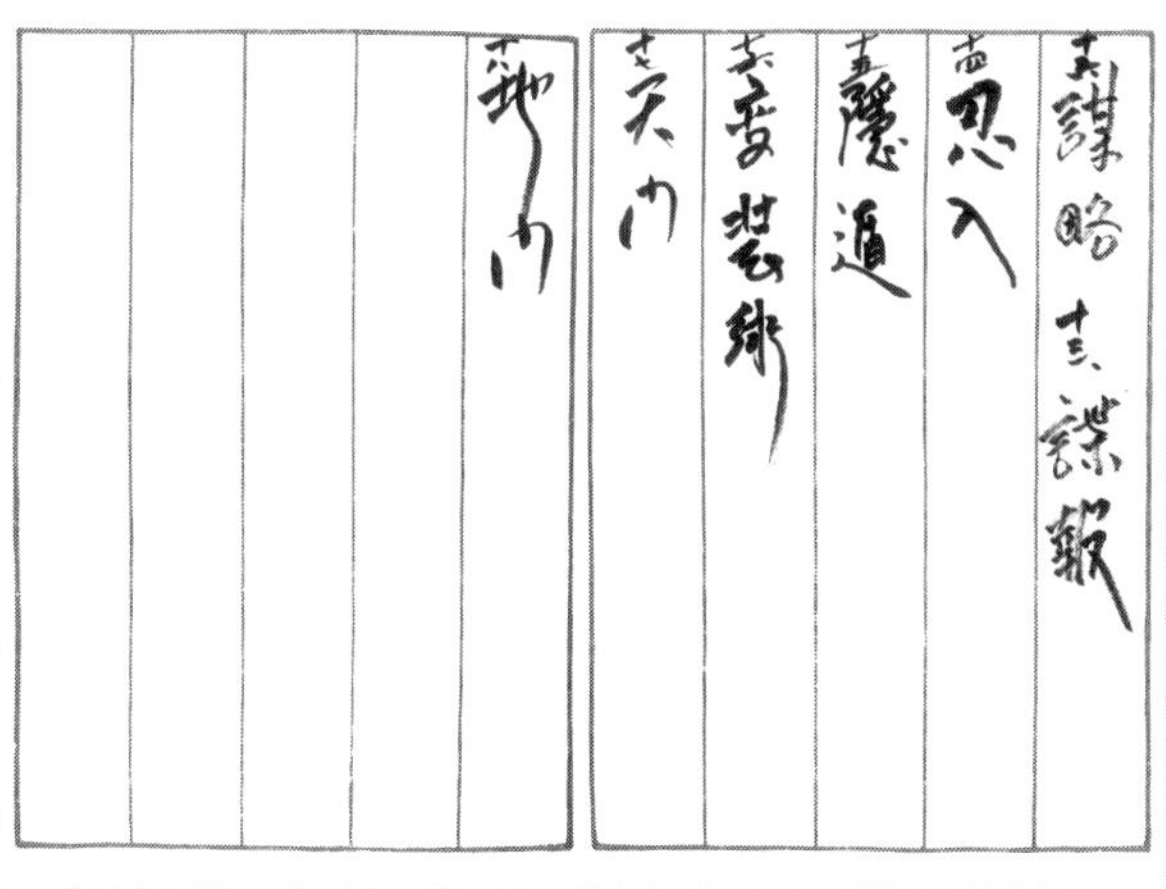
十二 謀略　十三 諜報
十四 忍入
十五 隠遁
十六 変装術
十七 天門
十八 地門

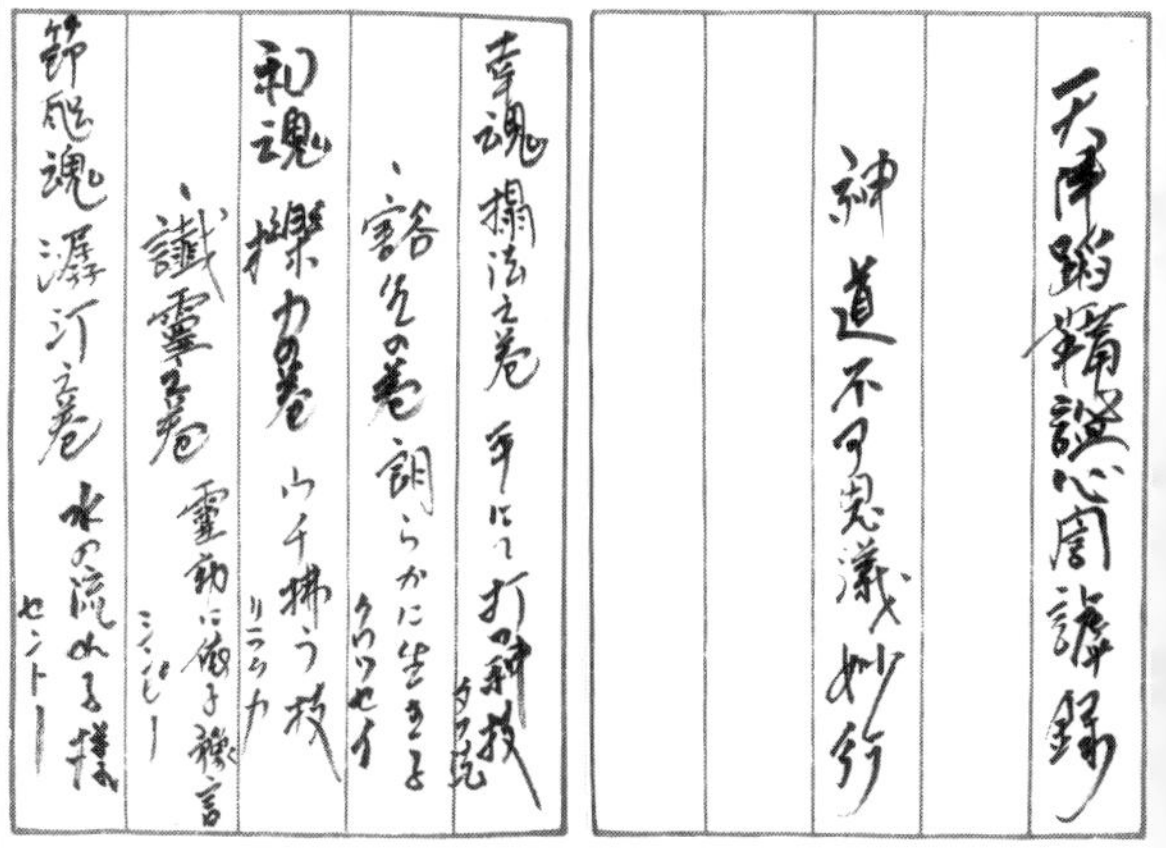
天中路精誠心周諜録
神道不可思議妙行
幸魂　掲法之巻　手にて打つ神技
、咎めの巻　朗らかに生きよ　クワウセイ
和魂　操力の巻　山千掃う技　リニウカ
、識霊之巻　霊動に依る予言　シンピー
飾飛魂　瀑汀之巻　水の流れる様　セントー

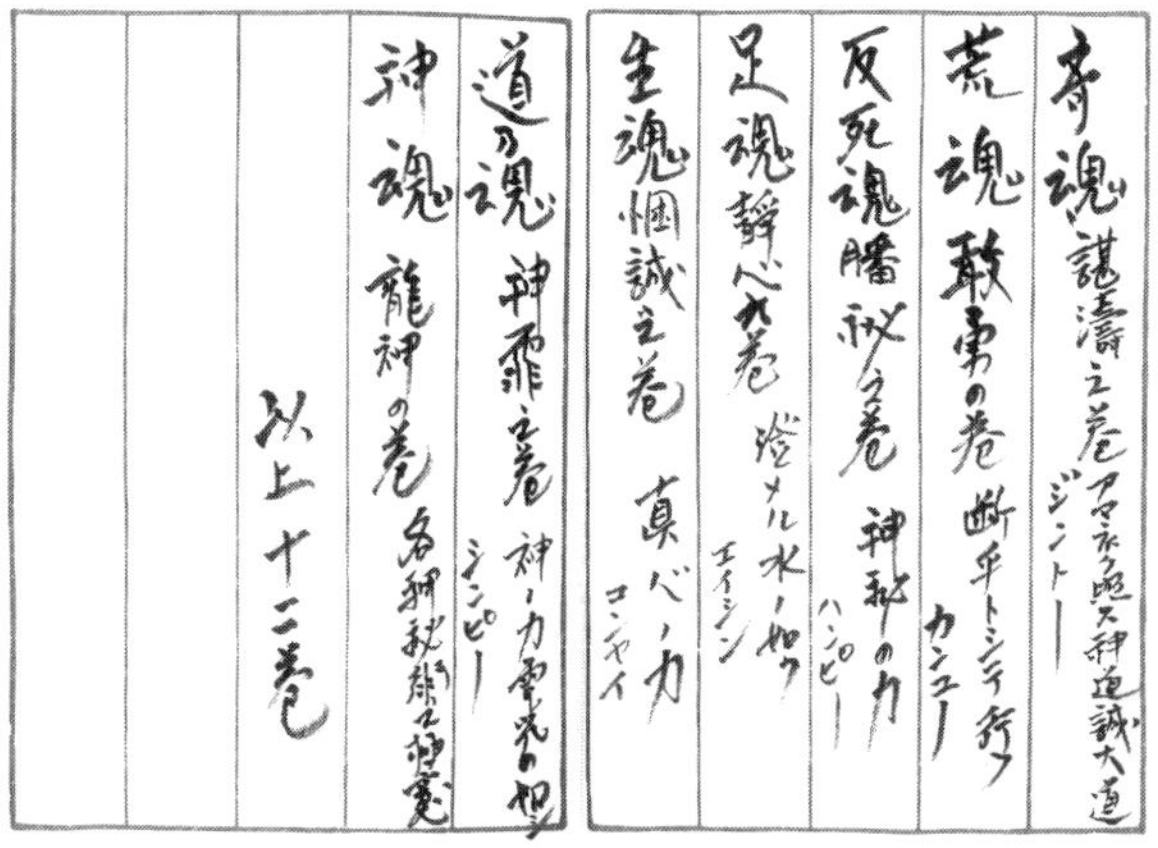
奇魂　謹濤之巻　アマテラス照大神道誠大道　ジントー
荒魂　敢勇の巻　断乎として行う　カンユー
反死魂　膳秘之巻　神秘の力　ハンシピー
足魂　静心之巻　澄める水の如く　エイシン
生魂　個識之巻　真心の力　コンヤイ
道之魂　神霊之巻　神の力雷光の如し　シンピー
神魂　龍神の巻　名称秘録不可思議
以上十二巻

忍びの道

忍者の目的と心得

一、忍者は忍術を以て隠密裏に敵陣に潜入、敵情探察し、奇襲内紛作戦を以て君国の為護身の為、勝利を図る事。

二、忍者は常に正義を本旨として君国の為に行動し、師親の為に心を尽し、私利私欲又は興行的奇術等に利用せぬ事。

三、忍者は法術を重んず。法とは虚実転換法体術を以て姿を表わさず、止むを得ぬ時は八法秘剣、忍器を以て敵を悩ます。斯くして探察諜報遁甲謀略を以て戦闘に併用す。

四、忍者は火薬、忍器、忍薬、動物を使用すれども、妄漫に人命を奪わず。

五、各武器使用に充分に達する事。

六、忍者は天門地門地理等常に実地に達すべき事。

七、忍者にして掟を紊し掟を破った者厳刑が行われる。近親者に対しても打首追放闇から闇に葬られる事。

八、人を殺害し善良な町人に傷つけ又は金品強奪の窃取してはならぬ事。

九、常に自愛身体強健保護し、動作機敏博学多芸に達成する事。

十、忍者として定の訓練を怠るべからず。

一、精神的教養、骨指術、体術、剣法、棒術、手裏剣、鎖鎌、槍、薙刀、馬術、

水練、火薬術、謀略、諜報、忍入、隠遁、変装術、天門地門、これを十八形と言う。猛訓練する事。

以上　異常なり。

古伝原文のまま披露する

忍者秘訣文

武道兵法は身を衛るもの也。然れ共、護身の骨子は忍術に有り。忍術は精神をも衛る故也。即ち武道に於て精神正しからずば身を殺す事あり。例えば医術は人を救う術と雖も、是によりて人を殺す事あり。飲食は生を養うものなり。されど過食して身を破る事あり。国の大臣は国を治め、民を保護すべき責任者なれ共、慾深く智不足者及び我が命を惜しむ者は国を乱し、民を苦しましむるもの也。宗教も誠実なれば、正しきが現れ、身を護り家を起し社会に益を為すが、邪道なる時は身を亡ぼし、国家を危うくす道理也。故に武道の達人にして忍術を研究すれば、肝心要の秘訣を得べし。肝心要とは神心神眼と知るべし。即ち天道を知ると解すもの也。人に有りては信と言う。天に有り人に有る理はこれ一也。木火金水も土有らざれば生ぜず。春夏秋冬も土用によりて行わる。四季に土用なく五行に土なきは天に誠無きが如し。人にして真に正しく誠実なる時は天道に叶う。天道に適合する時は天意に叶う。これ神心神眼也。

忍術は其の人の精神の邪正を前知せざれば門に入れず。

現在の剣道は元より、柔道にしても古式を失うて精神の修養が疎かになり、正しく其の目的に吐露して練習する事に欠けていると思わないだろうか。之において神聖を欠くの恐れあるべし。現在の日本人は此の事を良く考量すべきである。反対にイギリスでは日本の古武道式こそ真の神聖なる武道であると古式を以て練習されている。実に日本人として嘆かわしき事ならずや。

忍術は古代に於て唐の異勾也とも言い、又は張武勝也と言い、姚玉虎也とも言い、其の定説は明らかとは言い難いが、唐人が伊賀に来り、唐手飛鳥術、虎倒骨法術、銛磐投術等を伝えたる事は確実也。

故に忍術の根元最初とせらるる。後年、唐人が神心神眼の極を修めんと伊賀山中の岩上に禅定して悟覚せりと。後年の流祖も必ず此の岩上禅定修行せりと伝えらる。現在も伊賀の佐田在に残れり。昔は唐人岩と伝えしが、今は唐戸渕と伝え、人此の岩に祈願すれば何事も叶うと言い伝う。

さて此の唐人が此の岩上で何を悟覚せしか。即ち武道中無手にて相手方武器を持って向うとも手を下さず。威力で寄付けない。これ神心神眼也。後年此の術を習得して藤原氏、源氏、平氏の落武者、又は海盗等が伊賀に逃れ忍んで忍術と称するに至る。年進むに従いて八法秘剣術をも取入れたり。

八法秘剣とは、
一、軍略天門地門　　　　　二、手裏剣、銛磐投術
三、木火土金水　五遁及び十遁　　四、杖術、半棒術
五、眉尖刀薙刀術　　　　　六、六尺棒
七、槍術　　　　　　　　　八、騎射術
これを八法の術と言う。次に忍者独特の秘剣を合して八法秘剣術、即ち九数の術は絶対の勝利数として之を修法せり。故に忍者は破れざる者と確信と共に確固不抜の精神を養う。其の裏面には然りと雖も、絶体絶命の場合以外には生物一切殺さずと、固く誓言す。

この秘訣文を記した高松寿嗣先生はセントジョージ英学校卒、漢学校卒。高松先生は英語、フランス語、ドイツ語、中国語に堪能であった。

忍びの剣法

忍びの剣法、それは人類の闘争による歴史の変貌と共に生じた、棒刀、（二）青銅剣、（三）鉄剣、（四）太刀、（五）刀の五貌に結ばれている要を、結秘緒《むすびお》となし、忍びの一刀の極意としたものである。

そこには一の構に始まり、棟水《とうすい》の構、異変の構、青眼の構、遁形の構、一刀投、一刀榴弾、一刀斬、切返、捨身、影の気合、忍びの寒波術と気が行雲流水が天と空と地を、龍の舞う如き五貌が、我が五体とともに、虚実なく神ながらの遁形の遁象となれば、認識ある忍びの者の岩戸開きの輝きは、忍びの者の魂に悟光を授ける大いなる幻影が、スクリーンに写し出される。

忍びの剣は玉手箱にて千変万化。万因周回《まんせんしゅうかい》の八法秘剣の忍魂《じんこん》とともに意気（生き）ながら得て、玉手霧に消え去る幻霧の要の秘境を観せるのである。

極意歌には、次のようにある。

抜かず勝て　抜けば切るなよ　ただ忍べ　命をとるは　大事とぞ知れ

七につながる妙術

下げ緒《お》七術、これを技術的に七つの下げ緒の術と解釈する者がいるが、それは昔、七つの数字は凶数と言われていたので、凶場に出会った時に下げ緒で生きる、釈迦のクモの緒と言ったのである。

七の数字は、天文では、一東三南五西七地と言って、北を指すものであり、そこには玄武門があり、毘沙門天の座があり、冬将軍も座し、北斗七星に千葉周作が祈り、北斗真君が道を教える。この北斗星（生《しょう》）を拝すれば、長寿富貴を得る。もし、これに従わぬ者は運命久しからず、と。妙見菩薩を伝書に描くことあり。下げ緒、それは忍び縄、忍び鎖、忍び梯子、忍び鎌、不動金縛りにも通じるものである、と武曲星も言う。

忍者の考古学

忍者については、忍者の八法秘剣、忍者の十八型を会得した者のみが「俺は忍者だと言え」とまず私は言おう。そして忍者を「忍びの者」と称するならば、「士の武の者」と間違いなく書くがよい、と言いたい。

忍者の考古学では、まず五大（地水火風空）に盛られた忍びの象と武具、忍具との関係性を見抜き、象影として忍術を見よう。そして年月の光でよく見てみよう。尊命《みこと》が帯びた剱《つるぎ》の時代、剣の自然怪を自由に闘活する剱さばき、体さばきが奇本八方の体術とともにあり、そこには生きている命があり、尊命の時代が今につづいているのである。

そして古伝に残る三心の型の中でも、まず体術の構、そしてその動きが太刀の型に地の型の構から、そこに映像となってみせる。五行の型、地水火風空によって、武士の時代の太刀さばきに見出せる。

刀という時代、それは侍の時代と言っていいのかもしれない。菊ならず聞くという問答で、それは返ってくる。「夏草や　つわものどもの夢のあと」の大地を掘り起こしてみると、そこには骨法骨子の残我意《ざんがい》として、その時代の体術を甦らせてくれる。尊命《みこと》と剱《つるぎ》、太刀と武士、侍と刀、その三象の時代、そこに忍びの映像を呼んで見ることが、忍びの暗黒透視術、カモアの呪門《じゅもん》、開門となって、忍びの世界が見えてくる。

剱の舞を捧げて

武神館道場では、十五段が最高段というものの、それは元服の姿であり、鳥の巣立ちに似たものである。故に十五段関係者には、巣立ちの時に寿太刀《すだち》の一刀を授誉し、それを祝ったものである。そして行雲流水の気韻を聞きながら、剱を携え、剱の舞を捧げるのである。

私の伝書には、草薙の剣を振るった武勇の誉れ高き日本武尊の尊名を奉書してある。また虎倒流骨法術には、征夷大将軍坂上田村麻呂の勇名を奉書してある。寿太刀、剱への寿太刀、水を治めるものは天下を治め、万民の暮しを幸福にすると言う。大河の流れは大蛇の譬え。八岐大蛇《やまたのおろち》の士津穂《しっぽ》より都牟刈《つむがり》の剱を須佐之男命《すさのおのみこと》が神より授かったと言う。これは一子相伝の幸得《さちえ》むしむが為の祈りを奇願し、継承する自然の祈りの武風、風姿花伝の天象なのである。

十五段位は寿太刀の一振を祝授されるのである。

寿太刀天寿　二十五年巳年

古武道と忍法

太刀先三寸が斬れる所だという通説がある。

忍びの唄に「抜かず勝て　抜けば斬るなよ　ただしのべ　命をとるは大事とぞ知れ

忍びの生刀　身を守るなん」とある。

太刀先三寸というと、切っ先から三寸であり、そこが斬るポイントと誰もが「了想」してしまうが、忍者に言わせれば、この三寸で突く、斬る、払う「間覚」が護身の心構えとなっているのである。

そこで、「あも一寸の玉虫」と言う。九字の一寸の間隔、ポイント、前後で二寸、切っ先から三寸プラス、二寸が五寸となり、死線ならぬ四線を越えて、五線を引くことができるのである。

即ち、死生を越えて、生きる五線ならずとも、悟閃が開羅《きら》めくのである。私が今日あるのは、明治時代以降に発生をした武道をまず修行し、古道を長く歩き、古武道という未開の地に入り、これを修行したからである。

長い歴史をくぐり抜けて生き続けてきた古武道に誘われ、呼武道に入り、神より剣《つるぎ》を賜ったのである。これぞ、いかなる悪ぶるものをも払いたまう、アムカンツ、アムカンツ、アムカンツ。

神なりましておさまり給う神域にも入りこもらせ給うたのである。

鞘に秘めたる目潰し一倒（刀）、下げ緒に秘めたる不動金縛り、生縄《しょうじょう》、生猩《しょうじょう》の秘縄を生んだのである。鐺《こじり》これ忍び刀の黄門、虎尻《こじり》、眠れる虎の尾に似た風格となっている。

髑髏の舟

山岡鉄舟や高橋泥舟が髑髏《しゃれこうべ》を書画に残している。舟とは、いずれは士寿武《しずむ》むもので、波間をさまようものである。ノアの箱船を描いたが、その雅風にも寂風が吹く。

孔孟の教え、儒教の仁を学び、武士たらんとする武風が黄砂と共に吹いてくる。武士たらん位取りを求めて、士農工商のてっぺんへと人は登って行く。

学文（学問）で武芸、一刀で……。剣《つるぎ》の神の時代から、戦乱の太刀の時代、いざ合戦を崩す鉄砲の時代、そして鉄砲が消えて、刀を帯びる。武士という時代が長く続く。

武士の位を求める勇者が剣に励む。一国一城、いな一国一剣しか帯びることの出来ない、禄も器も見遥かさず、魂が強く生きては消える、蛍火を見る。

遥か遠く地平線に消える、舟体のような、己が身を、己が心で生きていく。

人生の妙とは、海底で髑髏が微笑んでいることとなり。そうだ、モナリザの微笑の絵を、髑髏舟（線）の上に描いてみよう。

士農工商の時代の歌舞伎に見る、人生五十年の、一昔十年の時代の五話が、語り継がれている。

仁を主題とした、儒教、仁のテーマは、人の二つの生き様と書けば、善と悪ということになる。善から悪を見、悪から善を見る。人間たちが知らずして、自分自身と二つの目があったことに気づき始めていく。武蔵の二天一流のごときである。

宮本武蔵は『五輪書』を書き残したというが、十戒まで書けば、武道界を十輪（蹂躙）していたことであろう。

戦国時代の悪党を見るように、歌舞伎の舞台は、どうにもならない人間の抑えがたき悪と情のミックスにアンダースタンドしてしまう。「やっちゃあいけねえよ！」という台詞《せりふ》、やっちゃってる戒語《かいご》に、人は感動する。何事も一流に達している人は、世界に命を受けて生存している。

私は彼らと対話するとき、若い頃は「もっと食え、もっと食え」と御返盃を満腹の人々に勧めるようなことが多かったが、近頃は、勧める時も、彼らが食べても食べなくてもよいような話を勧めることにしている。

満ち潮の時でなく、引き潮の時を作っている。すなわち彼らが潮干狩りを楽しめるようにしている。

忍者刀と武道

武道を知るためには、剣《けん》の時代、太刀の時代、銃の時代、大小の刀の時代があったということを知らないと、武道の歩跡を見ることはできない。

現在の武風は、大小の刀だけで武道を自覚してしまっているので、四つの時代における一時代しか見ておらず、語るに尽きずということになる。

さて、そこで忍者刀は、この四つの時代から離れた剣、太刀、銃、刀の時代から、第五の時代の、大刀、小刀の中間の長さに存在しているということができる。

また、体技としての武風も、棒刀、剣、太刀、銃、刀の意識としての一貫性を知らなくてはいけない。ここに、北の剣を玄武、東の太刀を青龍、南の銃を朱雀、西の刀を白虎と見るならば、当然、忍び刀の中心、かつ忍びの座は真ん中の五黄となってくる。それが武風の要となってくる。

師の高松先生がよく言われたように、忍びの法は、武風の主座であるということが肯けるであろう。

「瀏潜の巻」——鞴韜謐心闇滹録

「生類憐れみの令」というものがある。

五代将軍・綱吉の時、貞享二（一六八五）年をはじめとして、死後、その遺志に背いて、六代・家宣が廃止するまで継続し、牛、馬、犬、鳥など生類全般の保護を命じた。違反者は厳罰に処せられ、悪法であると不評を買った。

しかしこれは、天海からの伝えなのだろうか。武士という世界は、無数の人間を殺戮《さつりく》殺生《せっしょう》して生きてきているのだから、生きものを大切にすることがこれまでの生き方を供養することになり、それが生類憐れみの令のルーツであるということを知ることである。

獣道

忍びの書の記録は、古くは瀏潜の一巻の書に始まり、『万川集海《まんせんしゅうかい》』『正忍記《せいにんき》』などが残されているが、伊賀、甲賀の忍びの時代を一般にこれを中心として、「中今《なかいま》」としている。そして明治に至り、明治から日清、日露の戦の時代まで読破し、『００７』の脚本までも読まなければなるまい。

さて、古くからの書物、世界の戦記物など、そうした古今東西の書物を読了したからといって、それがそのまま役立つものだろうか。現代と未来の戦からは忘却された守破離の世界を「守破離要」として、要約ならぬ妖訳されたものであると考えてみることが肝心である。

古歌に、「楽をしたがる者　これは鬼なり」（隠《おぬ》い鬼とも言う）とあるが、楽の先のルーツを見ていくと、電化製品の先にある、水力、風力のことは玉虎流でも言っているが、いま電力には原子力が使われていることに気付かねばなるまい。原子力をもし悪用すれば鬼と化する。原子炉は原子路である。原子核は核兵器の道へとつながっている。

忍者の鎧、忍辱《にんにく》鎧

忍者の鎧を忍者鎧とも書くが、鎧《よろい》は弱衣《よろい》とも書く。弱を示して強に出る、能にある弱《よろ》法師《ぼし》の舞台や、鎧武者の最後を見せる花舞台、そしてルソーの描いた黒の一点における無意識の世界を見て、アイバンホーの黒騎士の勇姿に思いを馳せるのもよいだろう。そして忍び鎧を着た忍者は、研ぎ澄まされた真閃《しんせん》なる忍びの観覚が、隙間な鎧武者の弛使《しし》の隙魔士閃の光に導かれて、心胆を捕るのである。

鎧組み討ちに、心技体という言葉があるが、この心技体という三字を常として、盤石な独裁者であってはならない。心技体のことを忍法体術では進技退という。これを遁甲体術という。信義は、忍者の決意を表し、神儀妙《しんぎたい》、すなわち神ながらの奇導を唱えれば、護身九字に導かれるのである。蟻の一穴によって川の堤が決壊する。蟻地獄、「あも一寸の玉虫」の呪文がある。

玉虎流の反応汎溢《はんのうぼういつ》の呪文が一穴を崩し、荒れ狂う溢水の象を見せるのである。故に最後まで忍ぶ忍者の決意を窺い知ることが出来るのである。

忍者の心構え

忍者の心構えとして、身を忍び、心を忍び、識を忍ぶ、という教えがあるが、ここで識を忍ぶということに耳を傾けよう。識、これを分解すると、言、言霊、その音、詞韻、そして戈、護りの三才の法と伝えられる。そして、その識の三体が、三心の型の自然体である、地水火風空識の六つの生体型となり、地球の生態系、三十八億年の生き様の変化を語り出す。カンブリア紀以降、生物に五度の絶滅期があったという。そして今、六度目の絶滅期に入りつつある。

ゲームの六道情報に、忍びの識は、死期回生の四文字、神明四羅の教えに輪廻する。忍びの六道をいま忍者は突っ走らなければ、明日がないと御輿《みこし》をあげる。

ノーベル賞受賞者も言う。人間、輪廻転生なり。六〇点満点節《せつ》が、生死の境涯なのであろう。仏への引導でなく、生きる者への引導なのである。引導と引力、陰力、影力、それは地水火風空の五遁の術の位捕りの理と観る。

忍者といたわりの心

観音様は三十三身に変身する。

忍者には変相術がある。三十三の遁形《とんぎょう》がある。

忍者は傀儡《くぐつ》に変想することがあるので、人形浄瑠璃の舞台について答えよう。人形浄瑠璃は三業といって、太夫と三味線と人形使いの匠が一つになって、そこから超越した、情の世界に表現されるものだという。そこで高松先生の言われた「人間は愛情やさかいな」という一言を思うに、忍情の強い絆という、一芸が一歓に通じる、九字芸道という涯念（概念）を知らなくてはならない。

人間誰しも、楽しい人生を求めているのだが、一転、苦境に立ち入ることがある。そこで、その苦境にあって、忍びの心意気が一度甦らせるのである。苦あれば楽ありというが、この楽の真に転換させる忍法である。痛みも快感につながっていることに気づき、忍びの自然体を知る。毒も使い方によっては、薬にもなるものである。

花情竹性の心構えが響《さと》される。情と愛、そこには、いたわりの心が生きている。すべて忍術、忍法、人生《にんじょう》でも、いたわりで包む。「あも一寸の玉虫」の咒文が必要とされている。理想郷に潜んで行き、理想的な自然界に生きるべく、その虚実、その自然界の自然体を自然心によって誤認せぬよう、修業し、悟忍する。観音隠れの慈心である。

日々の変化の式日を、識日と見て、日々、心人一如の祈りを捧げん。この集大成が忍びの九字十字である。

忍者の真術

自然の生態系を崩す人類の姿を見て、このまま突き進んだとしたら、森林や河や海はいったいどうなるのだろうか、そしてスモッグがさらにひどくなるのだろうか……と不安に思う人であっても、いま自分の脚下を見て、問題を直勘する人は少ない。

例えば核家族、そして介護される老人たち、あとつぎのない空き家、シャッターの下りた商店街、学文しかり。まさに国の穴場があちこちにできて、空白な寂、そして汚寂の肌が赤く危険信号を見せる。

身と心の垢を落とそうと、滝行にはしる修業心に、忍びの決意を見せる。美を求める花道の、見立ての花器を忍び見る。汚れた、常識的には価値のない器に、花一本添えただけで、大自然の真美を底に見せるという。和美差美《わびさび》の道の匠を見せる、見立ての花器は、千利休も言う。これが茶道の真美なのだと。武道の真剣型も、忍者の真術も、こんなところから極意とされている。

見立ての忍び貝、見立ての隠し武器は、そこに生きている。破壊された花器、そこに花を添え、竹を飾り、師伝の花性竹性を見ることができるのである。

戦場で、自然の中で、時の流れるままに破棄されて、不動の野山に坐するものに生をあおられる。破棄が一転して、命が再生される。これを本当の覇気というのだろう。まさに、遁形《とんぎょう》の象から生命の象を見せる忍術であろう。これが結ばれた守破離、わびさび、和秘差秘《わひさひ》のことを「秘すれば花」という。花道や茶道等でいう「真」という要なのだろう。

師はよう言われた。「真心やで……な……愛情やさかい」と。体術の真剣型に、古くは詘深哲義の一巻が残されている。

忍者刀

忍者の大刀は三尺の長さがある。三尺手拭いの長さである。手拭いを使うには、落語や、舞踏の舞台での使い方も参考にすることである。

「忍者の剣は、闇夜の剣を避けがたし」とある。ここで、闇の一字の極門《ごくもん》を開いて、聞くことである。門の中に音の一字が潜んでいるからである。忍ぶ無音が、急所、其処《そこ》を突くのではなく、底を搗く。

音もなく、突いた時、我が心技体に、深奥《しんそこ》からの伝真に反応する響き、以下伝心の巨理をより磨いていなければならない。そこに、電光の剣とか、一閃剣という暗示があるのである。即ち暗、これを日の音と呼んでみると、うなづけることであろう。

距離にあらず
巨利にあらず
虚理にあらず
忍識あるのみ

無刀捕り

五遁天地人三十遁が
無刀捕りを助勢する。
無刀捕りを六刀捕りと書く時、
六法九字を唱えれば、
忍び風、無刀捕りの極意を得る。

鬼門《きもん》

表鬼門から
裏鬼門を貫く
体を捌《さば》きながら
鬼門を突き込みつつ、
突拳と体捌き型で
投げ飛ばす。

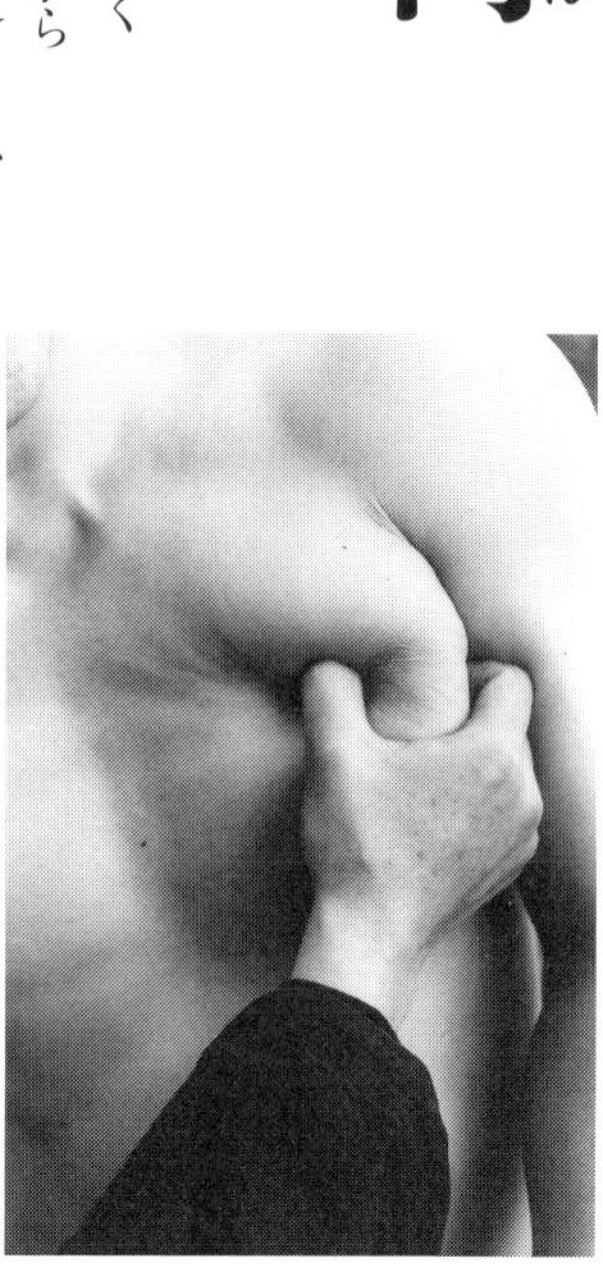

乳の上の鬼門の急所を握刀拳で締め、
打ちに行く。

虚《こ》空《くう》

七方三法型の変想術が奇々手を殺し、不動金縛。

右起転拳《きてんけん》で相手の右前腕を平打ちに出る。

五輪の心念体に忍び気合気死で身胆を滅す。

足踵で蹴り込む。ダブル蹴りということである。

蛇の脱皮の術

虫遁の術

道成寺にみる
忍法体術の道なしたる時、
蛇体と化す

①捕り三人の邪体を蛇体の、

②我が体を脱皮するかのように抜けてゆく。

③三人捕り。
脱皮した蛇の皮が一枚風にゆらぐ。
しずかさや（沈勇）岩にしみいる蝉の声
一句

槍術

鎌槍

槍忍《そうにん》一如化魔が消える。
鎌槍、魔界に飛んで、
鎌槍は草に伏し一刀にからむ。

片鎌槍

二人捕り。
一対一の稽古、一対二、一対三の稽古。
片鎌の化魔に変象。

忍び槍

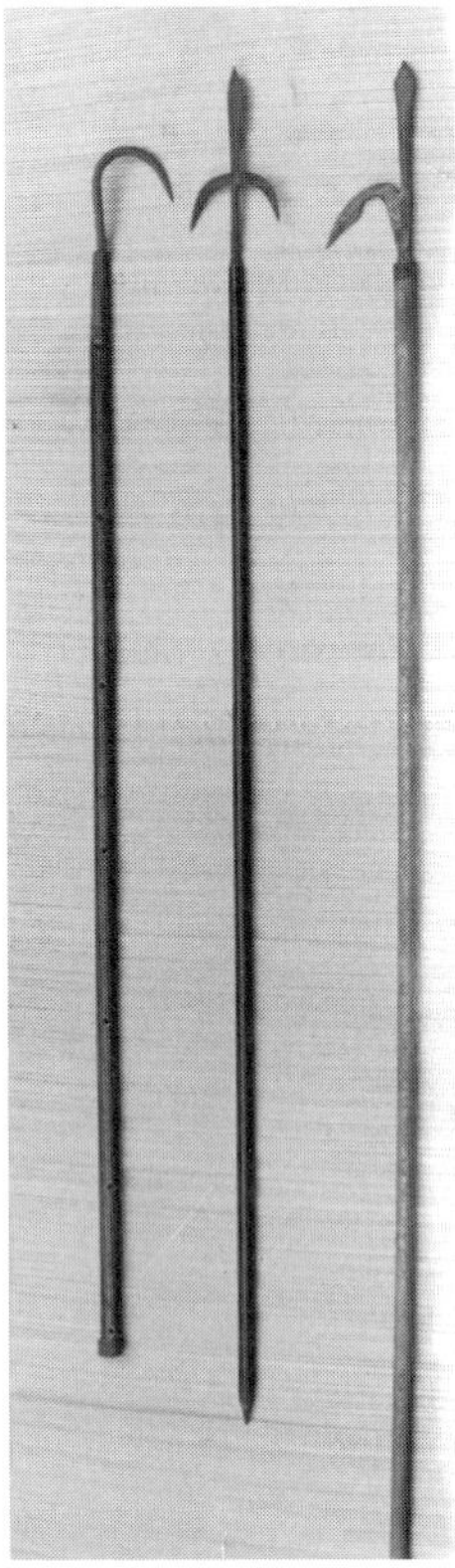

片鎌槍、鎌槍、梯子槍、（棒穴の中へ、横木を入れる。）遁形象形槍。

忍び鎌を使った五遁三十法の術は、扇の要のように力強く悟りを開く。忍びの幕槍。

梯子槍

稽《けい》古《こ》槍

稽古槍は樫《かし》の木で作ったもの。

両足捕り。蹴り。

槍投げ。
槍の柄等に忍び縄を結んで、目的に応じて使うこともある。
槍作忍びの発想は、天にも届く。

遁法釣り上げ槍

釣り上げ、釣り下げ、釣りまわし。

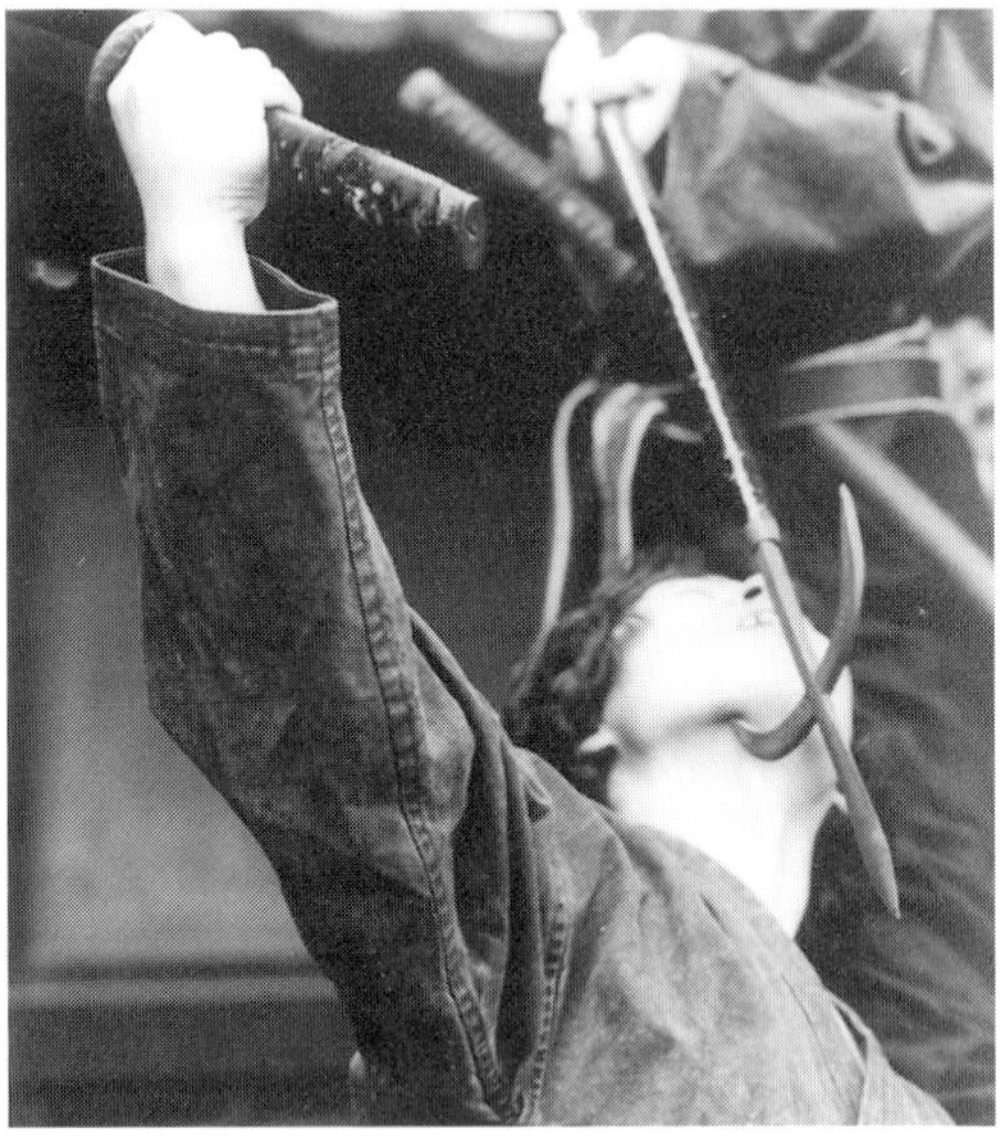

遁法釣り上げ槍。

草遁忍び捕り

引き上げ突き、引き突きを用う。

釘抜き型

槍は繰り出し、繰り引きが大事である。
これは敵を手元に付入らせぬためである。
無槍捕の秘も、体とともにあり。

鎌槍術

送り槍。
分身の構より。

波打ち

槍の構より、一刀を捕る。無槍無刀捕り。

片鎌槍の術

頸に鎌がけのまま後方に飛び違い、引き倒し中ばで鎌を首より離し、相手が倒れるのを待って突き込む。

薙刀術・眉尖刀術

眉尖刀術

稽古中。
眉尖刀の柄を
大木刀が打ち折り、
飛ばす。

遊芸の術

くの一能仕舞
日本舞踊の中に
薙刀術が忍ぶ。
斬り下げ、突き。

八相

八相の構

相手は刀で受けるが、押しと体の捌で相手の左首に薙刀の刃が忍び込む。

隠し小薙刀

影の構　祭嘶《まつりばやし》

柄には竹の葉、梅の葉、松の葉を縛りつけることもあり。

乱斬り

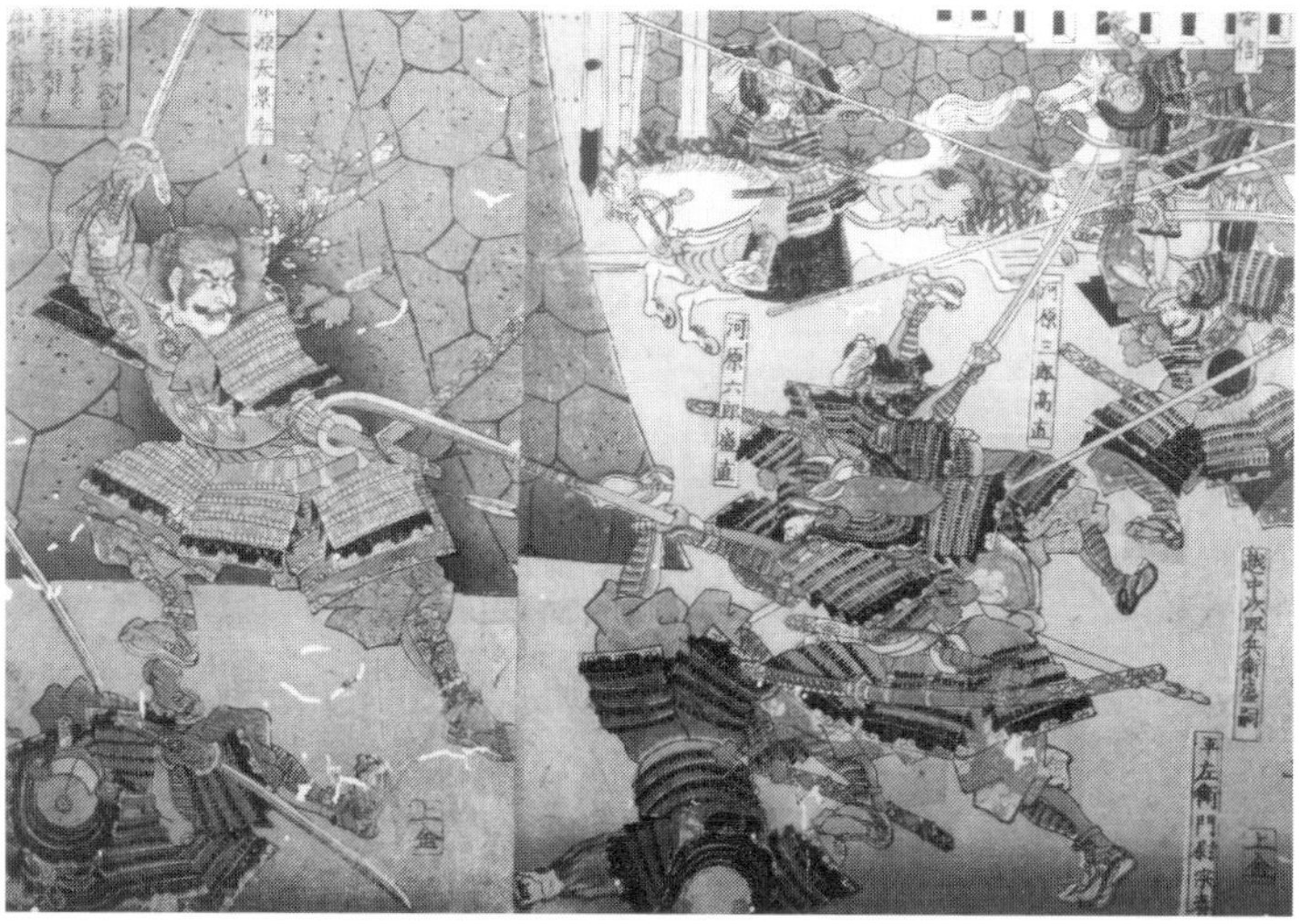

遠当の陣捕り

夜稽古

暗黒闘視術

櫂凪《かいなぎ》

舟を櫂《かい》で漕《こ》ぐ忍者。
櫂の中には刀が仕込まれている。浮薙刀の心得。

敵が斬り込み来るを、
仕込み櫂にて受け止め、小手痛みどり。
氷上のため、すべり型に捌く。
氷遁体術。

敵を手前に引き斬りに倒しつつ、
背部より薙刀突き。
極め裂きとす。

眉尖刀術

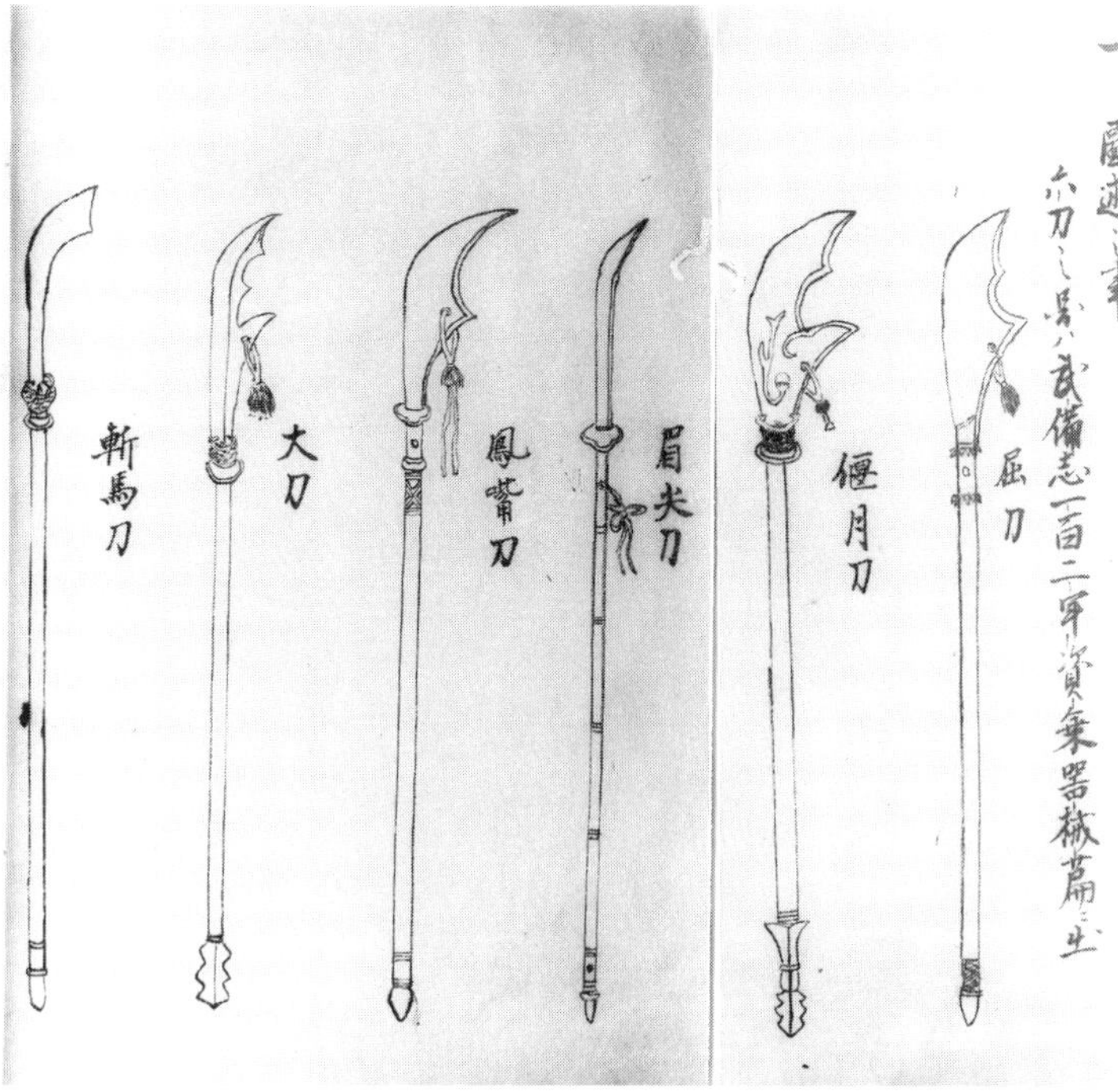

眉尖刀の他にも色々の種類が見られる。

眉尖刀捌き型

二人一緒に打ち込みを受ける
眉尖刀の刀身柄の重さを利用して
体で相手を捌いて行く。
なるべく眉尖刀を動かさず、
自分が動くことである。

大蛇の妙なる重圧の縛りは、
二体相崩し、相倒れ行く。

眉尖刀は切先が伸びる大蛇の如く、
龍の如く、雲を斬り、天を裂く。

杖術

行者杖の構

錫に九つの輪があり、九字の咒文を韻ず。

杖の術は変相に応じる。鏨尻《たがねじり》は一刀をも打ち砕く。

棒振り型

棒振り型で一刀を打ち落し、突き入る。それは、縄術の如く、敵の心体を縛る。

高松先生の杖術

私が二十八歳の時、高松先生に杖術のお教えを受けているスナップである。

影一文字の構

右肩越しに、

一刀大上段より斬り込むを、体を変じるのと杖を握る右手を杖と共に返す如くする。

面に打ち込む。

役《えん》の行者

高松先生は昭和二十九年、
修験道大座主となられる。
私の戒名は、大僧上の位をもつ意、
神忍院殿白龍大日
武晃大居士。
高松先生の戒名は、
武徳院殿順祥覚寿翊翁大居士。

乙《おつ》名《な》杖《じょう》

音無くて剣、音あらば杖術と言う。
音無しの剣と乙名《おつな》杖《じょう》。
これも音無の構から、くりいだす。

しこみ杖　天地人三十法と忍び杖

普通は布や皮をかぶせて持ち歩く。

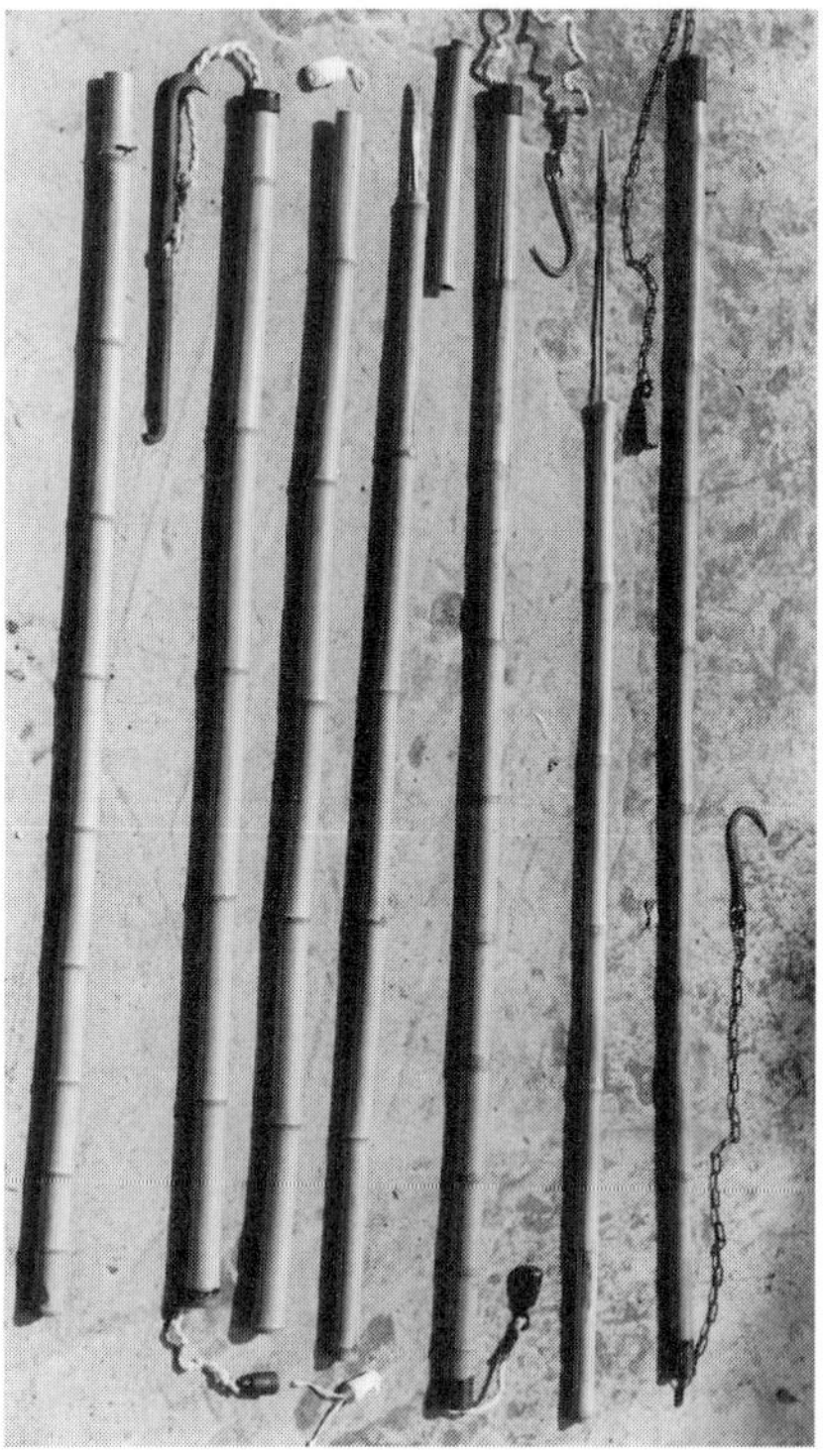

布や皮袋を取ると、仕掛けがある。

遊び杖《づえ》
八字喜多　変想の杖。
二人十文字の構。

行者杖《づえ》。
錫杖のこと。

忍び杖《づえ》。

変相杖《づえ》。
地遁・草遁・七方三法型。
農具も杖術と化している。

忍び杖術

隠し縄の場合、分銅の所で相手の急所を打つ、叩く、払う。相手の刀や衣服や急所に鉤が引っかかったり巻きついたならば、左手の方は分銅を握り、入身に体変する。

次に鉤の部分で、相手の衣服に引っかけて相手の体を縛り捕る。

斧の術

斧の術　古伝。

鳥刺しの技を目刺しに使う。

毒煙術

飛びクナイ

忍具

杖《つえ》とも柱ともなれ

流派によっては風俗に合わせる杖を作る。

忍びの六具は、人体を構成する頭、体、両手両足という暗示を示す。

禄魂笑浄

行者に変相し、忍び杖を振う。

『忍びの者』

高松先生は「心して行きなさい」と、見送って下さる。

『忍びの者』紹介のためTV出演。
俳優の市川雷蔵氏、著者、
アナウンサーの高橋圭三氏。

大映撮影所にて。
映画監督・山本薩夫氏
著者、
プロデューサーの伊藤氏。

箱船

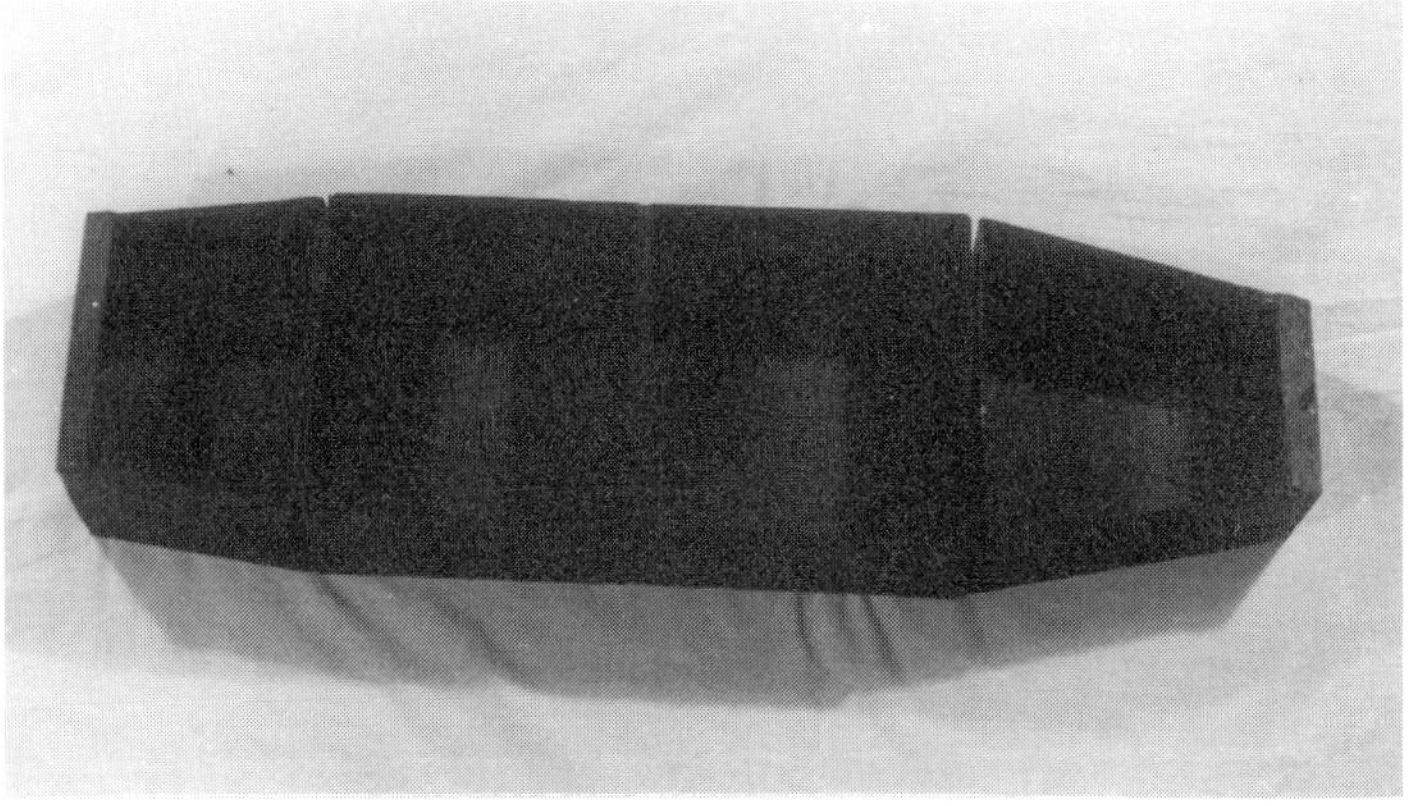

いくつにも作られた箱をつないで船とする。
この原理を利用して、
ツヅラでもオケでも、タルでも、
よせ集めに浮力を作って船とする。
このように、忍びの船は分解製作作業が
スムーズに出来るように作られている。

サオ槍

サオ竹の中には鉛をしこみ、
棒術イカリ型に変化する。

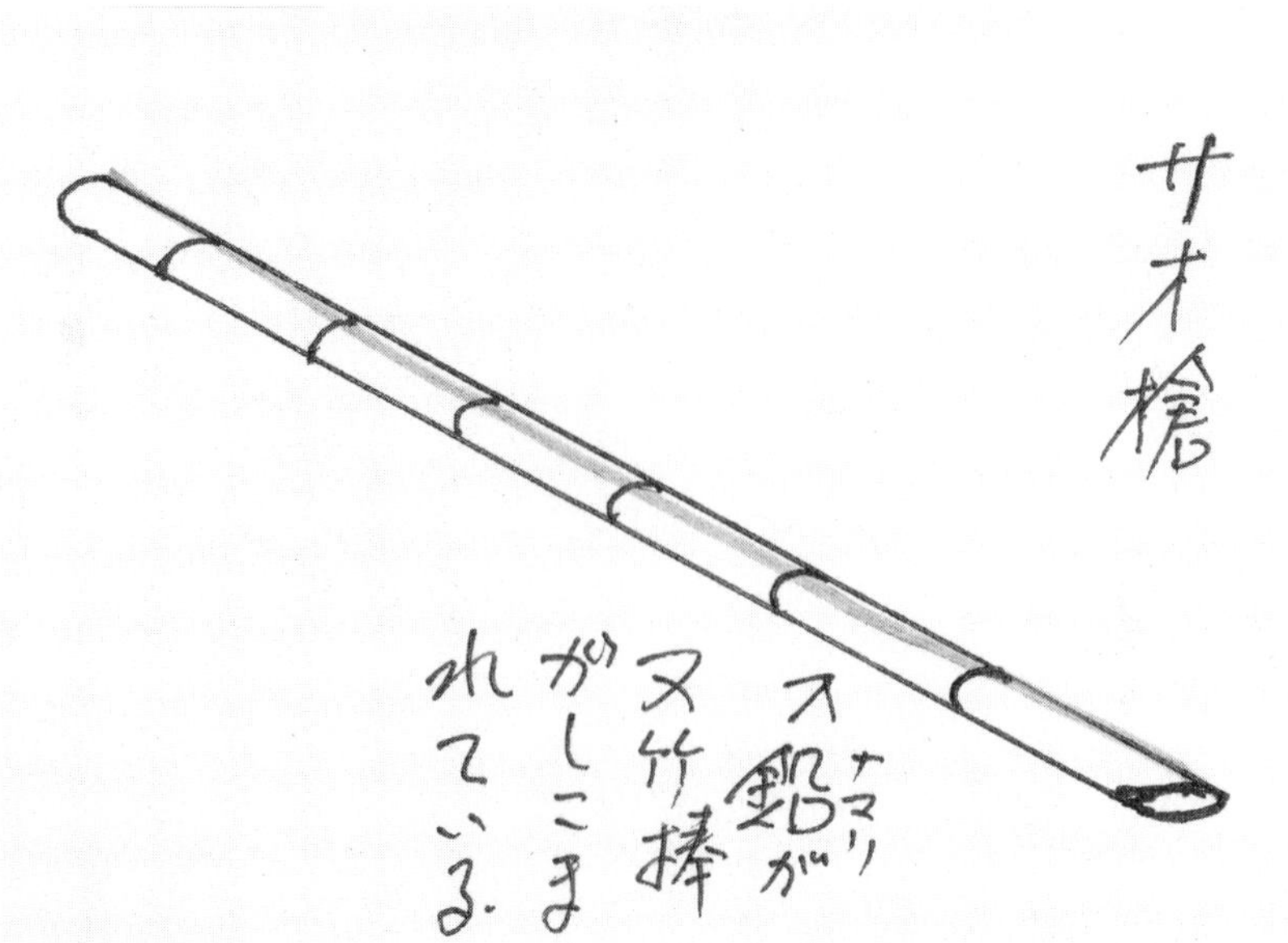

投《と》網《あみ》の術と水具

登器としても使う。
また、水中に潜むものを捕える毒吹針を射ち込む。
網締めに捕る網打ちに掛ける馬や犬猿猫等動物を捕るためにも、これを使用した。
落し穴等、忍具としても作られる。

二人捕り。
網のため自由を失う。
そこで二人を蹴り当てに攻撃しながら、二人捕り。
撒きビシ、縄術を使い、逆さづりに捕える。

合戦の火力

TVにて、
高橋圭三氏、市川雷蔵氏と共に出演。
水遁具の術の説明をする筆者。

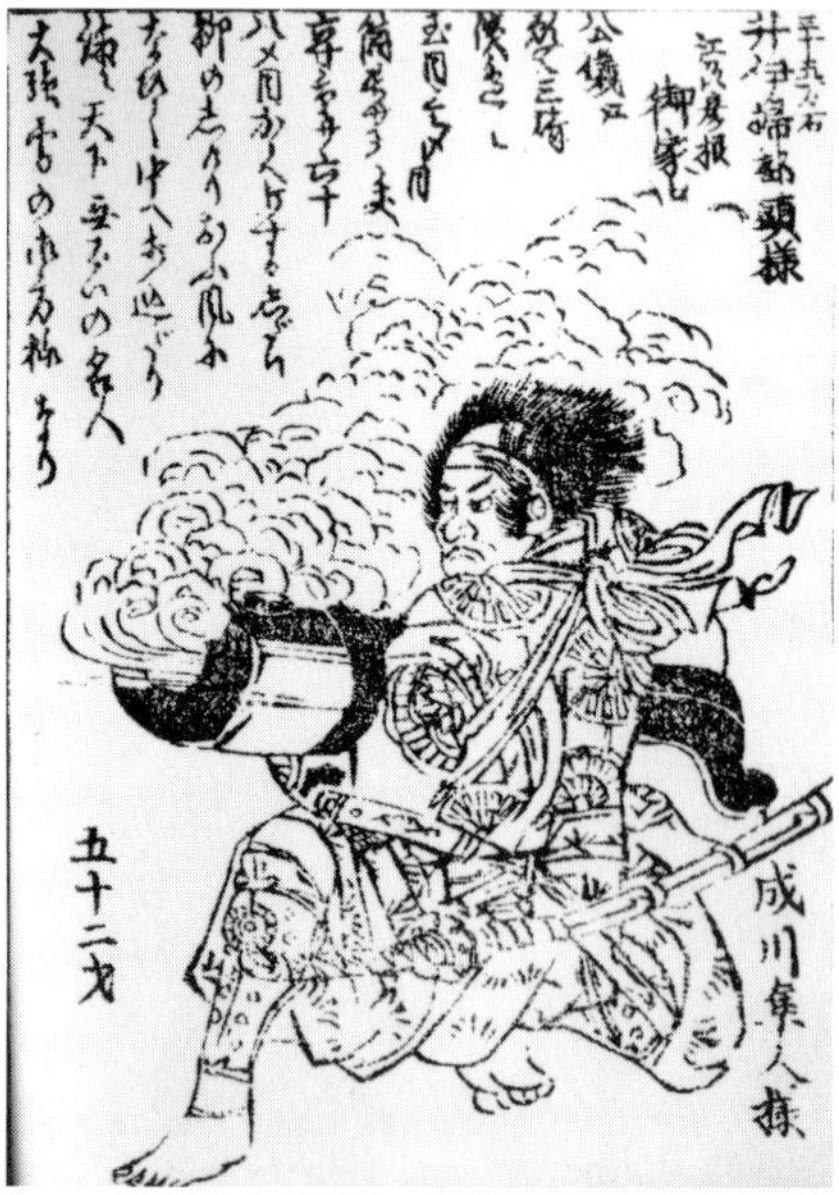

鉄砲伝来以来、
合戦では日本は世界一の火力（砲の力）を
もっていたと言われる。
しかし、鎖国が火を消す。

火薬

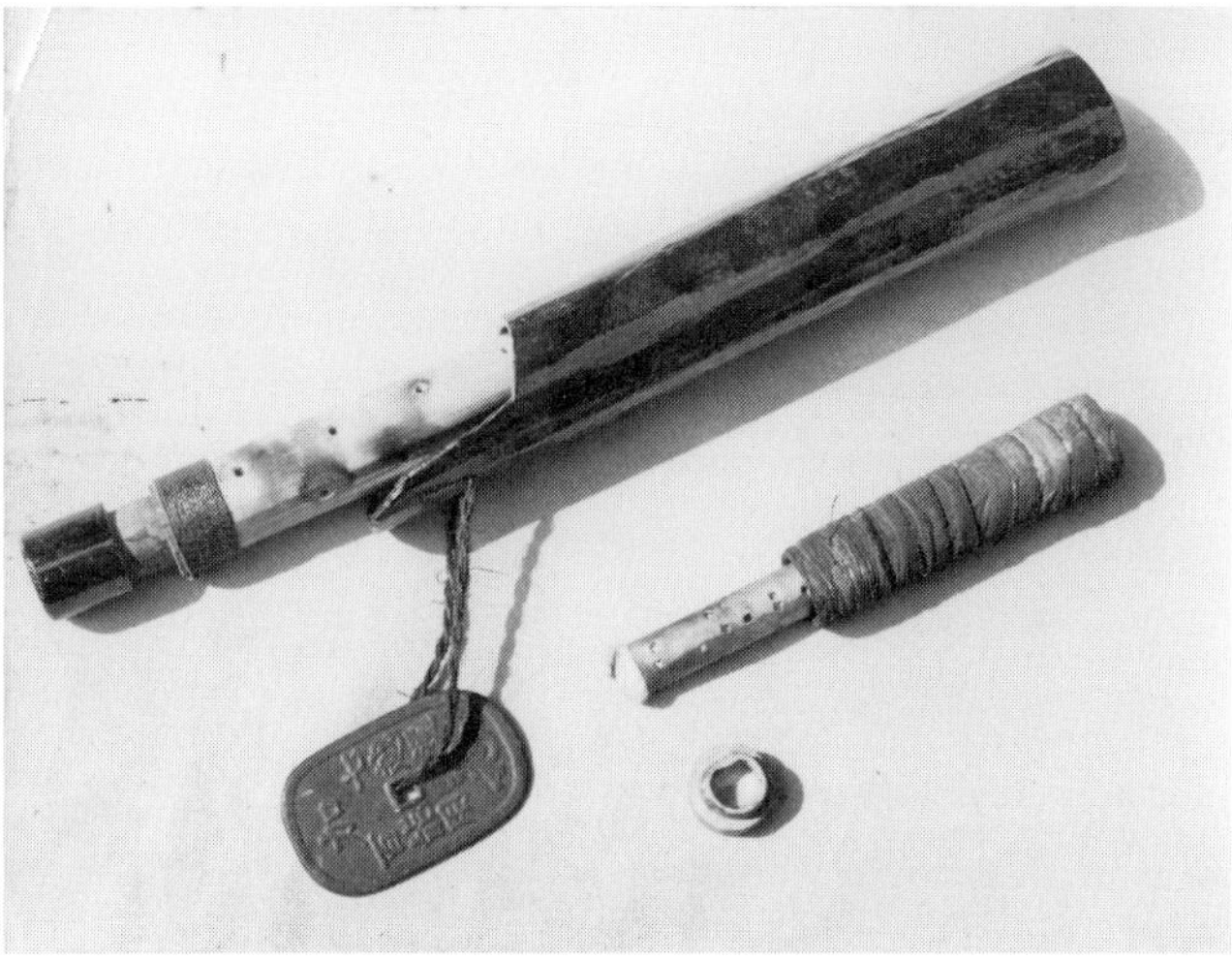

打竹

胴の火

マッチやライターのない頃は、このようにして火を保存、携帯した。

当時は黒色火薬を用いた。

導火薬

黒色火薬

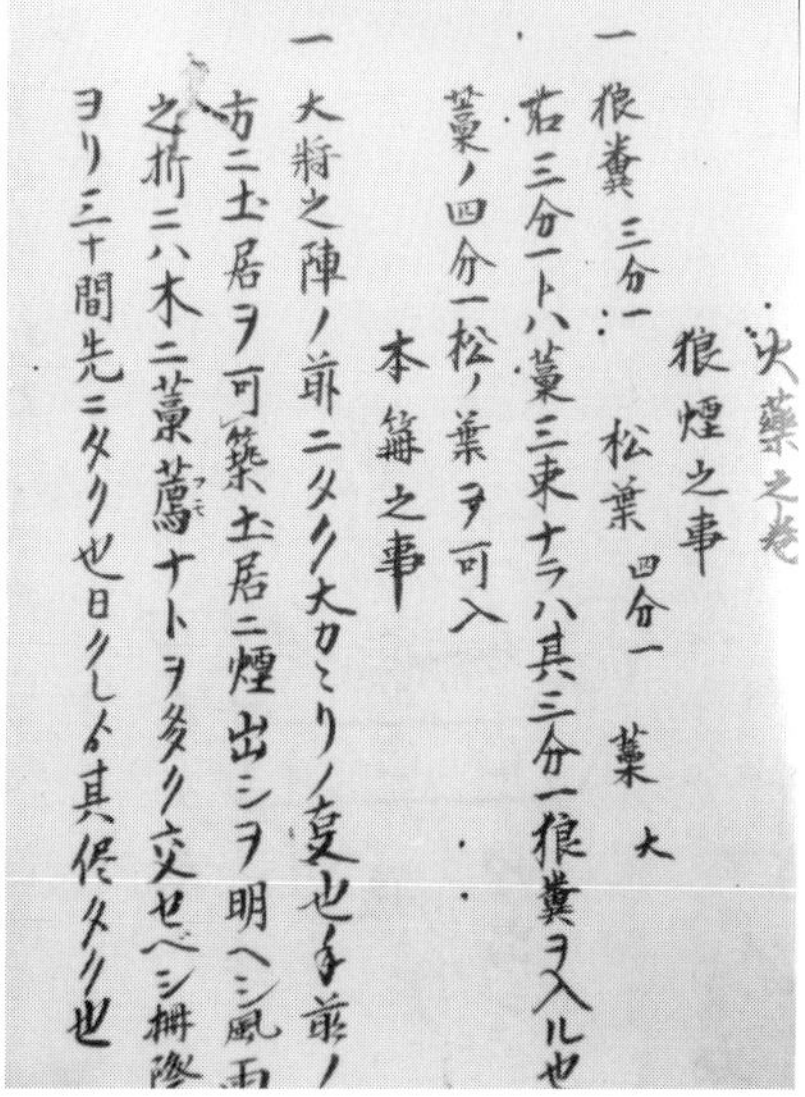

火薬之巻
狼煙之事
一狼糞 三分一 松葉 四分一 葉 大
若三分一ト八葉三束ナラハ其三分一狼糞ヲ入ルセ
葉ノ四分一松ノ葉ヲ可入
本篝之事
一大将之陣ノ前ニタク大カとりノ支也手前ノ
市ニ土居ヲ可築土居ニ煙出シヲ明ヘシ風雨
之折ニ八木ニ葉蔦ナトヲタク交セヘシ拵淼
ヨリ三十間先ニタク也日クしノ其侭タク也

やげんで薬を作る筆者。

大筒

抱え大筒。
筒は木をくりぬき、
導火線の穴をあけ、
その上に日本紙九枚貼り、
柿シブを塗ったもの。
この抱え筒は
抱え持つ構えで射つこともある。

木製である大筒の中に
鉄クズと黒色《こくしょく》火薬を入れて、
導火線に火をつけて
発射させる散弾砲のようなもの。

袖《そで》筒《づつ》袖《そで》鉄砲

袖筒袖鉄砲で樹上に木遁して射つ。

草遁の術を使いつつ、
袖筒袖鉄砲を射つ。

大筒発射

導火線に火をつけて発射する。

筒もの伝書

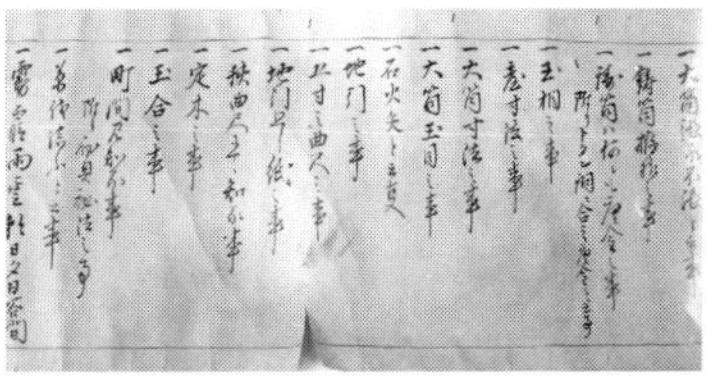

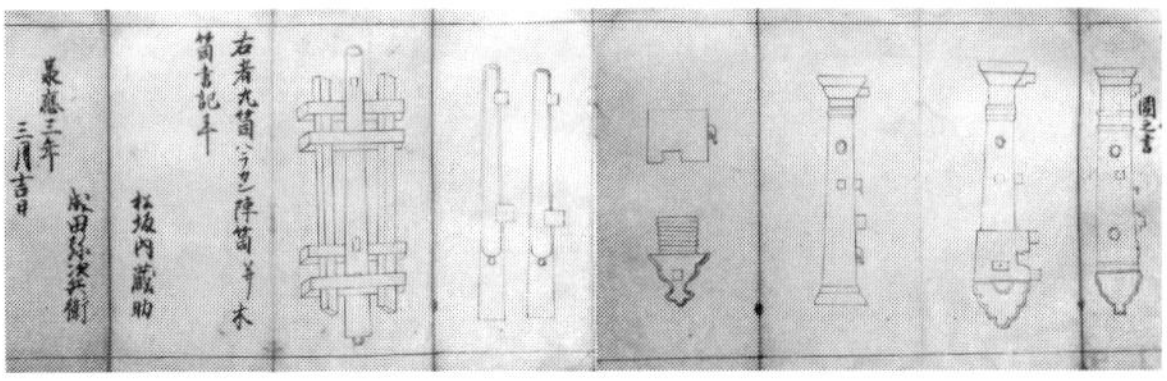

①一発打ち。
連発袖筒術がある。
火薬の配合で、
連発、撤発。

②抱え大筒。
導火線に
打竹で着火。

③連発抱え大筒。
火薬の配合で、
連発、撤発、
音筒とする。

銃術

半棒術と同じく使う。ここで火縄銃は目刺しの技が生きる。

銃を反転させて雨戸を打つ。すべて武器と体術は一体ということを知る。

投げ鉄砲

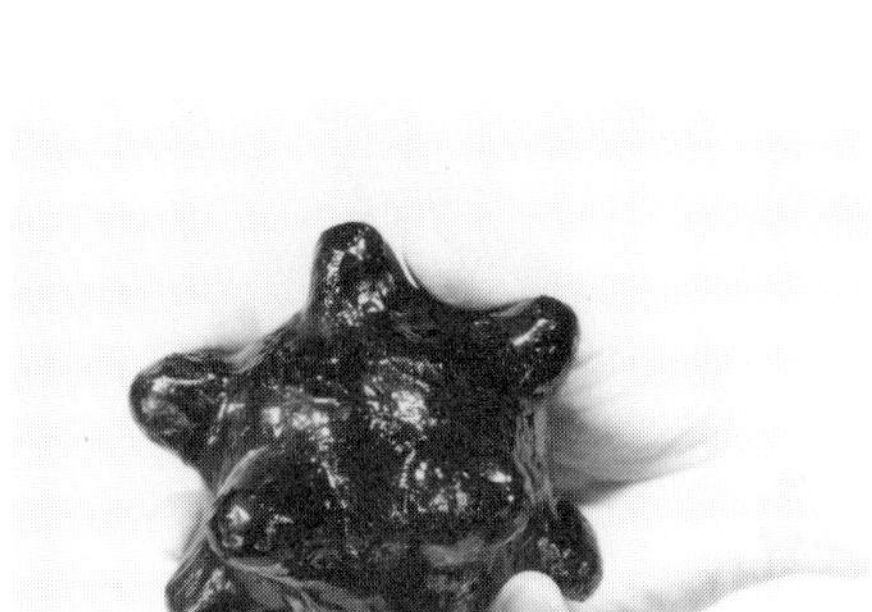

上下とも投げ鉄砲。現在の手榴弾のようなもの。

元寇に見る投げ鉄砲。

埋め火

現在の地雷のようなもので、箱の中には火薬と石塊が入れられてある。

埋め火に吹き飛ぶ忍者。

大筒隠れ射ち

火煙忍び型火遁の術
煙が色々な色に変化して行く。

水術

忍び泳ぎは、音を立てぬように、
四肢（手足）頭をなるべく急に出さぬように
扁平に泳ぐのが一法。
または立泳のこと。
立泳は波紋は出るが音がしないという
夜間泳法である。流れを知り、流れにのる。

潜水泳法

水遁

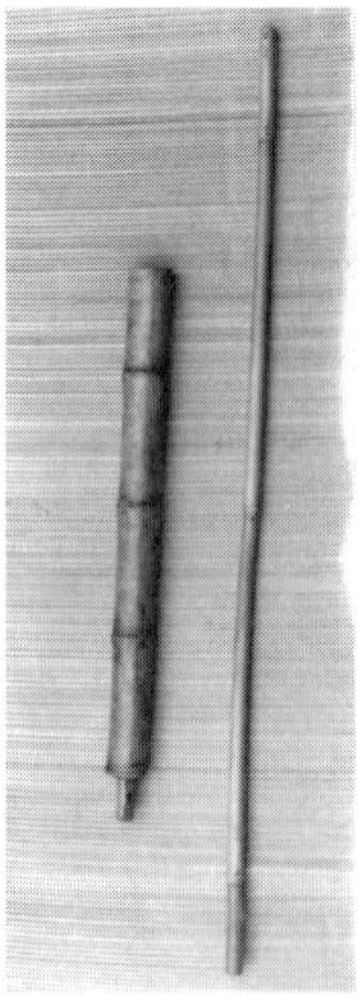

四尺の篠竹。吸い口をつけた竹筒。
いずれも中はくりぬかれている。

この竹筒は
水に潜るためばかりでなく、
竹筒を吹けば
合図用の音を発する。
またヒシの実や火薬入れや
水筒聞き筒にも使われる。

水蜘蛛

木で作られている水蜘蛛。
これは水上に浮かない。

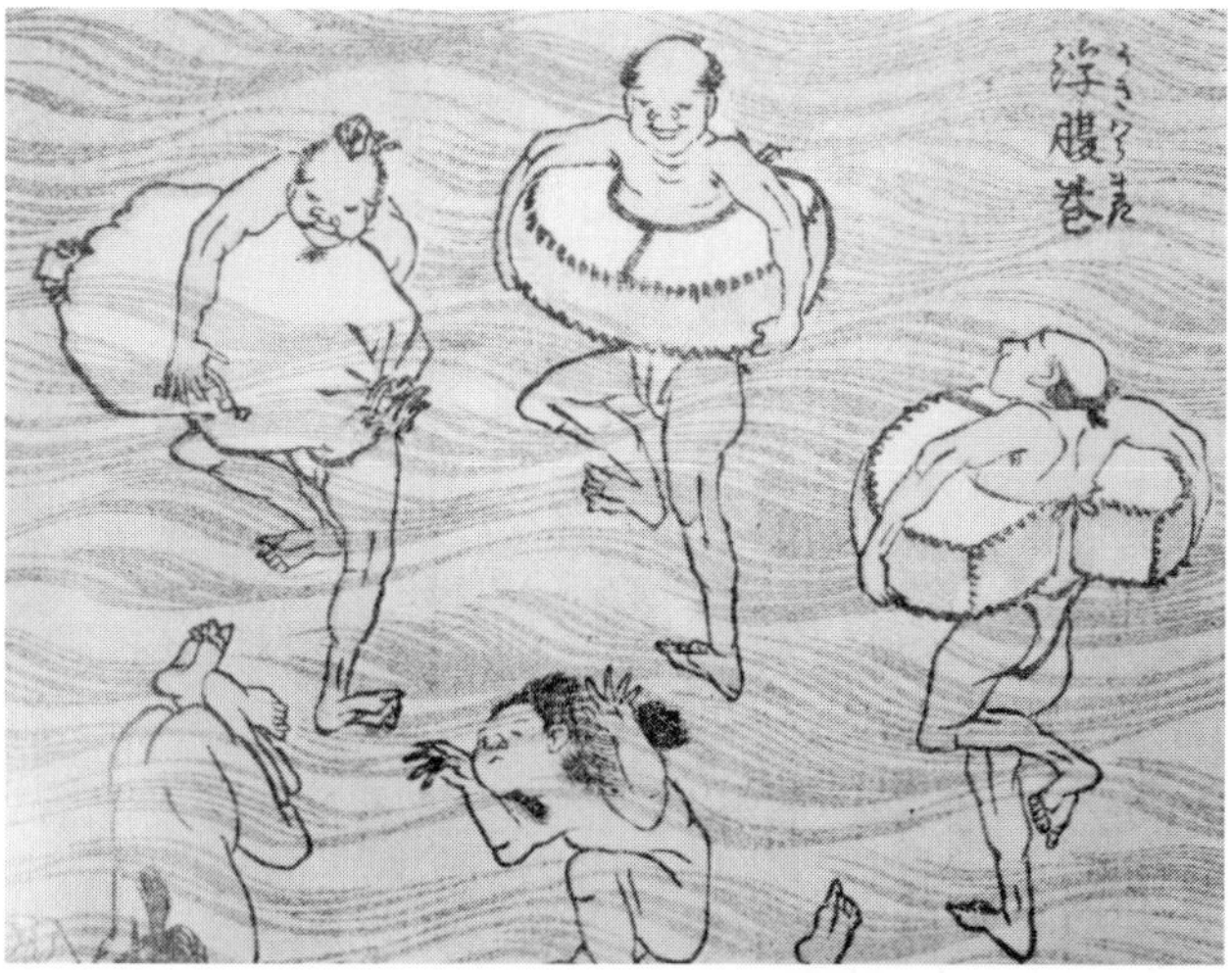

浮腹巻

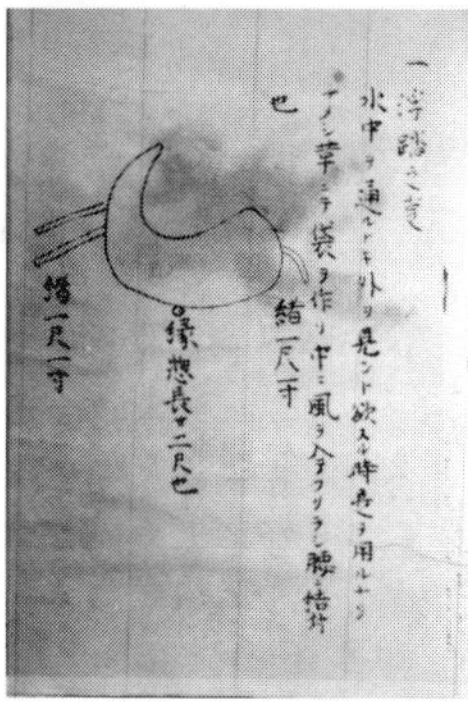

兎の皮で作られた水蜘蛛
中袋を股に、両足を浮具にはいて、
水中に半身つかって立ち浮ぶ。

忍び櫂《がい》

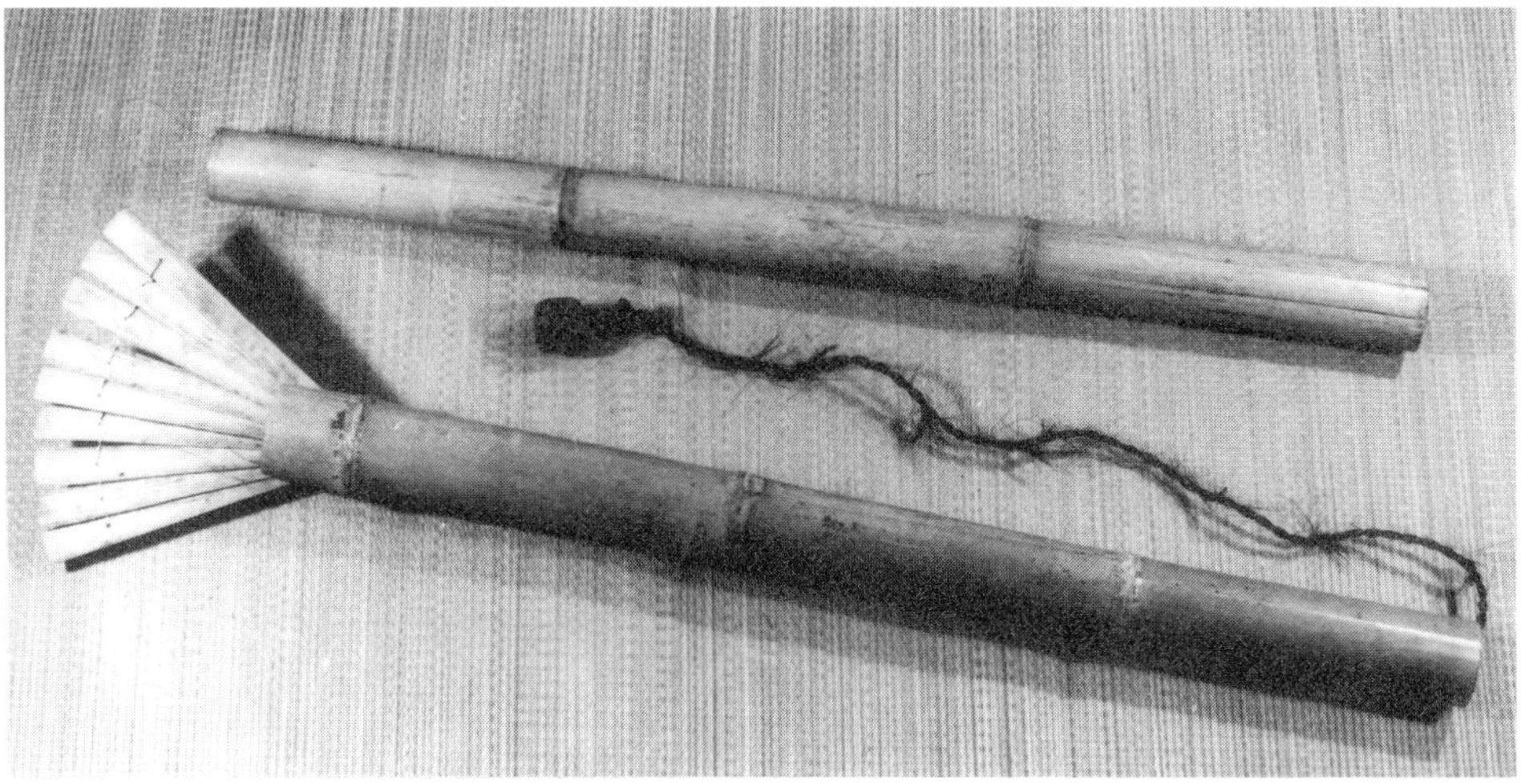

竹扇、その一方は分銅につながる。
普通は、竹筒のようにして置いておく。
使用するためには竹扇として筒より引き出し、忍び櫂として使う。

毒鉄砲

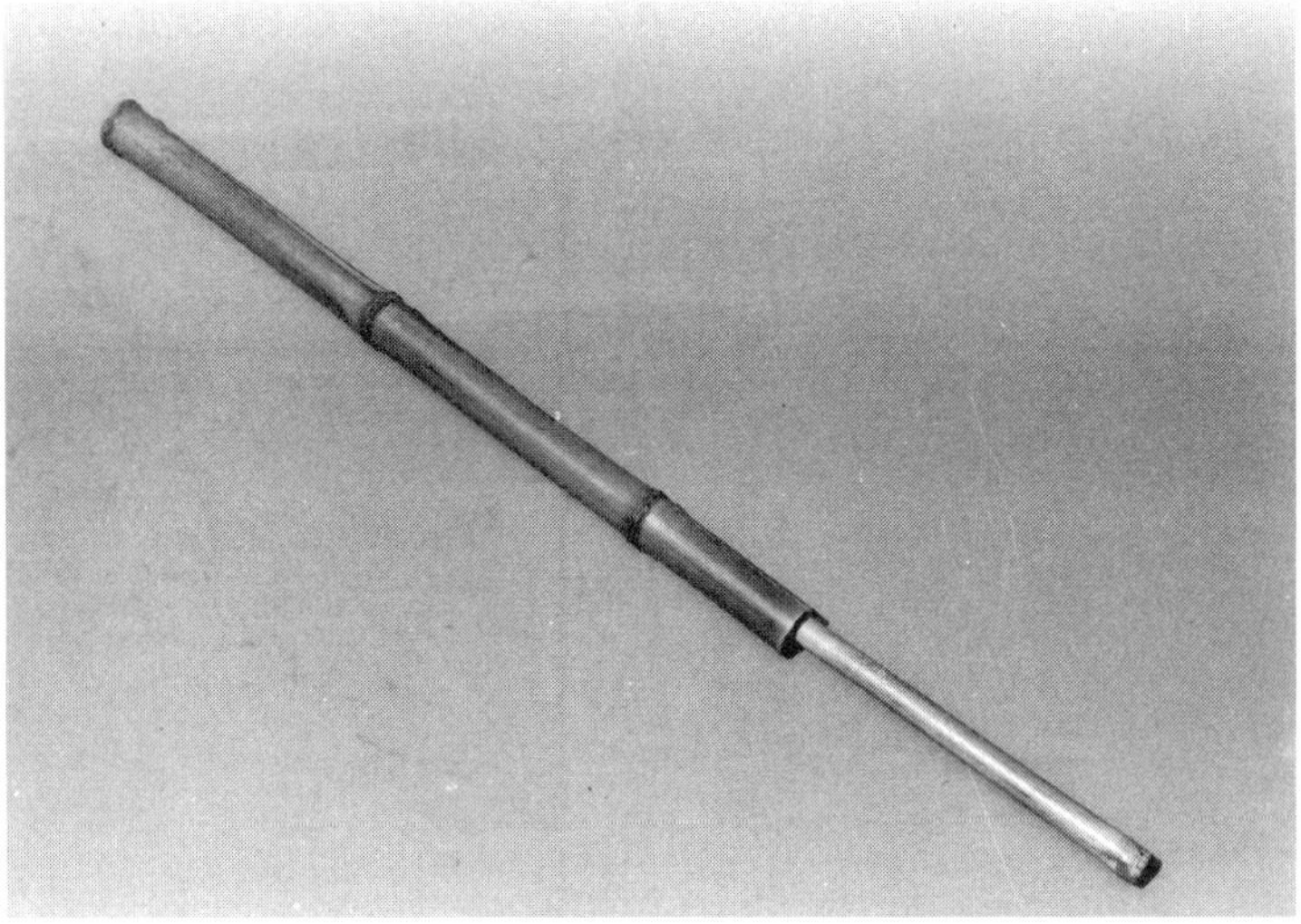

毒鉄砲というもので竹をくりぬいて水鉄砲のように作る。
毒鉄砲は下腹の中心に柄をあてておき、引くようにして敵に吹きつける。

浮き樽

虚の浮き靴

樽を縄で連結して、樽の中に仕かけられているサンダル状の足かけに足をかけて水中を歩行するという。

これは水中梯の上を歩くとか、泥土の上を歩く方法の虚実に用いるが、足場が危険な所や撒き菱のある所や足跡の虚に用いるといった方がよいだろう。平面を歩く梯とも言える。

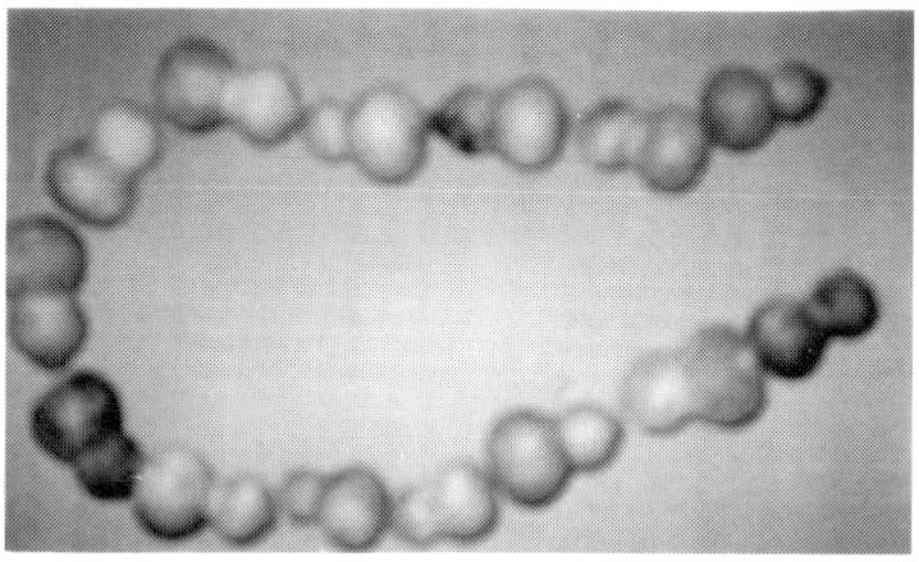

埋め火を避けて歩く。
ヒシの実を避ける。
道案内とするも、
これを逆に使うこともあり。
小さな瓢箪を
帯の中に入れたり、
袋に入れて、
体に巻いて浮具とする。
武士のたしなみとする。

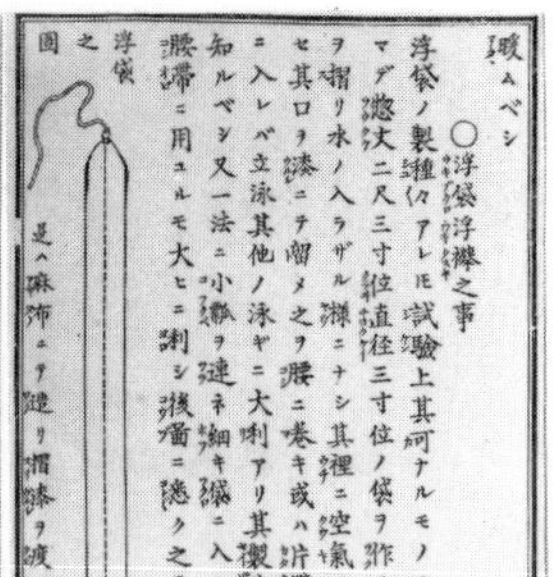

賤ムベシ
○浮袋浮襷之事
浮袋ノ製種々アレ圧試験上其何ナルモノハ極厚キ麻布マデ総丈二尺三寸位直径三寸位ノ袋ヲ作リ外面ヨリ漆ヲ摺リ水ノ入ラザル様ニナシ其裡ニ空氣ヲ入レ膨脹サセ其口ヲ漆ニテ留メ之ヲ腰ニ巻キ或ハ肩襷ニ掛ケ水中ニ入レバ立泳其他ノ泳ギニ大ニ便利アリ其製造ハ後面ニテ知ルベシ又一法ニ小瓢ヲ連ネ細キ繩ニ入レ之ヲ襷又ハ腰帯ニ用ユルモ大ヒニ利シ後面ニ悉ク之ヲ解クベシ

浮袋之圖

是ハ麻布ニテ縫リ稲漆ヲ渡シナシ空氣

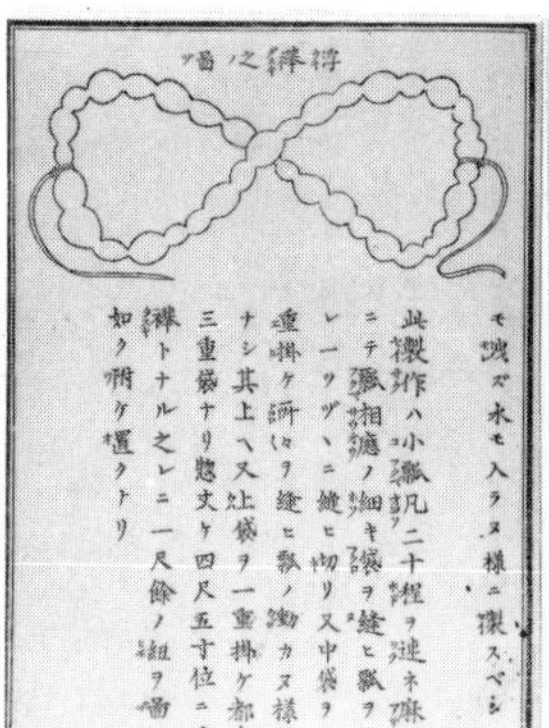

モ沈ズ水モ入ラヌ様ニ製スベシ

浮襷之圖

此製作ハ小瓢凡二十個ヲ連ネ麻布ニテ瓢ノ相應ノ細キ袋ヲ縫ヒ瓢ヲ入レ一ツヅヽニ縫ヒ切リ又中袋ヲ一重掛ケ所々ヲ縫ヒ瓢ノ動カヌ様ニナシ其上ヘ又外袋ヲ一重掛ケ都合三重袋ナリ惣丈ケ四尺五寸位ニテ襷トナル之レニ一尺餘ノ紐ヲ両ノ如ク附ケ置クナリ

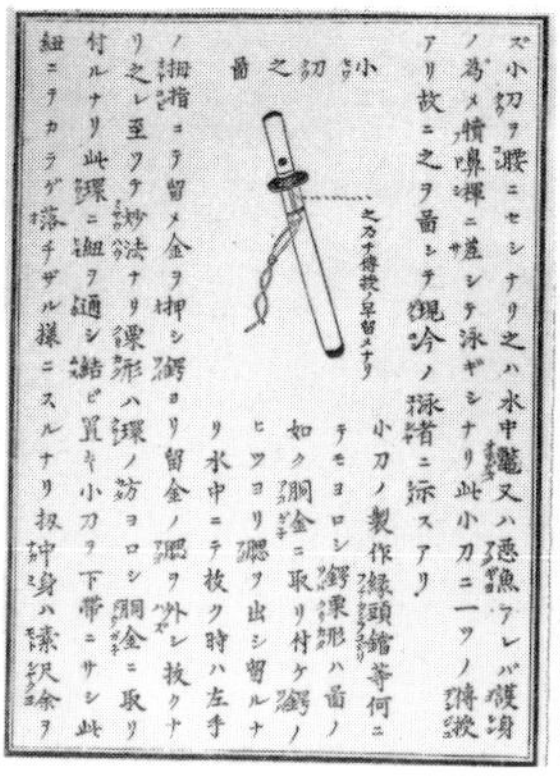

ズ小刀ヲ腰ニセシナリ之ハ水中竜又ハ悪魚アレバ捕ヘノ為メ横鼻揮ニ差シテ泳ギシナリ此小刀ニ一ツノ特徴アリ故ニ之ヲ圖シテ現今ノ泳者ニ示スアリ

小刀之圖

小刀ノ製作ハ縁頭鍔等何ニテモヨロシ鍔ト鞘ハ図ノ如ク胴金ニ取リ付ケ鍔ノヒツヨリ鞘ヲ出シ留ルナリ水中ニテ抜ク時ハ左手ノ拇指ニテ留メ金ヲ押シ鍔ヨリ留金ノ鞘ヲ外レ抜クナリ之レ至ツテ妙法ナリ鞘形ハ鞘ノ防ヨロシ胴金ニ取リ付ルナリ此鞘ニ紐ヲ通シ結ビ置キ小刀ヲ下帯ニサシ此紐ニテカラゲ落チザル様ニスルナリ扨抜身ハ漆沢余ヲ

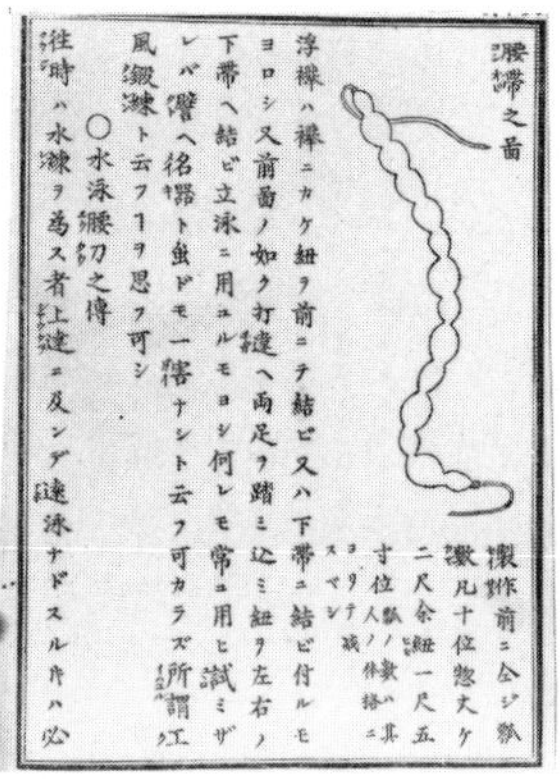

腰帯之圖

製作前ニ全ジ瓢数凡十位惣丈ケ二尺余紐一尺五寸位瓢ノ数ハ其人ノ体格ニヨリテ減スベシ

浮襷ハ襷ニカケ紐ヲ前ニテ結ビ又ハ下帯ニ結ビ付ルモヨロシ又前圖ノ如ク打違ヘ両足ヲ踏ミ込ミ紐ヲ左右ノ下帯ヘ結ビ立泳ニ用ユルモヨロシ何レモ常ニ用ヒ試ミザレバ燈ヘ名帯ト雖ドモ一搭ナシト云フ可カラズ所謂江風瓢練ト云フヿヲ思フ可シ

○水泳腰刀之傳

往時ハ水練ヲ為ス者ニ上達ニ及ンデ遠泳ナドスル片ハ必

忍び筏

乾いた葦を筏として使う。筏は浮具としてでなく、橋にしたり隠しに用いたり楯具ともする。

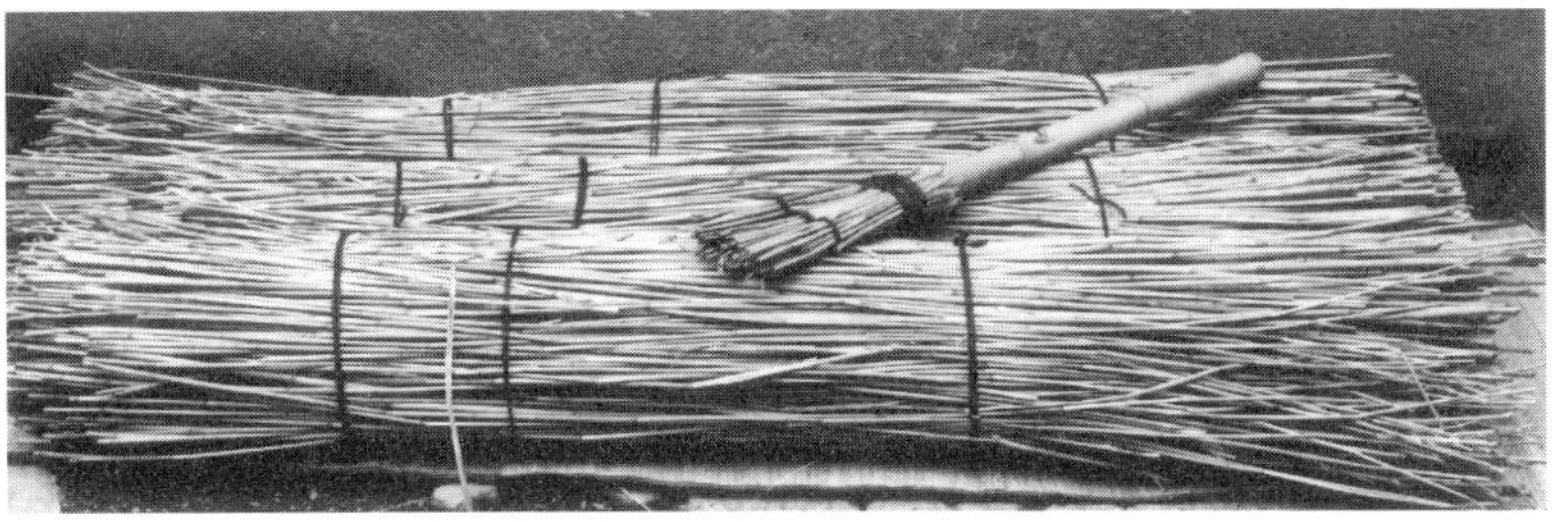

蒲筏

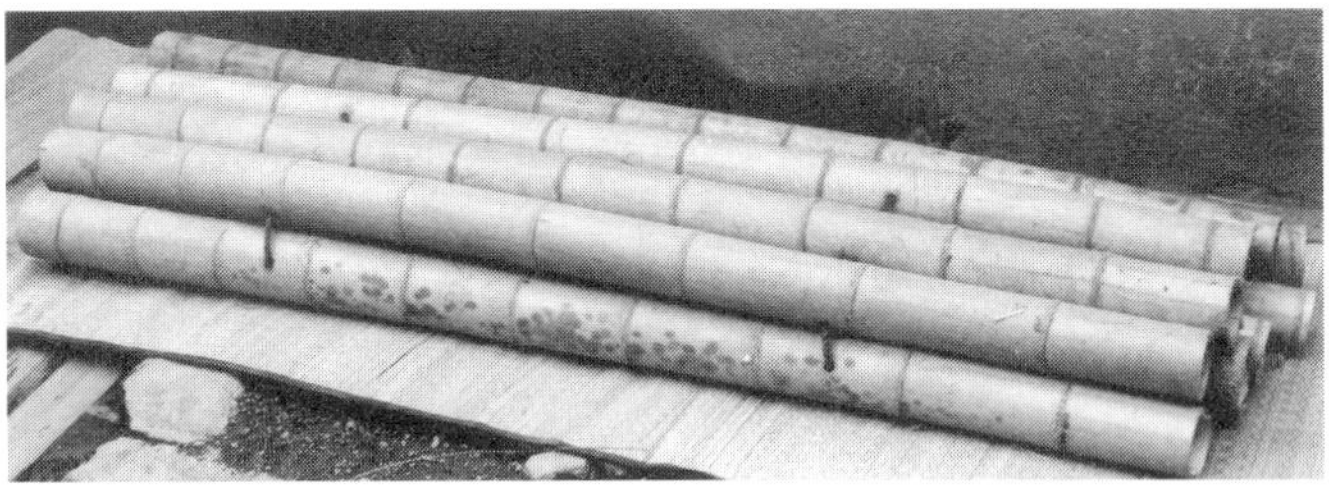

竹筏。竹で作られた筏。竹に穴をあけ、縄を通して結ぶ。

変相筏

木樵りに変相した忍者

兵法書に見る筏

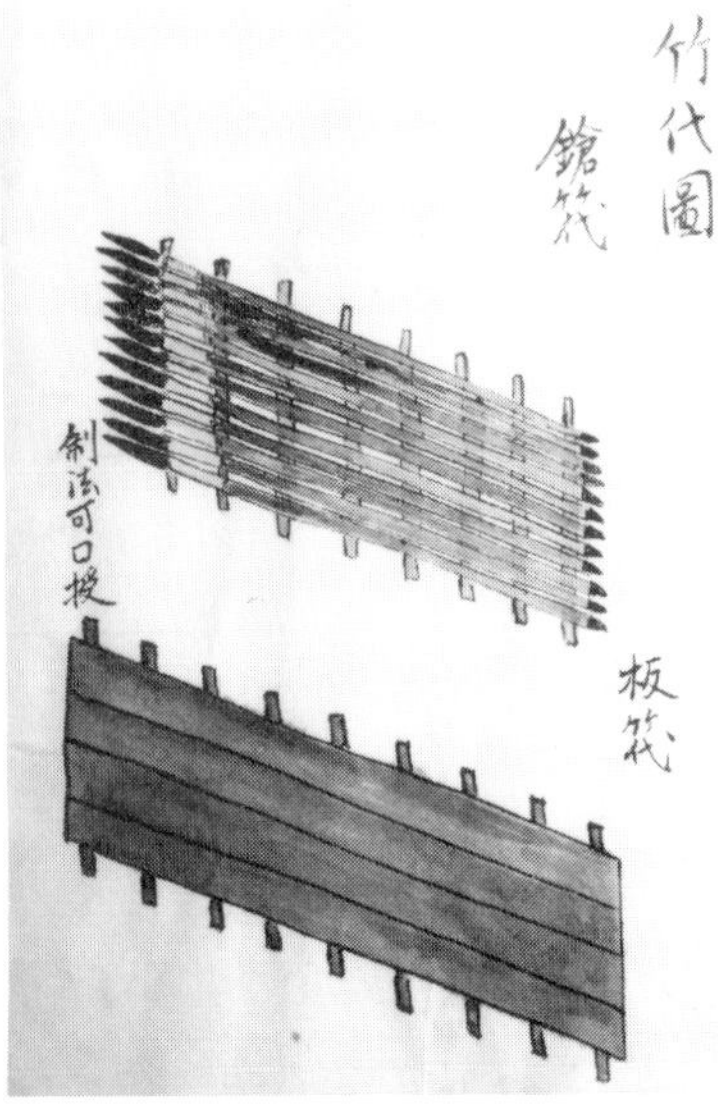

忍び船

挟み箱船

組立て式の船で蝶番《ちょうつがい》でつなぎあわせるもので、
水洩には松ヤニを入れて防ぐ。
この船は体全体をのせるのでなく、
船の上にはらばい、船を沈ませながら、
その上に泳ぎ型にのるものである。

タタミ船

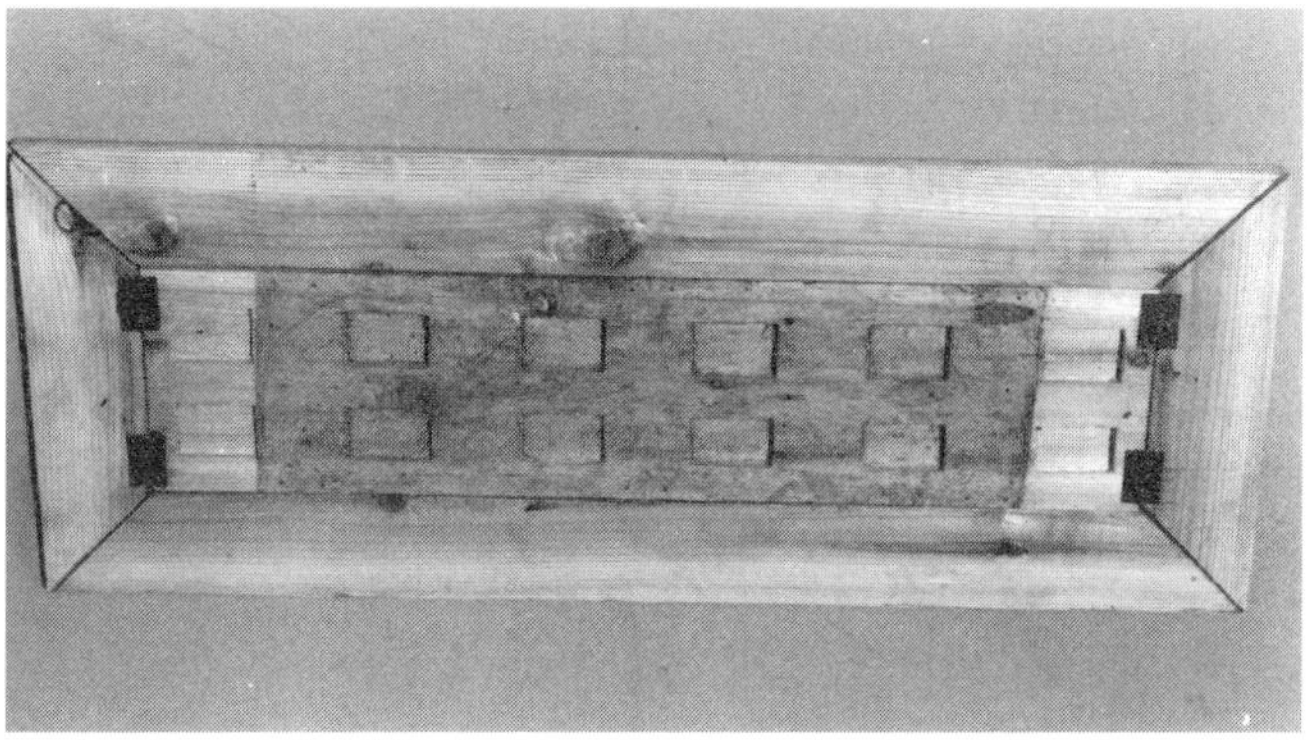

折タタミが出来るように作られている。
この船も水中に沈むようになっており、
板に彫られた四角い穴に足を入れて
足を取られぬように作られている。
板イカダのようなものでもある。

軍略兵法の決意

忍者兵法曼陀羅

著者画

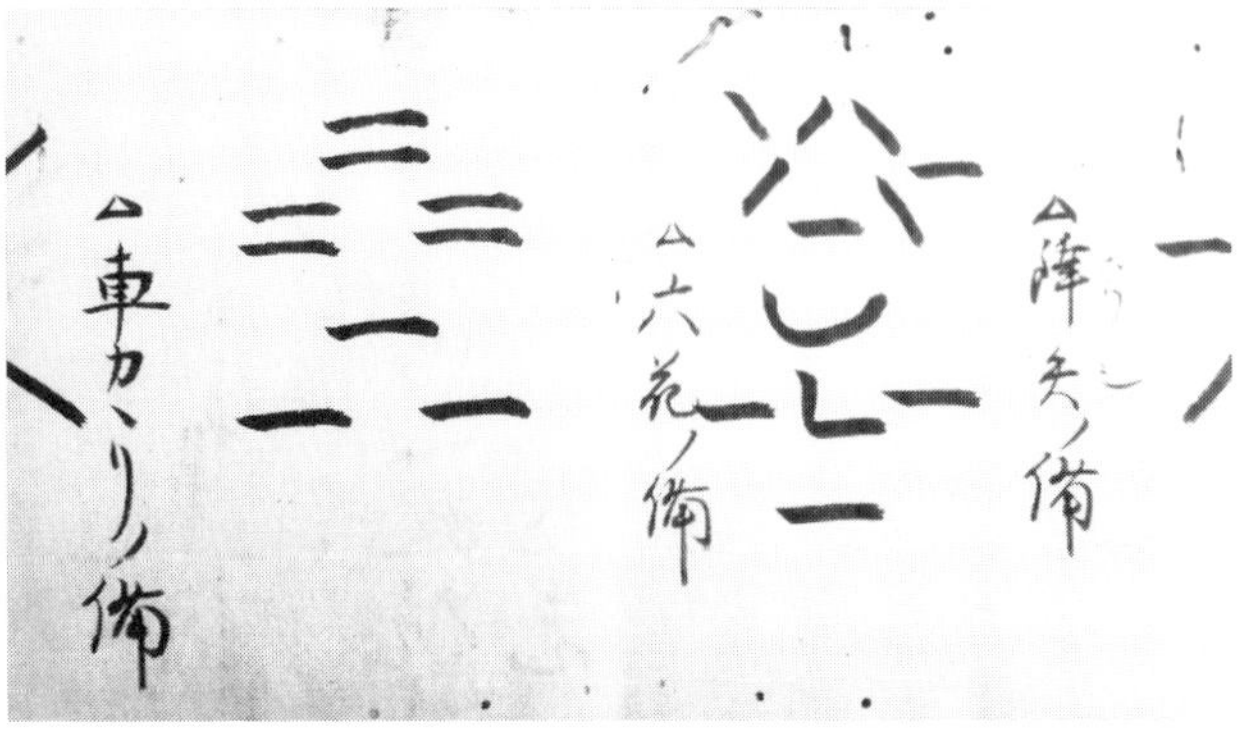

水烟鳥陣
遊撃火事之陣
猛虎魚鱗之陣
忍者方形地獄改陣
虚陣方形陣
大狩雲烟之陣
八方無構之陣
そこには忍者流五輪
之心の決意が秘められ、
そこに忍者の城構砦構之
秘境を見せる。

謀略諜報 忍び入隠遁

忍びの秘具秘用 タタミ鎌

この鎌と同じもので
鎌の先だけぬけて飛ぶ、
飛び鎌がある。

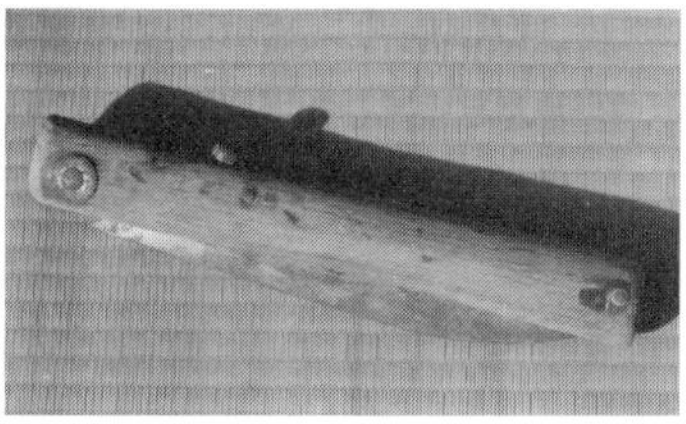

タタミ鎌。

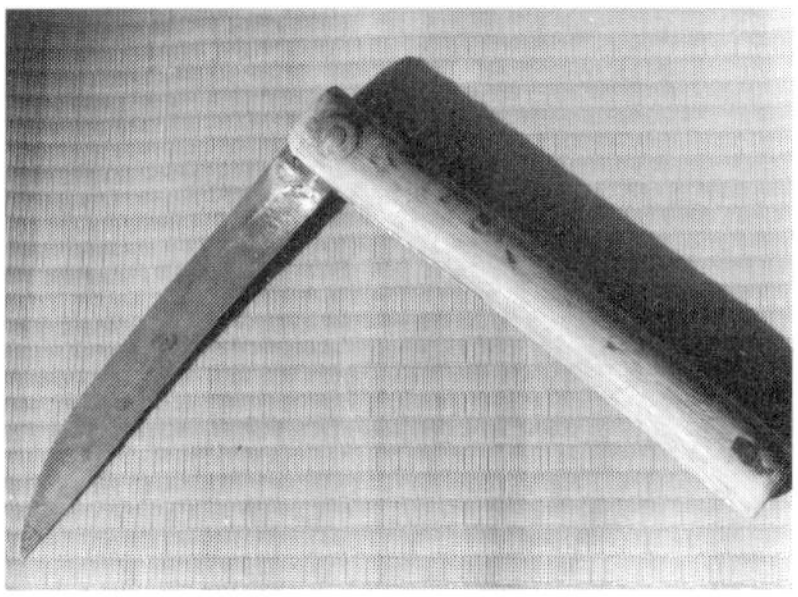

鎌術として使う。

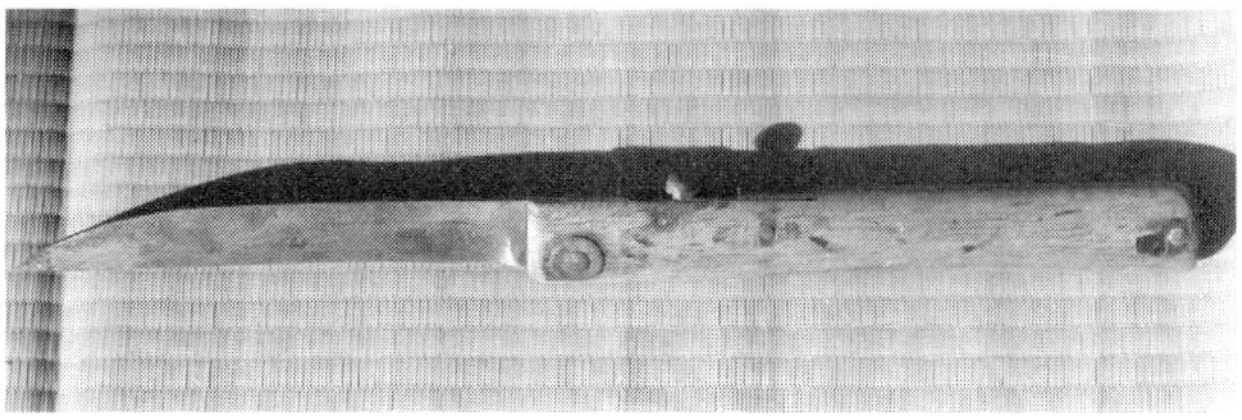

短刀術として使う。
現在の大形
トビ出しナイフ
のようなものである。

タタミノミ

忍び具。分銅。
投器としても用いる。

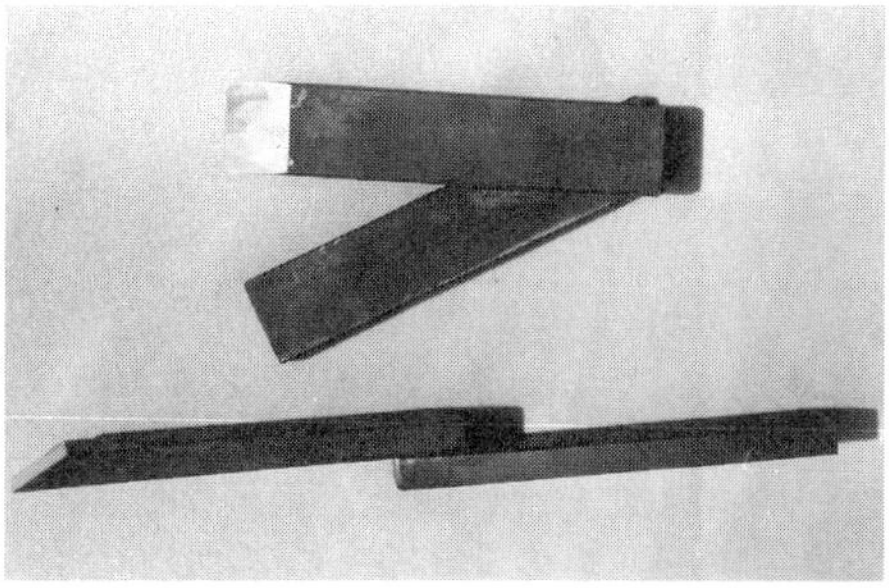

坪ぎり

坪ぎり
きり

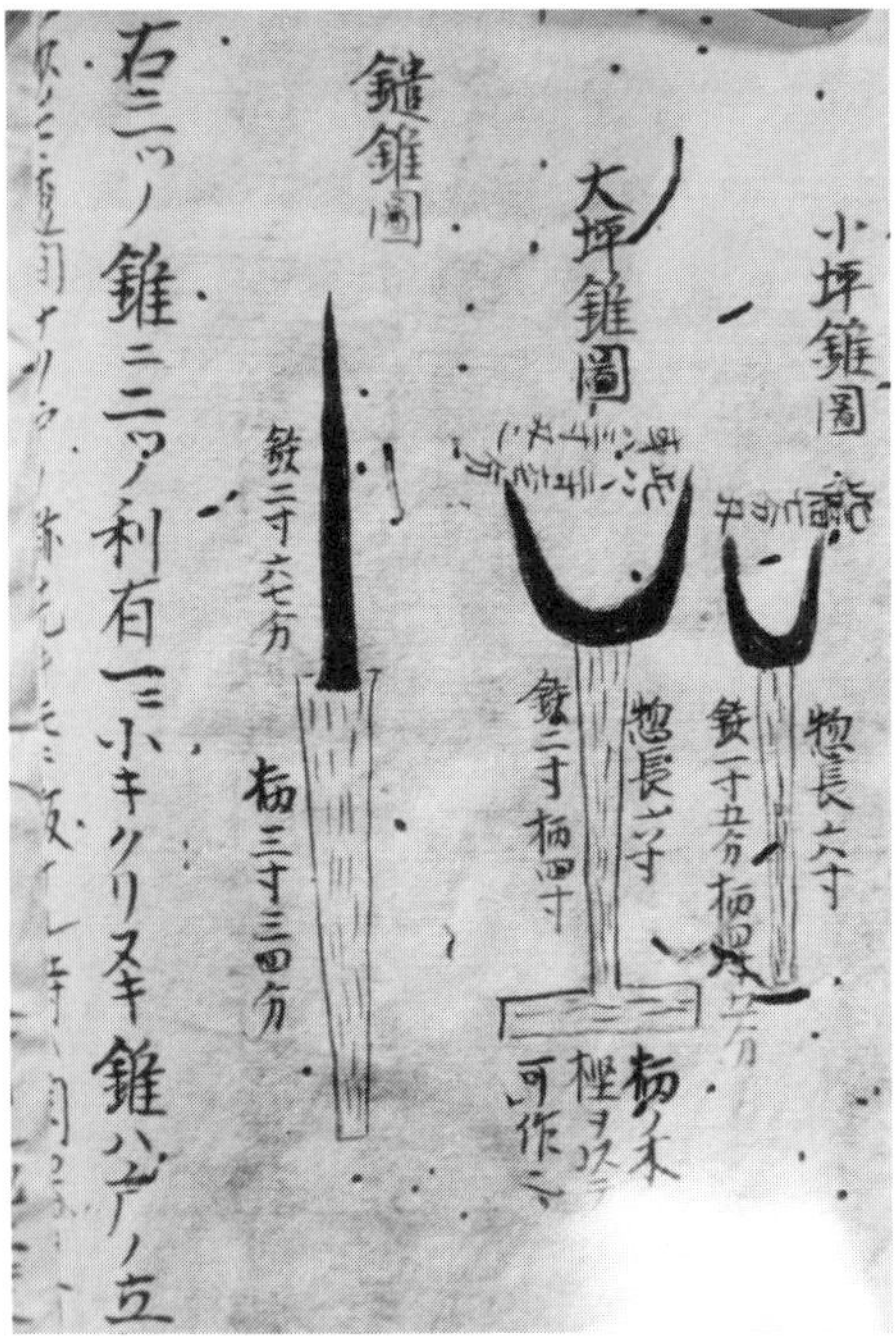

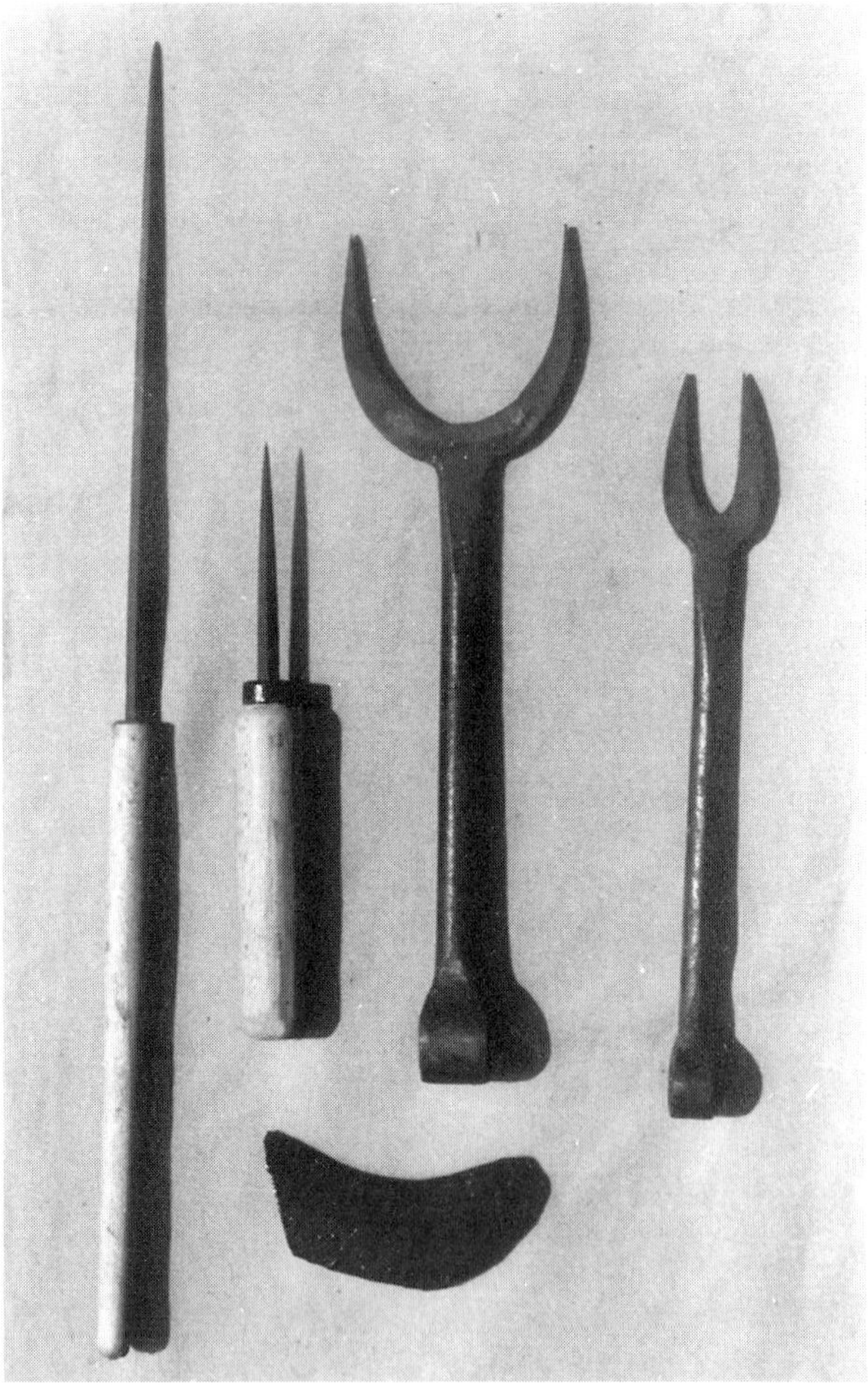
坪ぎり

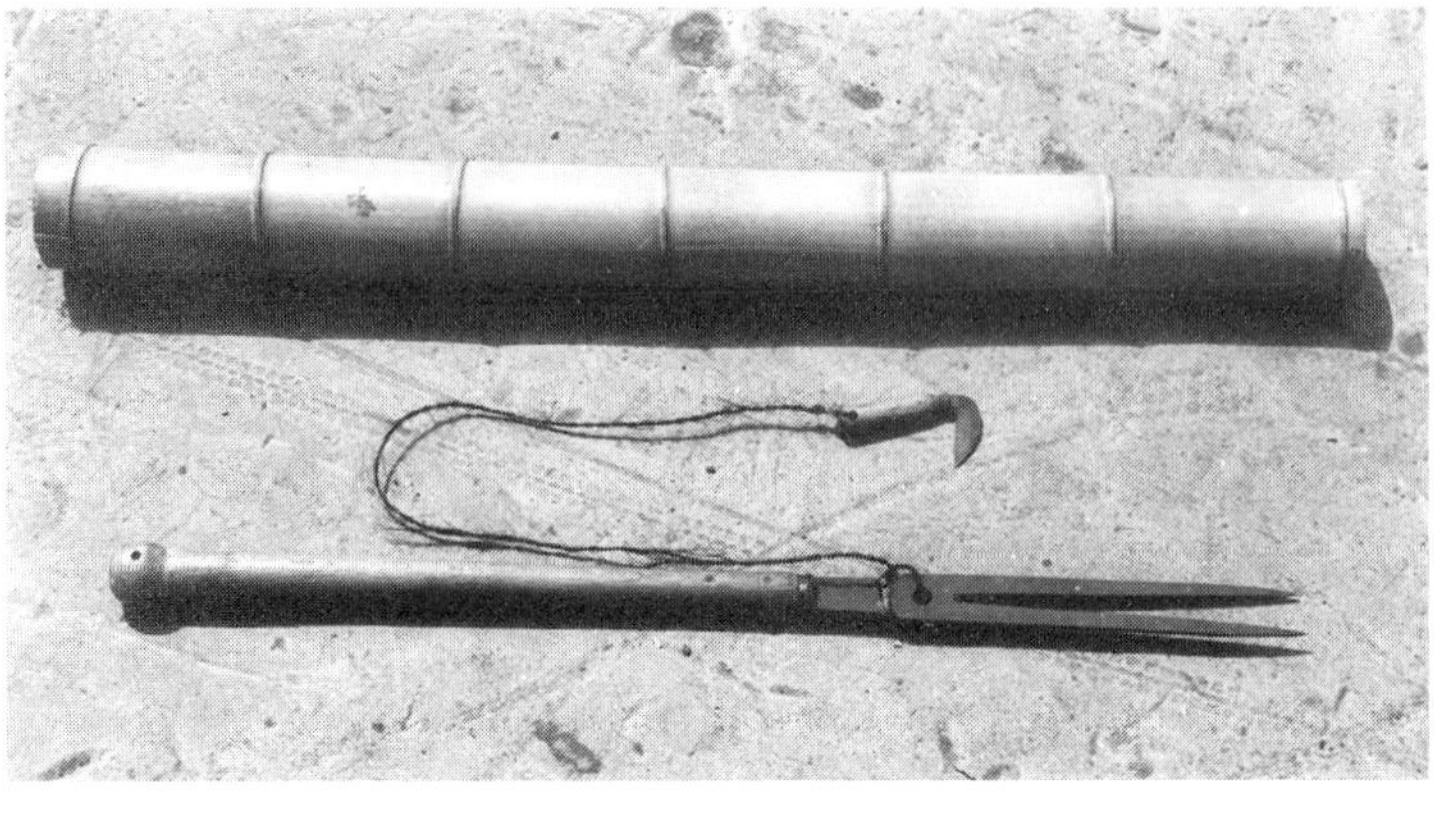
飛クナイ。
普通竹筒に入れておく。
火遁、半棒、剣法、
投器にも多用する。

密書・暗号・合言葉
その一《いち》零《れい》(例)

柿が数個ある。
この中の一つの柿の中に
密書がしこまれている。

柿の蔕《ヘタ》を取ると密書がある。
蔕の裏に暗号で書くこともある。
しかし、形ある暗号はヘタをすると
発覚する恐れがある。

密書は
色々の所に
隠されている。

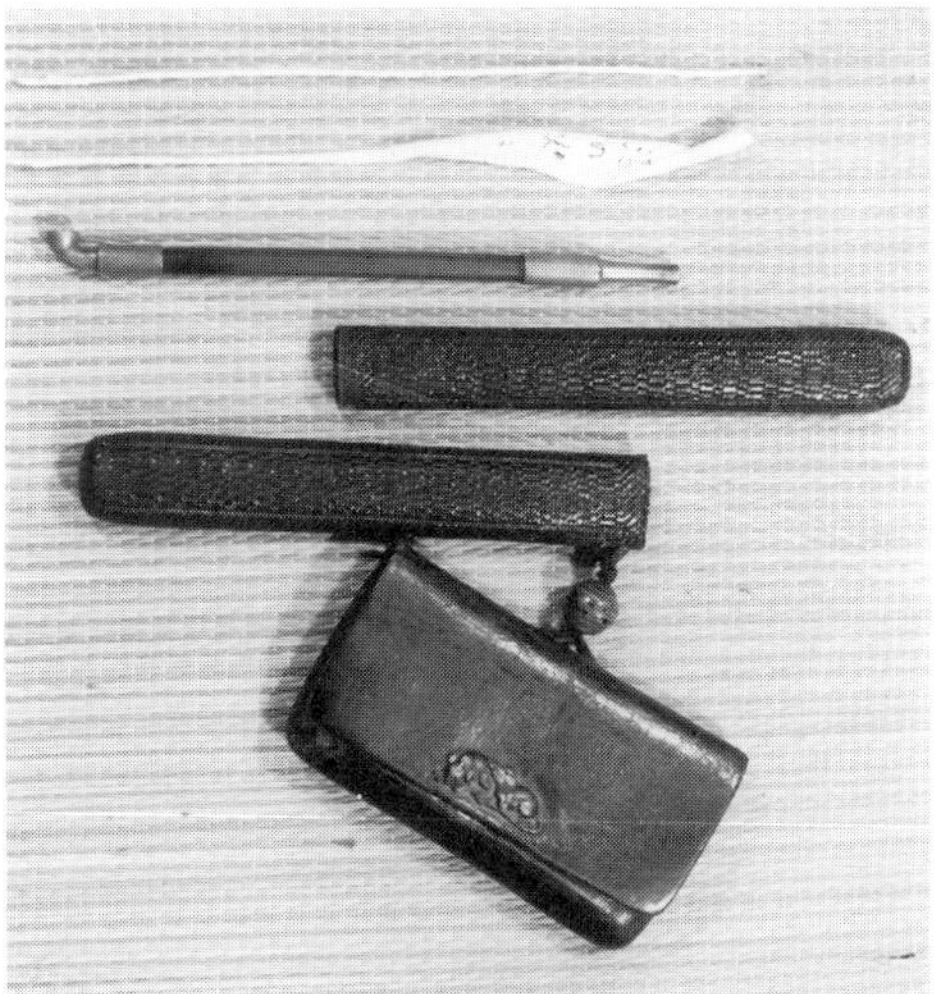

キセルの中にも密書がしこまれる。

隠身空の修法と観破術

人遁

著者画

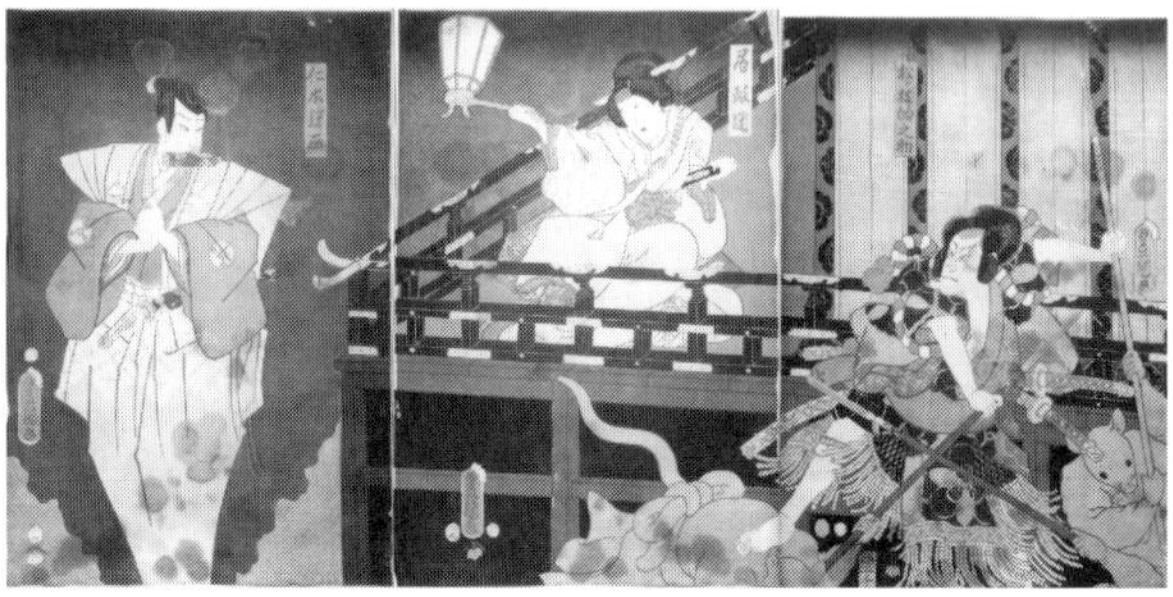

人遁十法の術
鼠を使う仁木弾正の
話は有名である。

男遁

腹切りは無言の中に秘められた、
腹からの叫びであり、語りである。
死者の首を腹中に隠すことあり。
著者画

女遁の術

戦国時代には戦場で首を拾い、
その首を化粧して、
酒壺に入れて保存する。
そして首を探す縁者に首を売る女がいた。
著者画

女性といえども、武器、武気を使えば、助勢となる。

瀧夜叉姫
女性には多くの妖術使いの
譚《はなし》が残されている。

猿を使うくの一。

女性を女狐と言う。
男をたぶらかすからであろうか？
傾城とも言う。
女遁の術にかかれば、
国を亡ぼすことになるからである。

くの一の護身術

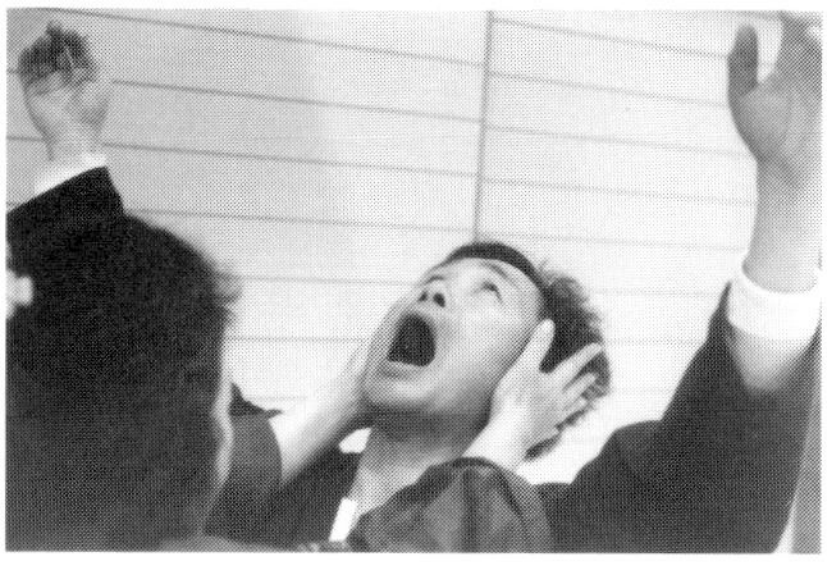

隠し武器を使わない時は、両耳を一度に手のひらで叩く。

肘体
肘体をつかって投げ倒す。

①首を後ろから締めてきたら、まず自分の顎で男の右手を押えつける。抱きついてきたら、まず驚かないことが大事。

②そこで女は左手で男の金的を握りつぶす。男は痛みのため飛び上がる。

③男の着地の瞬間、左肘で男の急所を打つ。肘で打つというより、体で打つ、体を振って当てるということを心がける。

遊芸の術

忍びは遊芸の術にたけていなくてはならない。目くらまし。

老遁

連続TVドラマ『世界忍者戦ジライヤ』で、筆者と、高松先生に扮する演技者、真弓田一夫氏。

主人公の父親・山地哲山役に扮する筆者。

幼遁の術

子供を守る鐘鬼。筆者画。

なっとく歴史館より。服部半蔵の幼き日。

隠遁影籠《かげろう》

麻利支天は隠遁の神である。影籠《かげろう》。龍を「ろう」とも読む。

獣遁

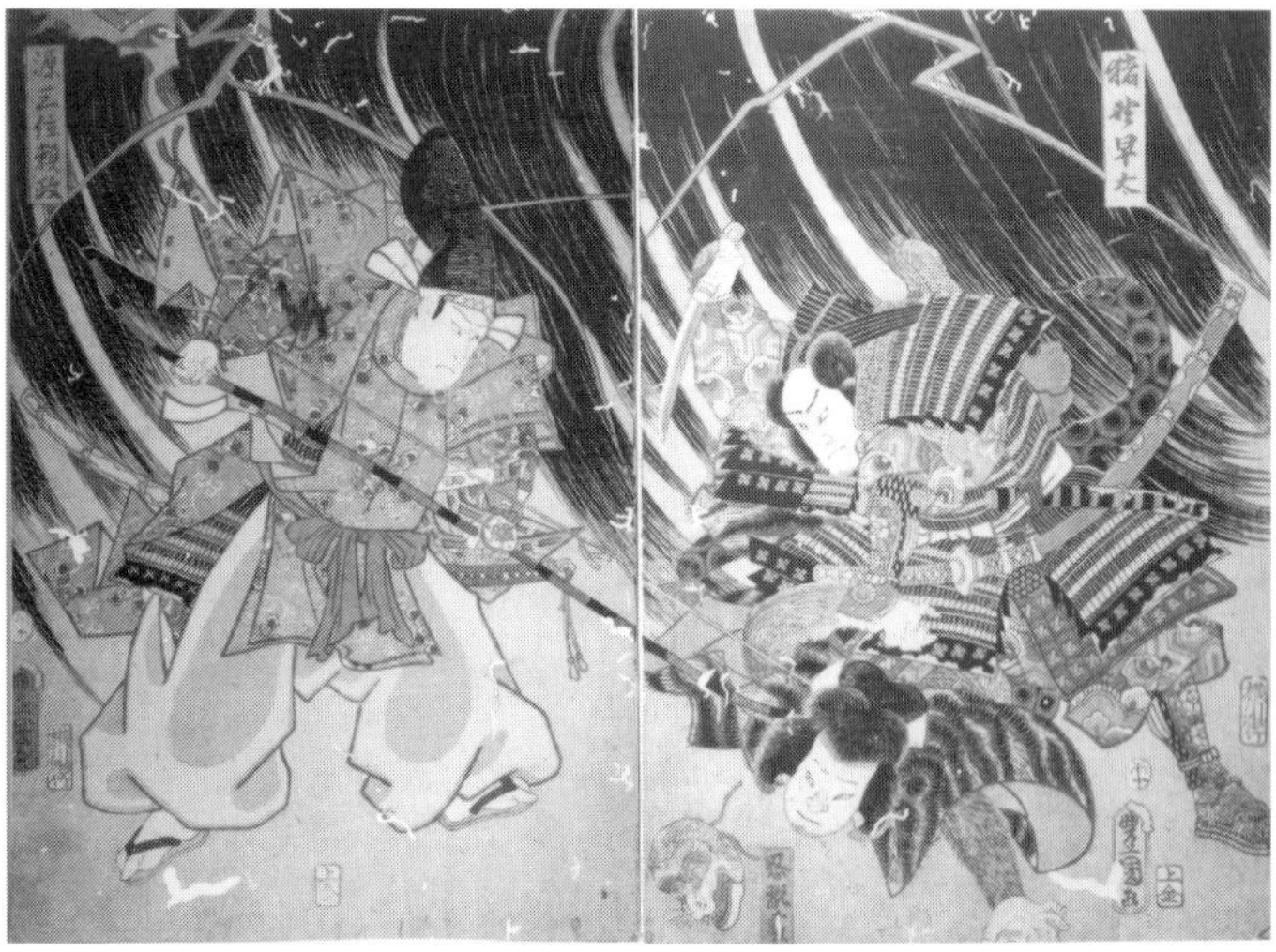

猿面を被って獣遁。

日本猿を飼育する筆者。

狐火の術

蟲遁

蛙の上に忍者が乗って
九字を切る。
そして消えて行く、
その中に秘められた願いは、
務めを果たして無事に帰る、
その「かえる」の同音に
変えたのである。
ガマの毒を目潰に使う。

蛇が行く。駄足。

魚遁

男子を祝う
鯉のぼり。

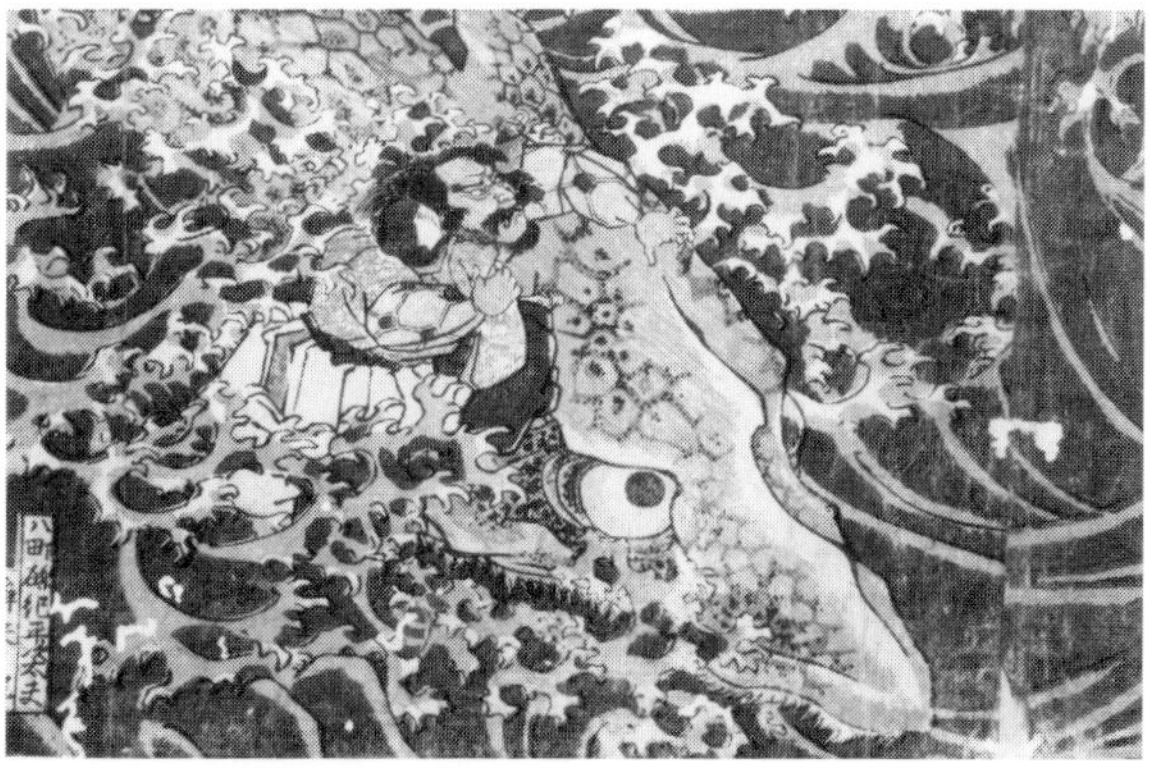

魚体《ぎょたい》魚心《ぎょしん》
魚行を、
水魚の交、
遁形とする。

第三章

忍法秘伝

武神

SOKE

SOKE

武神

忍びの徒然草

忍術はUFOである

忍法体術とは昇天の術であり、忍法対術でもある。

忍法体術はさかのぼれば『古事記』に始まる。『古事記』とは識者の本、死悸を見る本である。本《ほん》というものを本《もと》と読めば、それは居士であり、乞爾記でもある。

『古事記』の重要な話のひとつが、大国主命による大和朝廷に対する出雲の国譲りである。『古事記』編纂から一三〇〇年、いまヨーロッパで、ユーロ圏の国譲りが進んでいるようだ。

地球と宇宙のボーダーレス化が進んでいる。

忍術とは懺悔である。反省である。転換である。転世であるという人もいるが、次の世代への天意にある。

人間というのは、こういうものだ。

平安時代に、もののあはれ、ということが言われたが、もののあはれとは、喜怒哀楽、人の愚かさを感じるということでもある。平成の時代は、平安時代に戻ったようなものである。

平安時代には、夜盗もいれば、もののけもいた。人間がもののけになる、もののけ姫がヒットする。遁形世の変りが遁世だ。忍びの武風六法《ろっぽう》全書とは武風禄宝《ろっぽう》全書であると理解しよう。そして遁生する忍びの世界を見てみよう。

十大弟子の真実

(釈迦には)十大弟子がいるが、それは十大弟子ではなく、重大なる弟子である。

十牛図があるが、牛は反芻動物である。だからぐるぐる廻っている。一から始まり、十で終わり。それがまた始まりとなっている。何回も走馬燈のように見極めることである。

武士の家には南天の木があった。南天とは難転に通じ、縁起のよい木であるからだ。

二世、三世はいかに生き延びるか?

いまや合体の時代と言うが、唯我独尊の自然体と人体ということを考えた方がよいだろう。


そして「丹田=大海の活」の秘伝を会得することだ。

この世は暴力がふつうであり、武道はどの国においても、ふつうにある。それは、勝負に勝たなければいけない、その自分を守るための行動であるからだ。そうした行動、すなわち「動く(うごく)」が「極意(ごくい)」となる。しかし、その極意は自由に動く勝負の他の世界も自由に動いている。

武術、忍術の社会はいつまでも続く。生きている以上、時代性はない。そしてたえずネクストワンを求め、生物のゆとりある自然、そのバランスを探険する十大第子を私は求めている。

武芸をはじめ、あらゆる芸で、ふつうは基本よりも四十パーセントくらいしかいかないものだ。というよりも、たいていの場合、ゼロに等しい。また、かなりのところまで進むことのできた人はゼロに等しい。

「芸命」という言葉がある。できる人は行間を読んだり、本にあえて記していないところまで理解できるものだが、たいていの人は本に書いてないところを察することができない。そしてネクストの世界にも生きる芸を、尊敬ならずしても、尊芸と言う。

しかし寿命という自然がある素芸、それは伝統される芸姿であろう。

世界中を取材したジャーナリストの兼高かおるさんは言った。若者でお金がないからといって、安い海外旅行をするのではなく、安い海外旅行三回分のお金をためて、きちんとした高い海外旅行を一回すべきだ、と。安い海外旅行では現地の一流の人にはふつう会えない物だが、高い海外旅行では現地の一流の人に会えるからだ。

私はいつもファーストに乗り、星のきらめくスイートルームに宿した。

師匠と私の間には、生きた時代の時差があったが、爾差はまったくなかった。

武士の系図には、真偽が定かでないものも多い。系図についても、間違うのは当たり前である。家紋《かもん》にしても一人でいくつも用いたからである。また影紋、隠し紋もあった。

人間の「生」に、「心」を入れて、「性」としたことに誤りがある。しかも、その心は邪悪な心と愛の心の二つがあり、人間は二つの眼をもつように体内には潜んでいる。

人間が死ぬことを鬼籍に入ったという。武士道は死ぬことと見つけたり、ではないが、死ぬというのは鬼籍に入ったことであって、武道の修業によって、あるいは度胸によって、鬼籍ならぬ奇跡を生むのではないだろうか。

したがって、鬼籍に入ってこそ奇跡に入ることができる。つまり、死線を越えてこそ大きなことを成し遂げることができるのだ。

道や教えを信奉すると、型にはめることになる。道なき道を歩むのが兵法であり、忍法である。

時代を生きる水遁の術

三舟といえば、幕末の高橋泥舟、山岡鉄舟、勝海舟のことだが、戸隠流忍術を継ぎ、講武所の教長だった戸田真龍軒先生は、高橋泥舟をはじめ、三舟と交友があったと思われる。

幕末の混乱という、時代の大きな波に乗らずに、馬に乗らず徒歩で諸国を遊歴した。悟遁の術を使ったのである。大きな波が来たときにはそれしかない。戦うことばかりにこだわらず、勝負にこだわらず、バサラならず考えたということがよかったのだと思う。神ながら行雲流水、それが忍術のよさである。人間ひとりひとりの力なぞ、大きな波の前ではゴミのようなものなのだが、しかしビールスが人を殺すということも知ることである。

こうして戸隠流忍術が、その後の高松寿嗣先生を経て伝承してきたわけだが、私自身についても、よく戸隠流忍術を含む武神館の武道が、ここまで生き延びたのだと思う。

窪地へと落ちるならいの水なれど　やがてはのぼるはじめなりけり

我が人生を振り返ってみると、自分の源怪を知っているからこそ、ここまで来たといえるだろう。

インドネシアの大津波のときは、象はいち早く危険を察知して、高台に向かって早足で逃げ延びていたという。人間と同じ哺乳類でもずいぶんと違うものだ。そういう意味で、多情仏心を解釈するとよいのではないだろうか。物の見方、考え方がそういうふうに情念を理解して、深く広くなると、生きていく上で助けられる。

そもそも、人間だけで生きている、また人間だけが大事であると思い込むのはいけないのではないだろうか。個人主義という言葉があるが、私は、人類は、個人主義の本当の意味というものを知らなかったのではないか、と思う。

天上天下唯我独尊というお釈迦様の言う個人主義こそが本当の個人主義であって、そこから人間ができてくると、本当は正義とか慈悲の心などが湧いてくるものだが、そこまでいっている人間というのはいつの時代も少ない。学校でも教育でもそうだけれど、人々を助け、社会を益することのできるだけの、パワーの溢れたずばぬけた人間というのは望んではいるものの、出ないようにしてしまっている。いまの社会、政治でも経済でも教育でも、足の引っ張りや杭を打つ輩《やから》が多い。だから、今こそ本当の個人主義が求められているのである。

それが陰の社会の中にあり、また陽の社会の中にある。その陰の世界の中にいて、大事なものを守ってきたのが忍者なのである。

悠久の大河の底で、さまざまな時代の変遷を乗り越えて生きてきたのが忍者である。

道を超えて

大地震や津波などの天変地異があって、人類が淘汰されて、地球のバランスが保たれるようになる現象が起きているが、いまやいわゆる国家主義から地球主義の時代に変化している一つの方向が浮き彫りにされている。


素晴らしい芸術作品というものは。わからないものである。忍術も、わからないものがある。しかし一貫していくと、その時悸にわからせてもらえる妙がある。

コロンブスの卵のように、これが忍術だと強引に説明をしている解説書もあるが、じつは忍術には決まったものは無い。それは時代によって、環境によって、瞬間、瞬間に、いわばケース・バイ・ケースでひらめくものなのだ。

忍術というのは不思議なことが無数にある。その不思議なものを産む感覚（観覚）を貫覚で養い、養う貫性力が忍法一貫するのが忍術である。そこに神心神眼天授されるのである。

光が強ければ物は見えない。また、光が無ければ物は見えない。そこのところは、実際に忍術を修業した人や戦争を経験した人でないと、そうしたことはわからないものである。

よく道を究めるというが、道とか、教えるという言葉を私は好きではない。それらの言葉が意味するものは型にはめることだからだ。そうではなく、透明な、フリーな部分がほしい。道を作った文明は滅びている。

だから私は、武道家ではなく、武芸家という言葉を用いている。

道は時代によって違ってくるものだ。

道という言葉にとらわれると、滅びることになる。天地人三災によって自然破壊をするからだ。

真の忍ぶ武道家は、道なき道を跋渉していくものなのだ。


本というものには、間違いがある。本は正しくないからこそ、さらにいえば嘘があるからこそ面白いのである。


人間関係には虚実がある。人間関係しかり。いや虚実こそ人間関係であろう。

『万川集海』や、服部半蔵が書いたという『正忍記』にしても、わからないこと、使い得ないことも書かれている。読む人のひらめきが求められているわけだ。達人ならば、それを充分に応用できるわけだ。漢字を観じ（勘じ）、ひら仮名、片仮名の三字三心で見ることだ。

相手の国を盗るというのは泥棒だから、そうした泥棒のことが忍術の本にはたくさん書かれている。それは綺麗事だといえるかもしれないが、今でもたとえば戦争ということになれば、どんな手段でも用いるということになるだろう。負ければ賊軍にされてしまうのだから。うまくいって賊軍は属軍となり、植民地化されていくのである。

一見鈍重な猫が天下無敵の大鼠を退治し、武術の極意を他の猫に教え聞かせる『猫の妙術』という本がある。

しかし、窮鼠、猫を噛む、という言葉もある。

鼠が猫に勝つためには、猫にまたたびの術を教えればよい。

五段と悟段

忍術の悟段の法として、一刀を持つ師の前に背を向けて座し、師の一刀の斬り下げるのを察知してかわす、という法がある。人類は、この五段の審査に対し、生物の中でも一番下手な生物と言ってもよいであろう。

自然の中で生活する生物、例えば鳥類、獣類は、人間がこれらを後ろから襲って捕らえようとすると、一瞬の間に逃げ隠れるのを見ても、おわかりのことと思う。これらは生命の危険な状況の時に、その〝奇剣〟（危険）を避けるランゲージと言ってもよいだろう。

私がアメリカのオハイオ州のデートンでセミナーを開いた時、九字十字についての質問があったので、一人の最高段者に対し、「僕がこの三百名の前で〝交話〟（講話）しているから、君は後ろに立って、いつでも私をなぐれ」と命名したことがある。

もちろん、その時、隙を見て後ろから私を猛スピードの拳で打ってきたのだが、見事に私はそれを避けていた。三百名の弟子たちは一瞬の空間に眼も口も開いたまま、空《うつろ》な瞬間に呆然としていた。

アフリカの大会の時、雨上がりの泥道を、ランドローバーに乗って進んでいると、泥にはまり、横すべりに泳ぐ車体に乗って走るというより、泥流に翻弄された地獄絵の頁を漂う有様だった。

車が足についた所で、五人のベテランレインジャーが、「ここは安全です。コーヒーを飲んで、一休みしましょう」と語りかけてきたので、「私は、いや、ここには何かいるよ。危ないよ！」と即答。プロレインジャーは「大丈夫です」と自信ありげに言うので、一同、下車してコーヒーの香りを味わい暖をとる。

ところが、一人のレインジャーが、私の言った一言が気になったのであろう、キャンプの周辺を探る。すると、「いました。大きなサイが、そこに一匹」という大声があがった。三〇メートル先の茂みに、危険なサイがたたずんでいたのである。

到着地で開かれたセミナーの昼の時間に、戸隠流忍法は、この世の中に消すこともできるのだと語ったのだが、一同はみな「？」の表情を浮かべていた。

しかし、その夜、月蝕があり、美しいアフリカの大地を照らす月の光が一瞬にして消え、暗黒の世界に包まれたのである。悟道の極意を、ここに見せることができたのである。この心得は以心伝心……腹芸、九字九通六法九字に通じる〝囚点〟となる。

弱と寂

私は一番強い弟子に、弱くなれと言ったことがある。強い弟子は初めは、武道や忍術は強くなることが最高だと思っているので、強い不安をもつものである。そこで私が答える。

「強いことだけの誇りは、その場限りの埃みたいなもんだな。弱いという弱の本質を知らないと、弟子というものは、師範よりもみんな弱いんだよ。それを強くするためには、弱さの本質を知らないと、弱い弟子を強くすることができないんだよ！　弱さを育てるから、ネクストワン、次の世代もあるというわけだ。

逃げる、隠れる、避けるという忍術も、そんなものと同現象と思ってもいいんだよ。強さの要がそこに潜んでいるということだね。忍びの本質は、そんなところにも遁形《とんぎょう》している忍びの眼が大切であるということである。

武風の極意の唄に、「強弱柔剛あるべからず」というのも、忍びの真理を衝いたものである。

この散遁の撒法《さんぽう》が、主君の命により、主君の墓所を記したり家族一族を護るための忍命でもあったのである。弱くなるという一言は、「世和くなる」「代和くなる」という時の流れを生き抜く忍びの決意である。恥辱を忍んで怨みを報じさるという忍辱鎧《にんにく》を着た忍者の勇士なのである。

弱を「弱《よ》わい」とも読めば、「世和意」、つまり世と和せる意であり、それが後世、「世和威」として語り継がれるものである。私は齢《よわい》八十一歳と日々を生かされていただいている。

真の忍者は己空《おのれくう》となす

忍者は誰もが超能力を持つ者と思い、忍術を修業する者は、それを求める。そこで私は答える。忍者は、腹が出来ていないと、忍びの達人にはなれんぞと。超能力イコール腸能力である。

武道を導く師範の弟子に、私は常に語る。「武道は強くなっても、それだけそれだけしか知らぬ者は、強が凶につながっているのだから、弱を分析するようでないといかぬ」と。「弱い弟子を指導するにあたり、弱さを分析できない者は弱い弟子を指導することはできないのだ」と。そして「自分自身、弱くなるための修業をしろ」と。「何十年も修業して、それが自覚できないということは傲慢な構えとで敵地に立っているもののようで、傷だらけの未熟者が首を落とされた四天王の『四体《したい》』にとまって、三本足の烏に笑われる修羅絵として消える、愚かな忍者となってしまうぞ」と語る。

『甲陽軍鑑』を見た、飛び加藤が言う。——

国を滅ぼす者の風姿はな、馬鹿なる大将、まあいろいろあるが、説明しないでもわかるだろう。次には利根《りこん》すぎたる大大将、利口だ、知恵者だとか、まあ自分が利口な者だと思い込んでいる者だ。次に臆病なる大将、人を信じず、疑ってばかりいる。次に強すぎる大将もまた困ったもんだ。相手の弱点を見逃すまじ、というようでは、弱点も一転し、窮鼠猫を噛むっていうことを知らんとな。化け猫大将で終っちゃうっていうことだ。

忍者は、まあ、この四つの馬鹿、利口、臆病、強い、という風姿を忍びの極意で遁形させることが巧みでな。「柔軟《じょなん》」は十難の苦境にあった時のこと。強弱柔剛あるべからず。「己空《おのれくう》として」と言う。忍びの訓の超越力の忍びの精霊が、自然意識が教える夢となって聞こえてくる。

柔は大自然にて、最後に勝利を得るやわらかな道なり。いかほど強い者といえども、力に頼って瘤張る心は、これは猛獣性に過ぎないぞよと、身体平然として、心を深く忍ぶ、これ忍術の一なりじゃ。二として木火土金水の悟の五体によって、体を忍ぶ。三として、下等動物によって敵を悩ましむ。これ忍術なりと。ここで下等動物の字体を可等動物と心得ていただきたい。故に、武道の奥儀より宗門の心を生み、宗門的大自然を武道を以って養う。そこに忍法の本体がある。

忍の一字は、しのびにあらず。忍を「ひと」という韻で人と捉えよう。

人が要とすることを忍術、忍法というのだと自覚し、要と神眼は通じるものであることを悟りとして、忍びの呪文、九字、十字を切らずとも、唱えずとも、忍門が開かれるのである。

さて、武神館の五段の審査に関しては、貫してと書きたい。生きているということ、戦うということ、映画や小説の世界にあるようなものではない。一寸先は暗黒の世界であり、血染めの蘇芳《すおう》色に視力はふさがれた修羅の世界に縛される。忍びの九字「カモア」を唱える。縛を解き、蘇芳色の色界を忍び、忍者開眼、五段の極意を晴眼するのである。

三島由紀夫氏は1970年11月25日の自刃前の敬老の日（9月15日）に、戸隠流忍法演武会で、日本の武士道と日本の美について講演をしてくれた。

忍遁

高松先生と私、十五年の修業の日々、そこには春の日の想い出、夏の日の想い出、秋の日の想い出、冬の日の想い出、その四季、六十悸の想い出が、いまも潮騒の風姿の中から、泡となって私に語りかけてくる。タイニーバブルスでこの言葉!! 口伝の泡は何故か私の耳にはハワイの女王リリオカラニの「アロハオエ」の名曲にのって消えてゆく。

武心和の構

武心和の構
「武道家の心がもっとも大切やな」

表逆

表逆の二字を知れ。表虚、逆実なり。表逆。表の逆は裏逆

花意竹情

「花意竹情」
結美の構。武士の情を見る。
忍情である。

口伝

「初見はんな、
わてのように爪《つめ》を鍛えなくてもよろしいおます。」
そして高松先生は一言口にくわえていた
煙草のパイプを吐く煙草雲の幻覚。
先生のパイプが狂鬼《きょうき》（凶器）へと変幻。
ここに体術の秘境がある。

筆者二十代。
高松先生宅にて、
口伝の中で玖伝の一語を
初伝として聞いた春の日。

剣舞

詩吟とともに剣舞を舞って、武風一貫護身の精神を玖伝される。
他界一年前の晩秋。

十方折衝の術

十方折衝の術で、生死のつながりの真理を授かった日。

指《し》胆《たん》拳《けん》

「こないにな」グウの山響。

手刀

「手刀も三つや轟音」しかしコップの水は揺れず。

岩石を砕く　鏨《たがね》の如し

鍛え抜かれた、高松先生の指胆拳《したんけん》

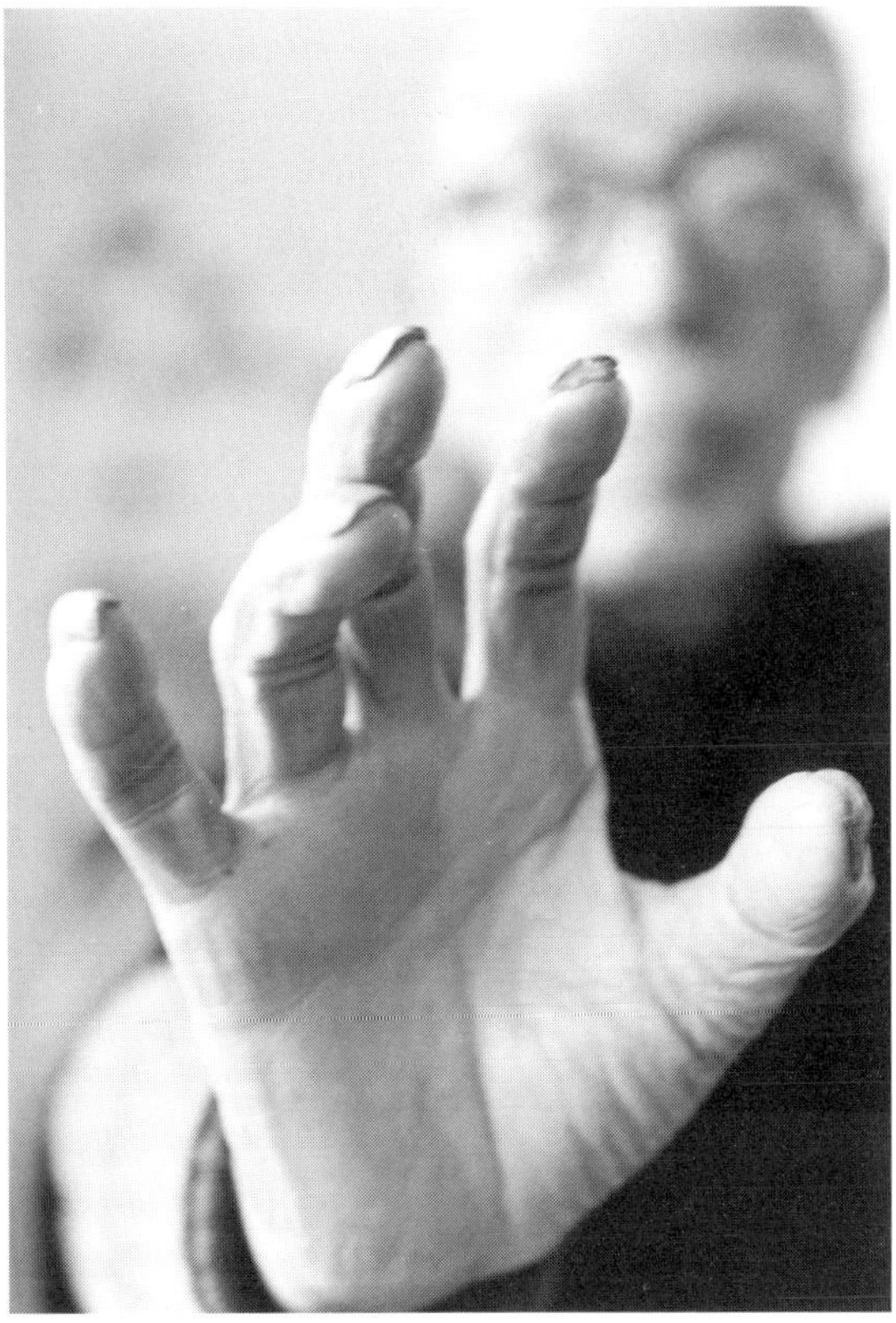

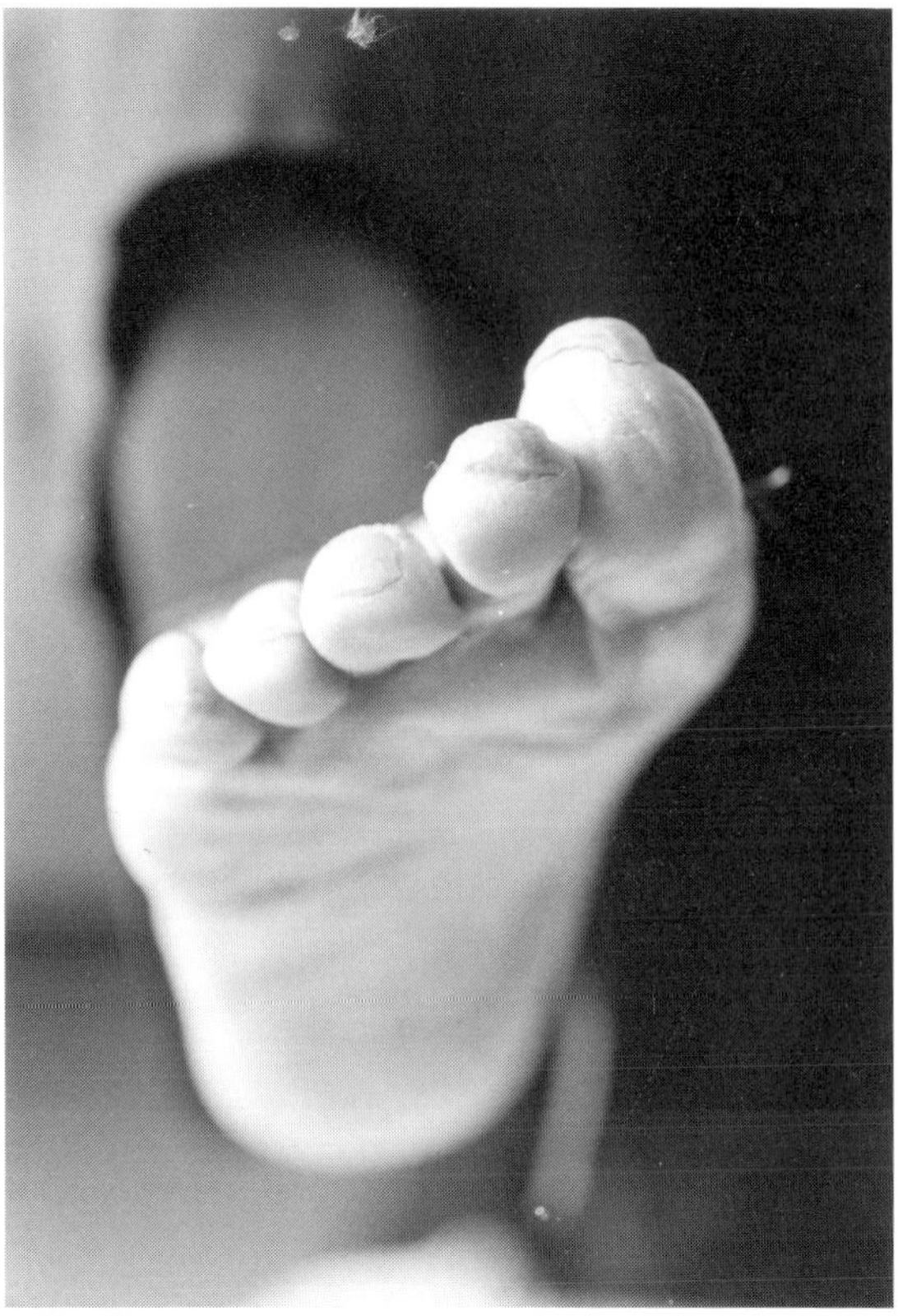

武道体術の伝承

幽玄なる高松先生から
私への武道体術伝承の想い出

「表逆やな」寂。

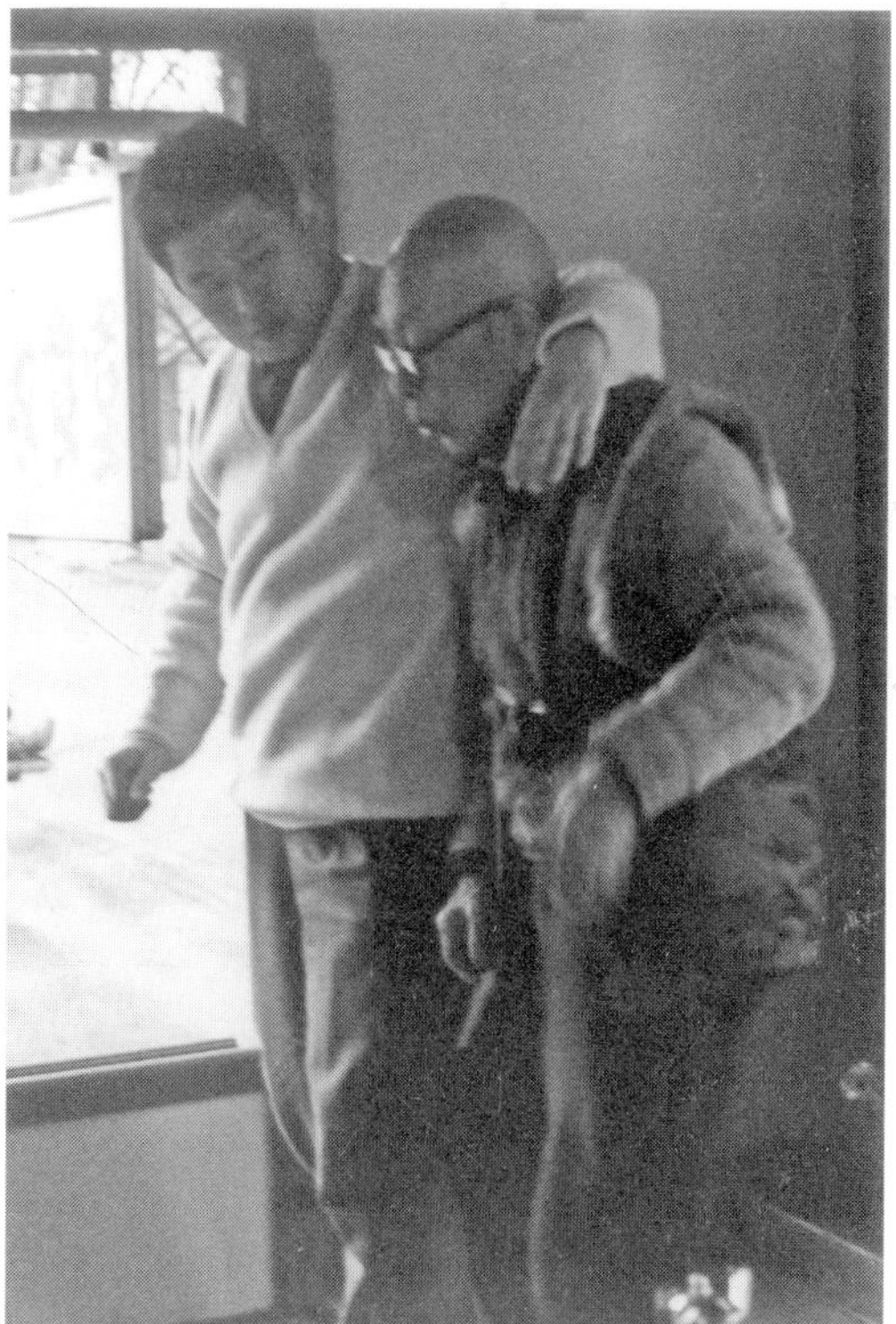

「こないきたらな」寂。

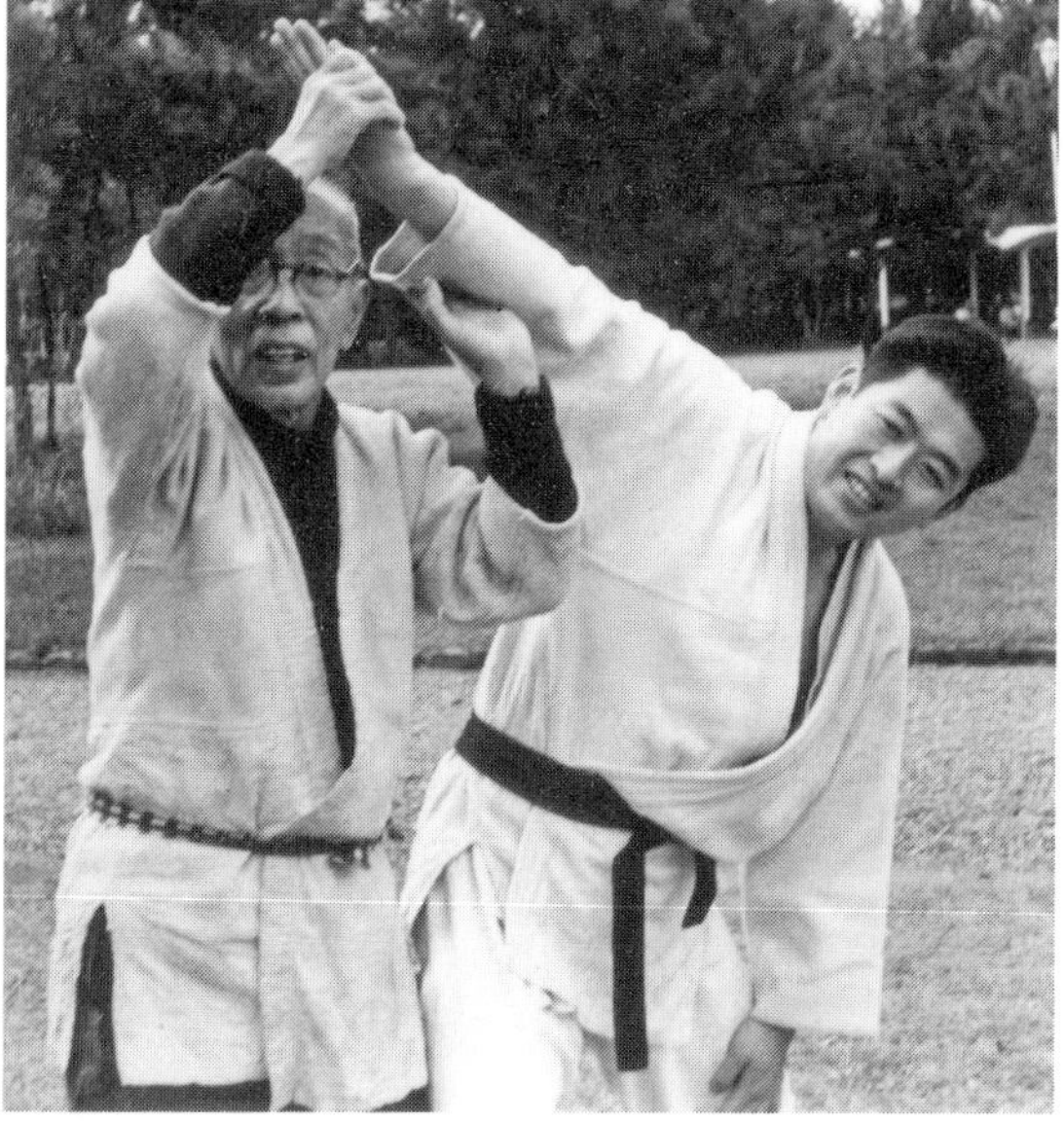

「こないでよろしいか……」寂。

幽玄の技

「こないして」寂。

「そや、そうしたら、こうや」寂。

精神力

「精神は大事やで。
わてはな、精神力でトカゲを引っかえしたり、
飛ぶ鳥を落しましたで……」

暗黒透視術

迷いはあかん。
一心之を貫くんや。
初見はんは白龍やで。
暗黒透視術は暗い世を明るく見る度胸やで。
初見はんはわての弟子の中で
一番度胸がありまんな……」。

風天護身

風天護身や。
風は奇妙なる富貴《ふうき》（風奇）やで。
千方は言うてまんな。風鬼や。
心は風のまま、風を呼ぶ自然体やで……。

己れ空となる

己れ空となり、
忍者空となるんや……。
そこにも無刀捕の悟空十法があるんやで。

星を見る

暗闇を走るときはな。
こないにな、星を見るんや。
忍者はな星座をよう知っとるし、
二十八宿の吉凶もな、
星はな暗い夜にだけ輝くもんではないでな。
まず日月や、天門地門よう観じてな。

日月を観じて影《えい》隠《えん》を知る

三身一如

全体を捕るということは、要をとる。三身一如のことを言う。

空間に敵を置く

突いてくる者投げに来るも、空間に敵を置く。

飛鳥に捕える

飛鳥に捕える。

鷺の如く詐偽娘

鷺の如く敵体を包む。

組討ち体術

鎧を着け、刀を着ける。
そこに身心の体術が潜まれ
万変不驚の秘躰が躍動する。

変相体変術

単純に顔の形や体術の親殺し子殺しにて、指先の変化だけでも変相の虚実転換が生きる。

七方三法形

高松先生の画かれた伝書。

七方三法には
陰陽あり。
力男七女三にあり。
知男三女七にあり。

変相術

狂人を装う者
虚無僧
鬼面を持つ頭
坊主
浪人

密談をかわし、四散する。

目《め》潰《つぶし》

卵のカラに目《め》潰《つぶし》薬を入れたものと息討器。

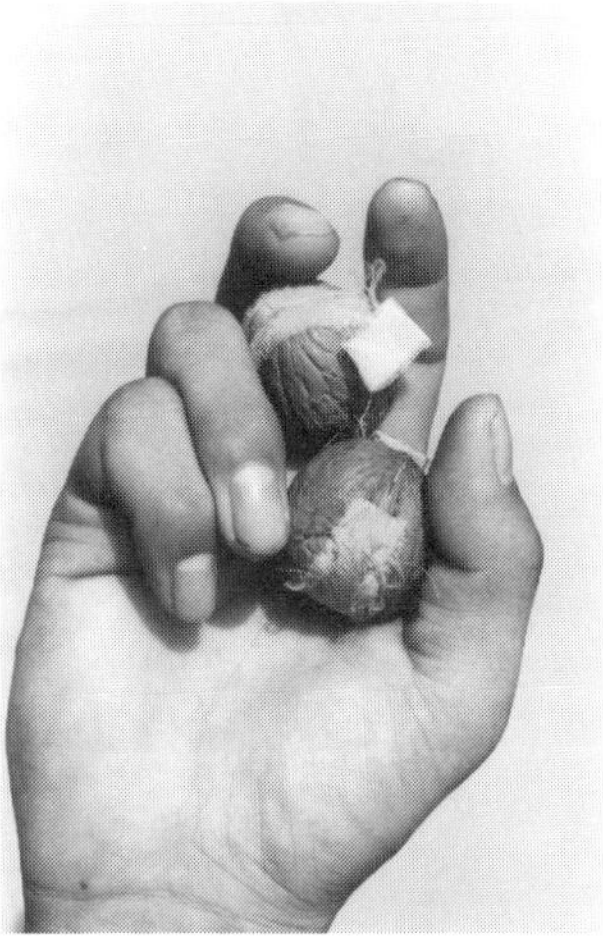

クルミの中に目潰し薬を入れる。
勇士がクルミを持って戦場に行けば、必ず帰って来るという口伝がある。

泥目潰

目潰薬　気唱薬

霞扇投げ

雲隠投げ

目潰霧隠れ

目潰霧隠れの豆本

目潰投げ

目潰し投げは目的一点に投げる、数点に投げる等々、それに応じ、変化技を生かす。
四方投げは視方投げと書き、八方投げは発鉋投げと書く。

①鼠逃遁甲の構といって、目潰投げの構。

③色々の体変術により、目潰の術を的確にするのである。

②ただ目潰薬を投げればよいというものではない。

④前後左右八方に、変化代変術と共に眼鼻口腔に打ち込む。

目潰の法

手に握った一つ印の目潰薬を、
扇形に三人にまく。
または一人一人に的確に
少量ずつ当てるように放つ三投打ち。
目潰の法その次は入身。
目に手掌にて当て込む二重打ち。

目潰薬と忍び小刀

花中に目潰薬をしこむ。
一方には忍び小刀を潜ませる。

花吹雪一人捕り

花吹雪一人捕りは立て振りに目潰打ち。

光と影

ガンドウ術。　これは金属製のガンドウであるが、
この中へローソクを入れて火をつける。
その燭台はくるくるガンドウの動かし方により廻って、
ローソクの平衡を保つ。

光遁火遁

光遁火遁と忍術体術。
光の強弱を忘れた時には、　光なきに等し。
しかし心眼あれば光あり。
ローソク爆音とともに遁業《とんぎょう》。
忍び鉄砲忍具とともに遁使《とんし》。

ガンドウ目潰し体術

胸に当て、光を消し、息がさそう。そして語りだす。

体術とともに生かし、ガンドウ眼潰し、蹴り込み。

敵の眼の前に出す。光の眼潰しの気合。

忍び縄を用いる合図用眼潰し。

空飛

空飛という忍法体術で、小枝の柔軟性とその強さを利用して、木遁の技術とする。

木遁と日遁

木遁

竹のしなり方を利用して川を飛び越える。

一本杉登り

龍遁の術

登り器

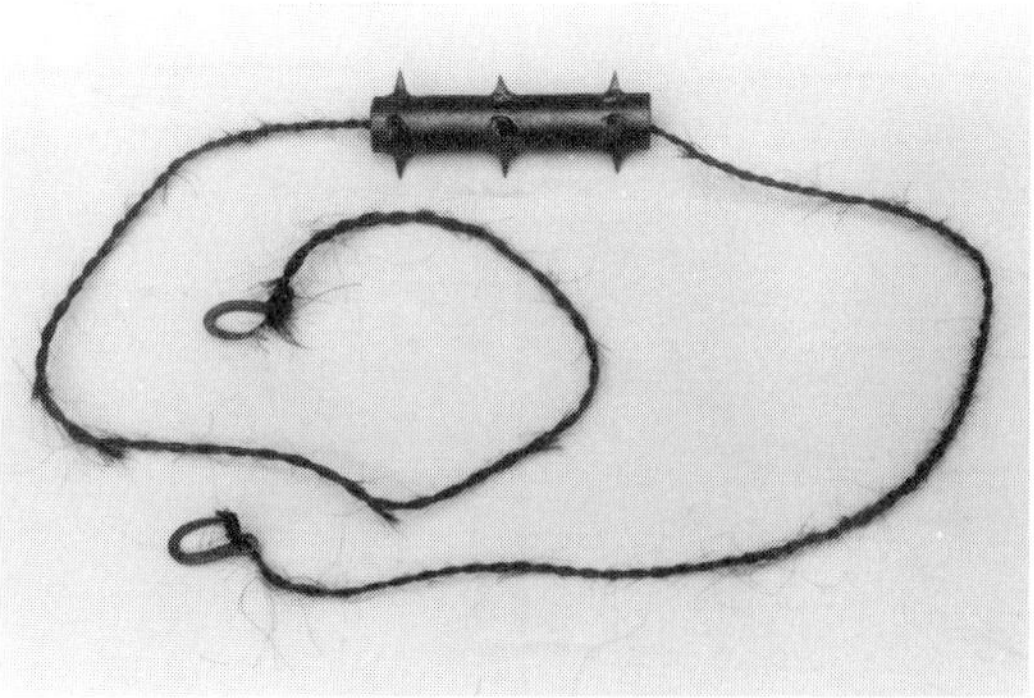

足ナカ

一本杉登りの時に足の裏につける。

単筒

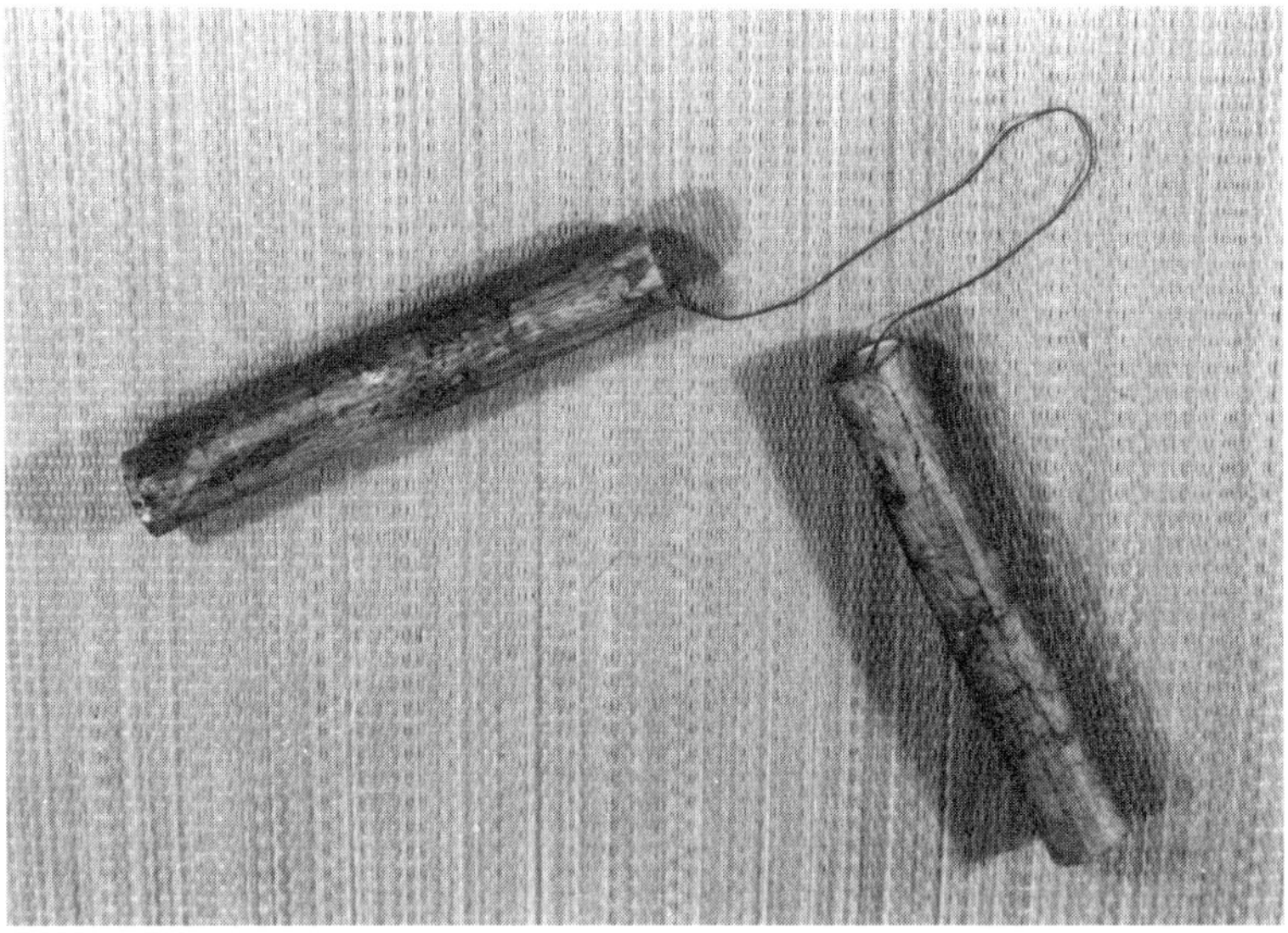

木の上と下、草の中と中、塀の中と塀の外、革筒（聞き筒）の中には油紙が貼ってあり、そこに糸がつけられており、糸を張ってこれを使うと、油紙に音が伝わる電話の役目をするもので、短い暗号を使って、音を明確に伝達する。

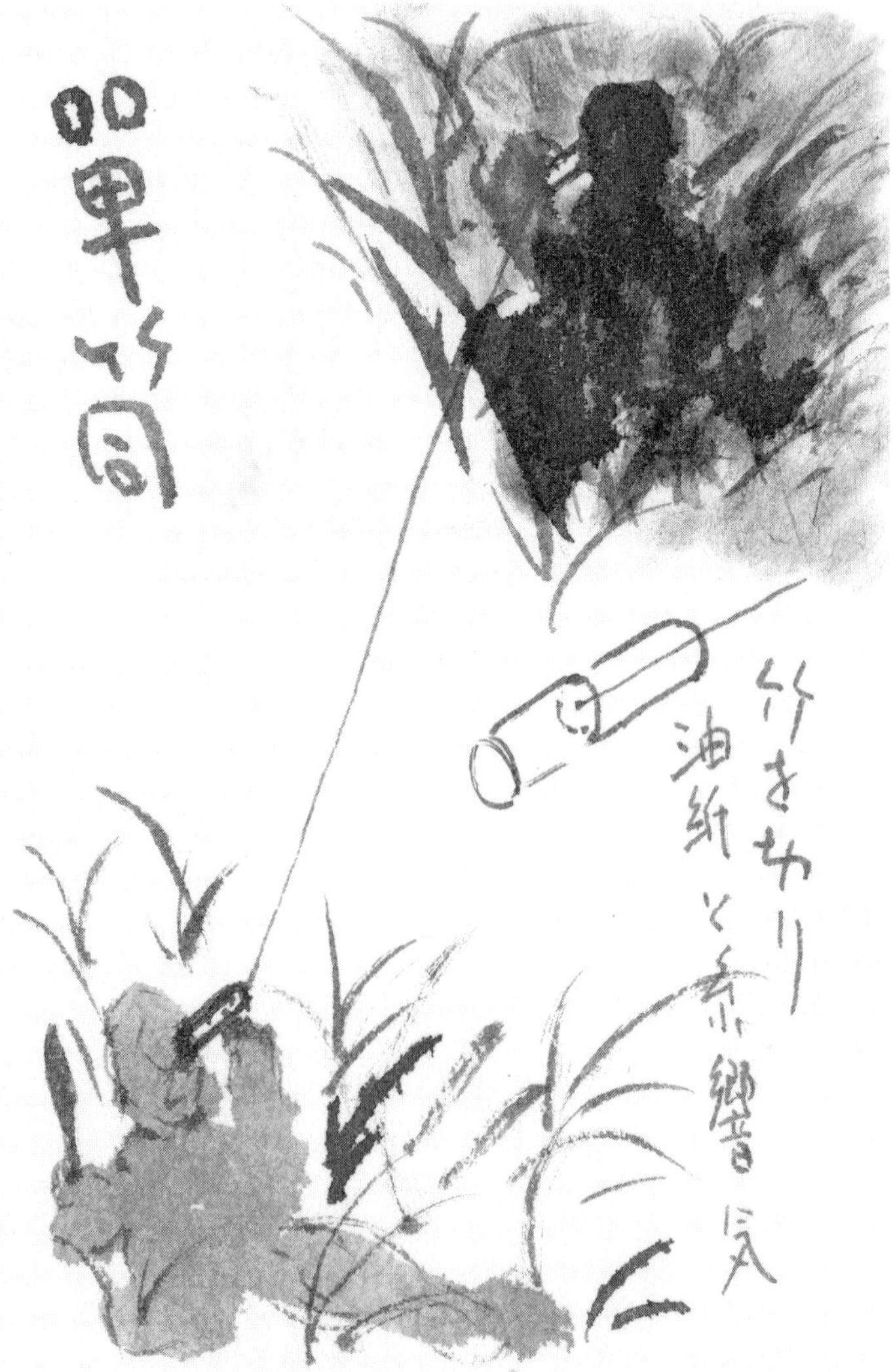

火遁の術

火楯《ひだて》

火念《ひねん》

火影《ひかげ》

光遁の術

合図を送る。
目潰しを放つ。
水鏡。光背。
観音隠に三十三化身あり。
白隠和尚、「延命十句観音経」を唱えた時、
忍ぶ者の唱える九字十字も許され、
光威（衣）に包まれる。

ヒシの術

鉄ビシ
逍走の時、投ビシ、撒ビシに用う。
紙で作る見せビシもある。

相手の足を止めればよいので、
茶ワンを割ったものでも、
竹カブ切口あるもの、なんでもよし。

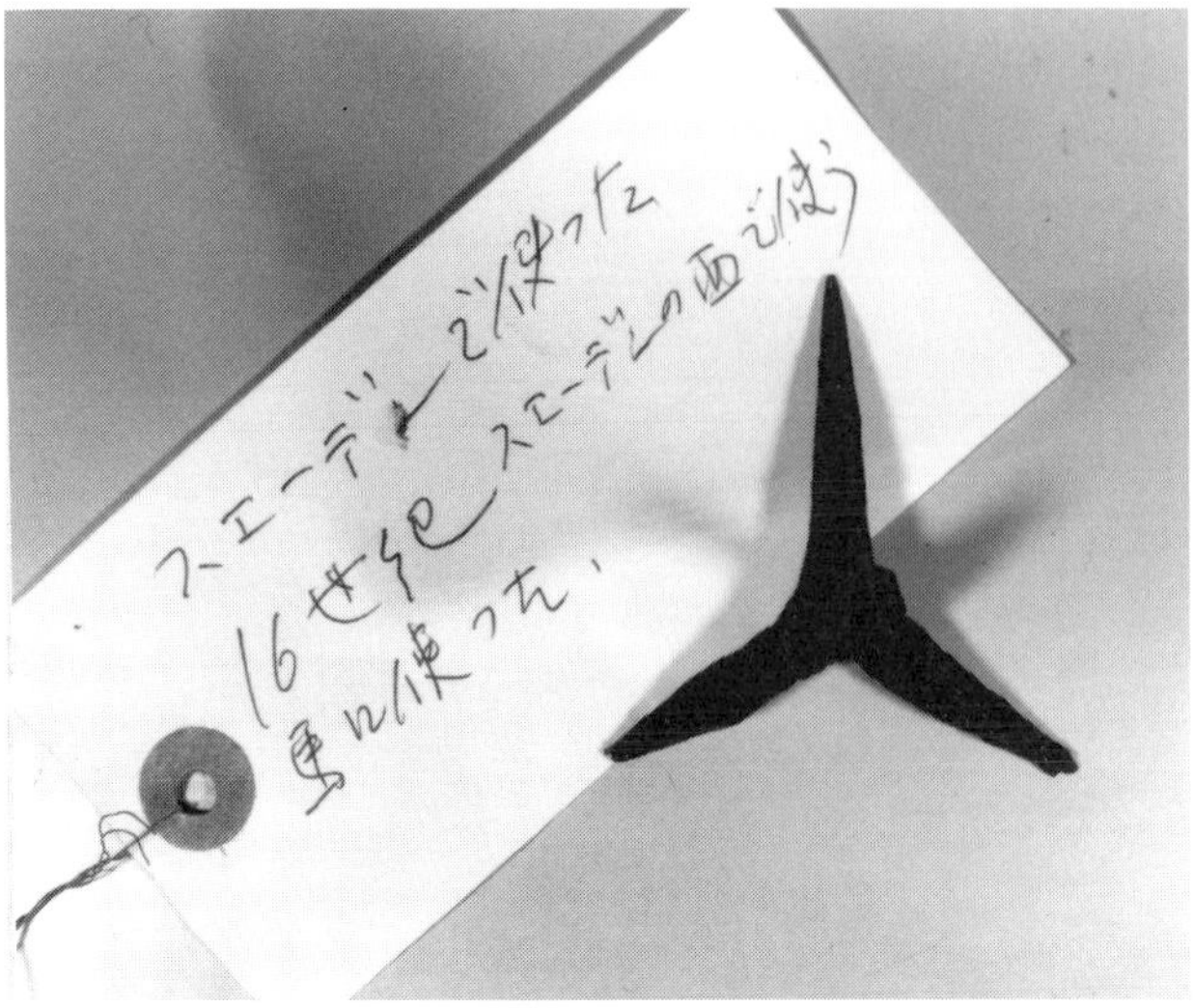

ヨーロッパでも鉄ビシ。

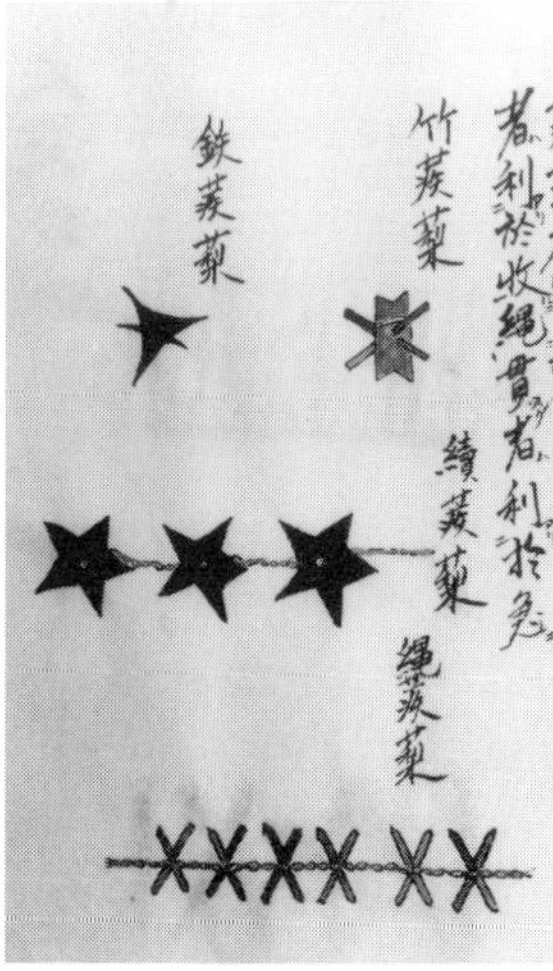

鉄マリ

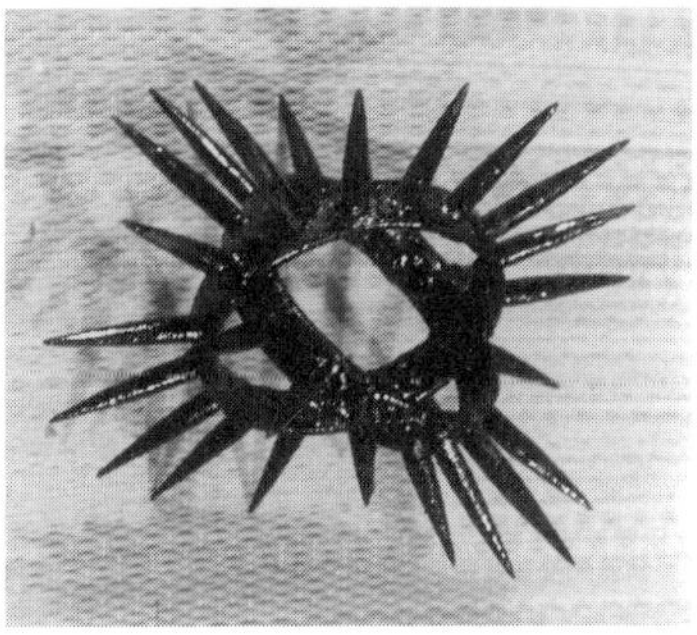

抜きビシ

先に返りなきもの。

四方鉄ビシ

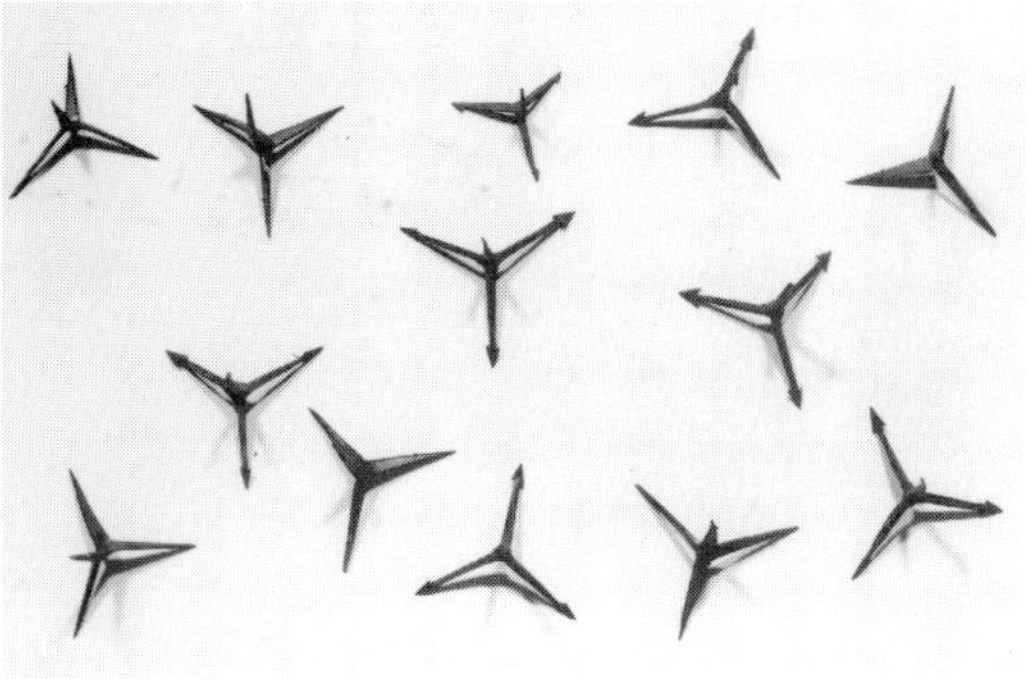

先に返りあり。ぬき傷を作る。

九方鉄ビシ

半弓と矢

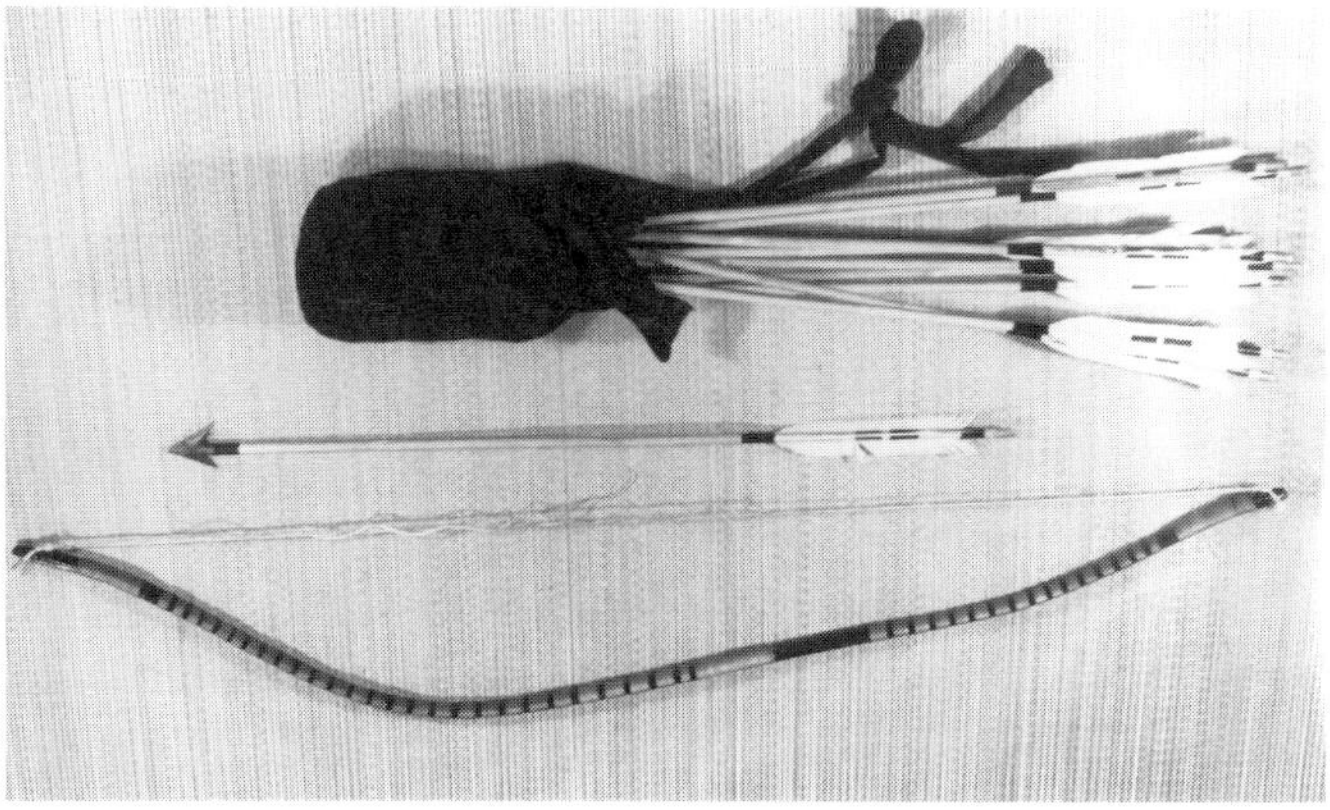

忍びの弓は、
九つの節のある竹を用いる。
忍び九字神念の弓ともいう。

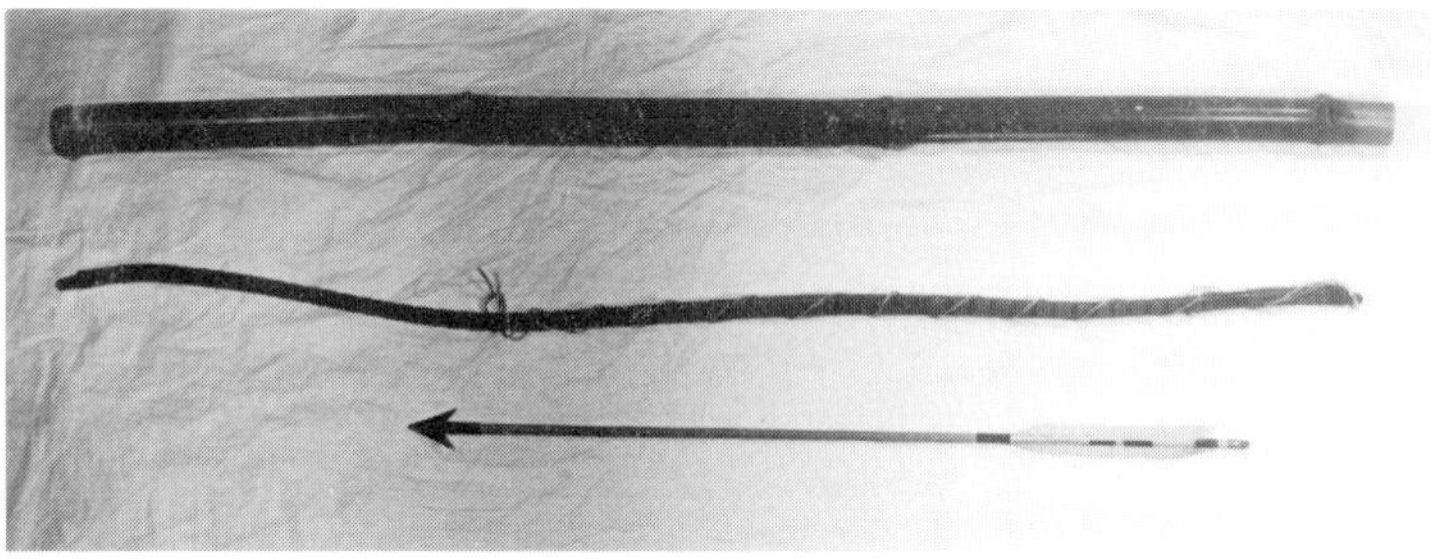

竹杖に入れて持ち歩く。
また持ち歩きを使にするため、
折り畳みの弓も作られている。
弓を用いず矢を手で投げることもあり。
弓を半棒術へと変化する。
また目潰の術へと転化する。

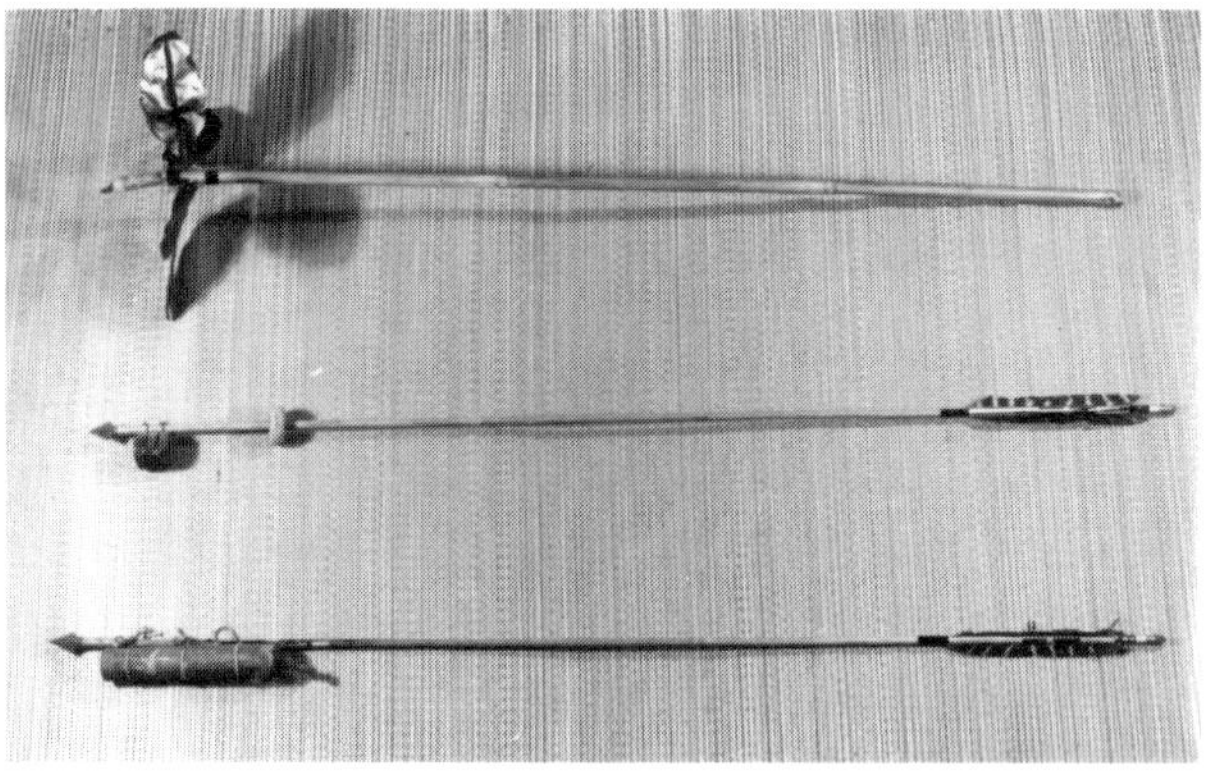

上より
風車矢
爆発矢
鬼火矢

風車矢

風車矢は火薬に火をつけて射ると
彗星の如く見える。
謀略用。

風車射ち合図用

三射の構

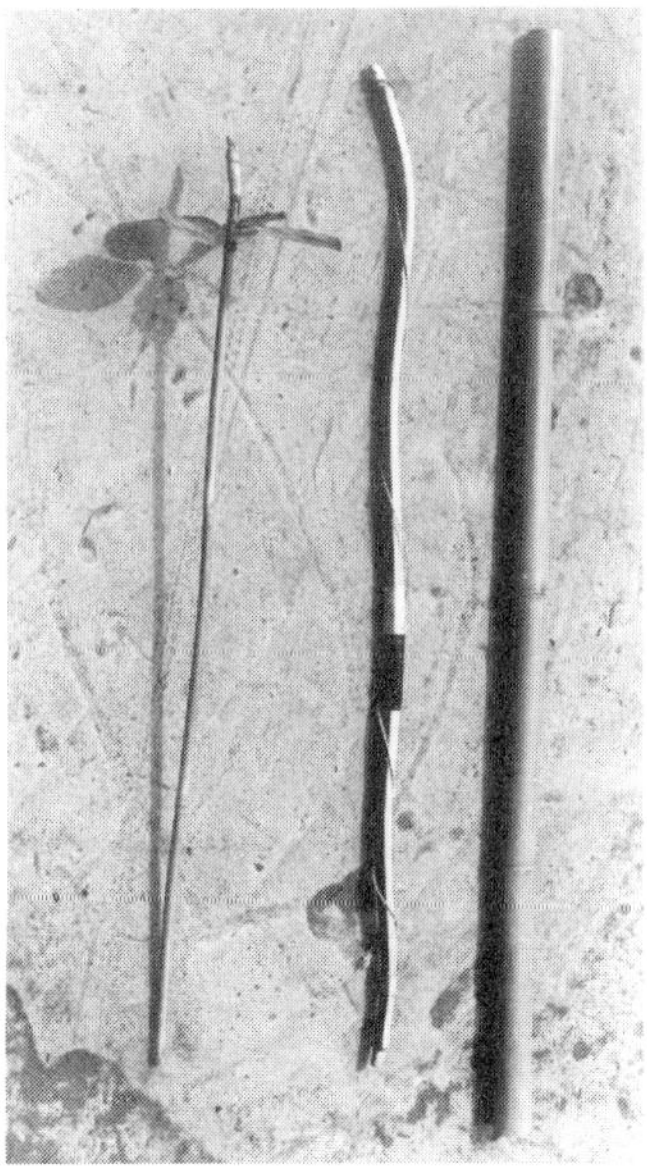

竹杖に弓だけを潜ませて持ち歩き。
矢はその場その場で作ることもある。
石打ちに用いることもあり。
時と便りの音は、光陰に飛ばす。

忍びの剣法

忍びの秘剣

アメリカ建国祝賀会にて。

忍び刀を構える（戸隠神社にて）。
剱《つるぎ》の極意、太刀の極意、
刀の極意、忍びの秘剣、
四つの極意を一として、
五つの極意が秘剣となる。

金遁無刀捕り

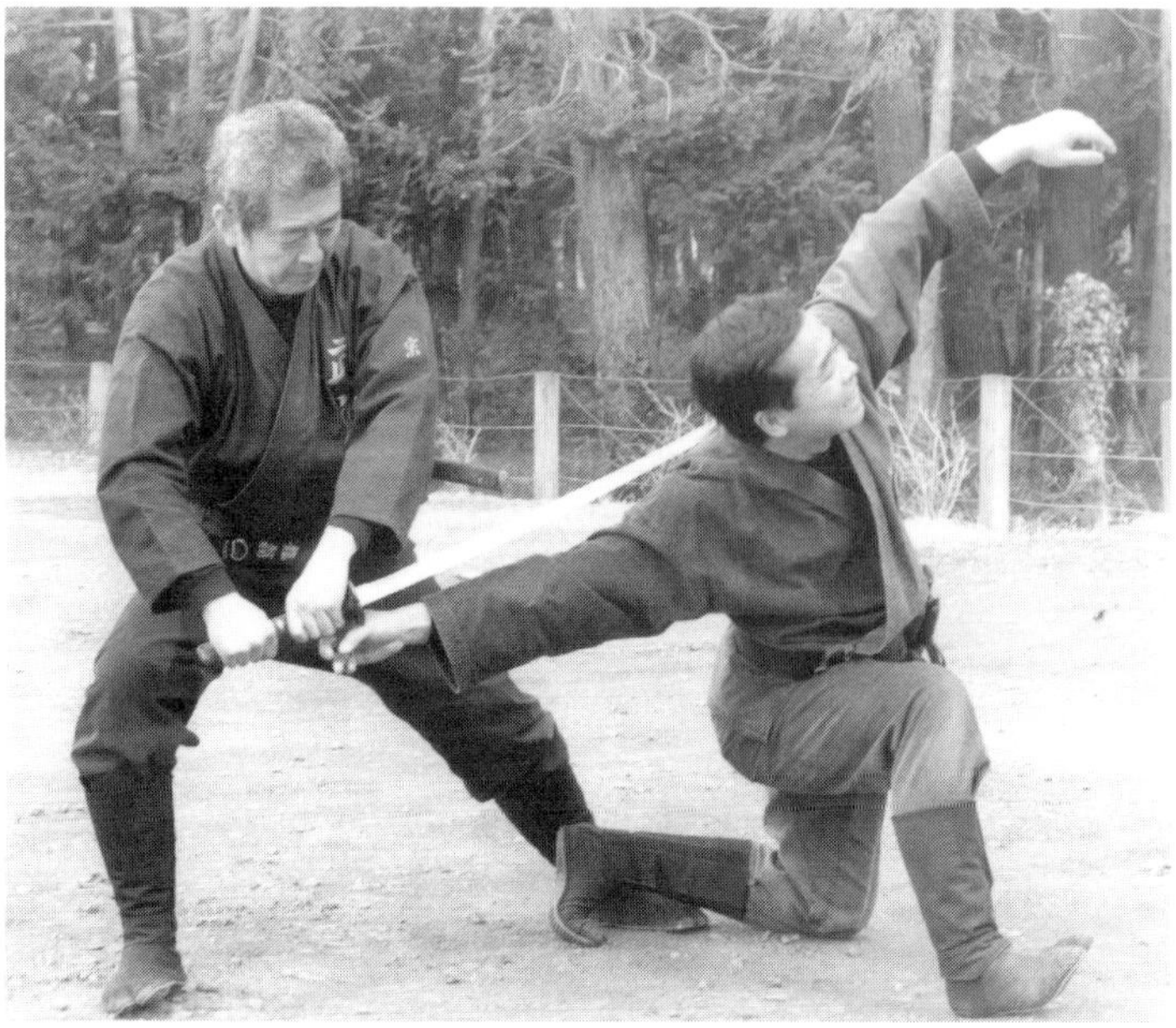

相手の剣を忍びが捕る時、
金遁無刀捕りという。

麻《ま》利《り》支《し》天《てん》の構

麻利支天はかげろうのごとく、
姿を見せず、
技を気心を見せず、
逃甲両断する。

正眼の構

三光の剣

払い上げ。
剣で払い上げる
というより
体で跳ね上げる。

忍び居合
悟遁五十法空の居合いが忍びの居合なり。

忍びの大刀

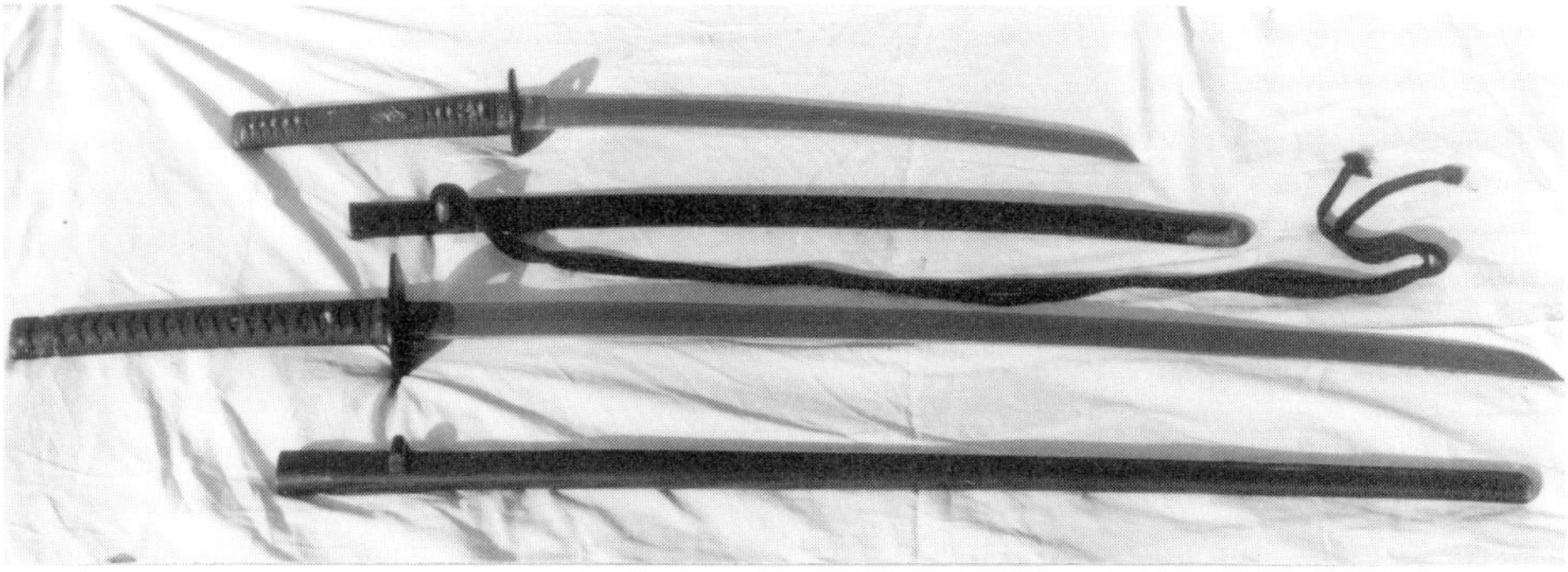

忍びの大刀は、刀身三尺のものと
一尺六寸～八寸ぐらいのものが用いられた。

氷上下段の構

我相手を斬る意識はもたず。
相手が斬り込んでくるのを、
相手の体のバランスを崩すという事を
第一にして対す。相手は自分で倒れすべり、
刃渡りに斬り裂く。

忍びの飛び

忍びの飛びは、
飛び居合、落し居合、遁飛居合という。

七忍刀

七忍刀（刀の刃を鋸状にしたもの）。
刀の刃こぼれしたものは使えないものときめてしまう人があるが、
忍者はシコロ矢じりというような鋸状のものも使うように、
忍び刀に鋸刃のものも使う。

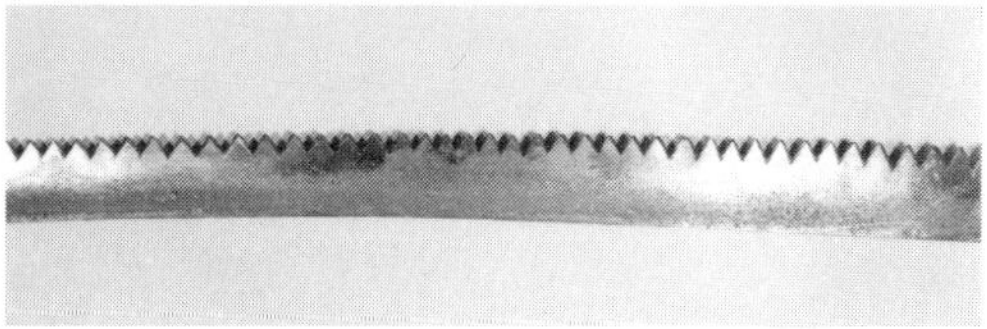

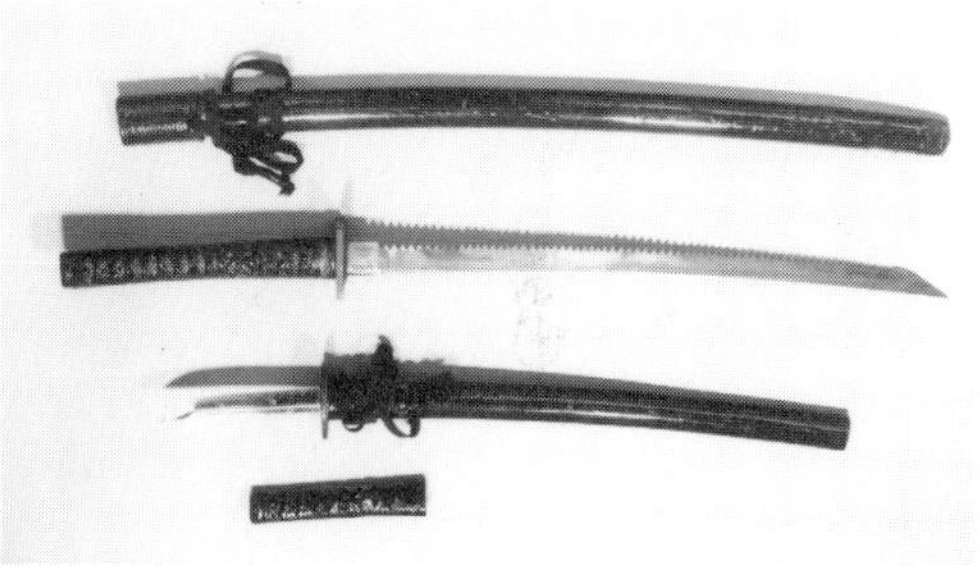

柄に小刀がしこまれている。

忍者刀

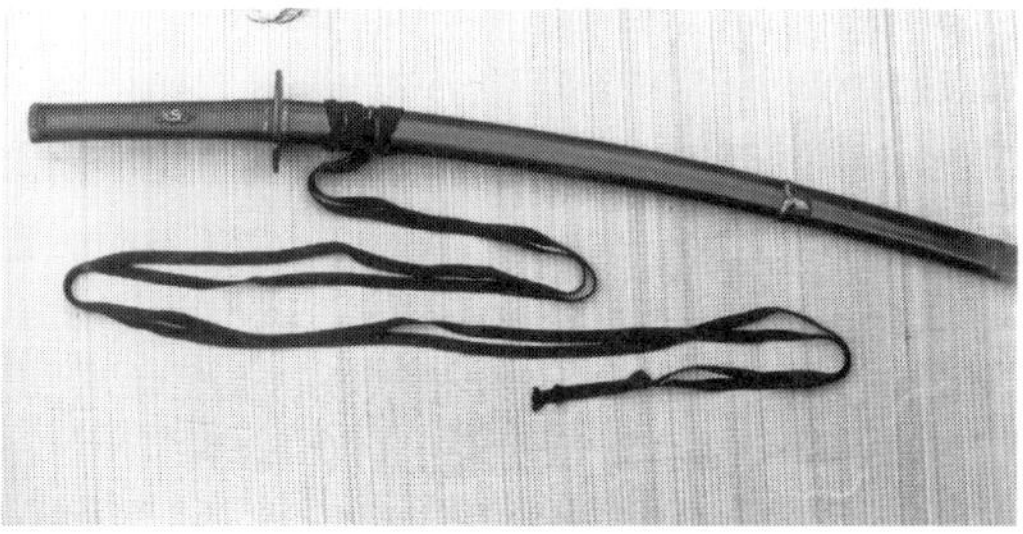

忍者刀は、
下げ緒が長いことと、
刀身が鞘よりも短いこと、
そして鐺が
丈夫に作られているのが
特徴である。
鞘尻には
鉛を仕込むものもある。

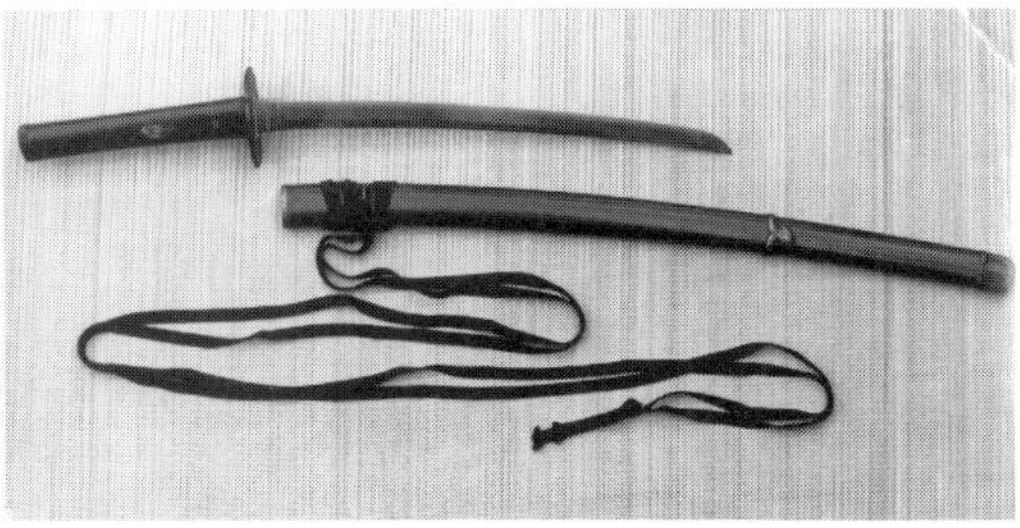

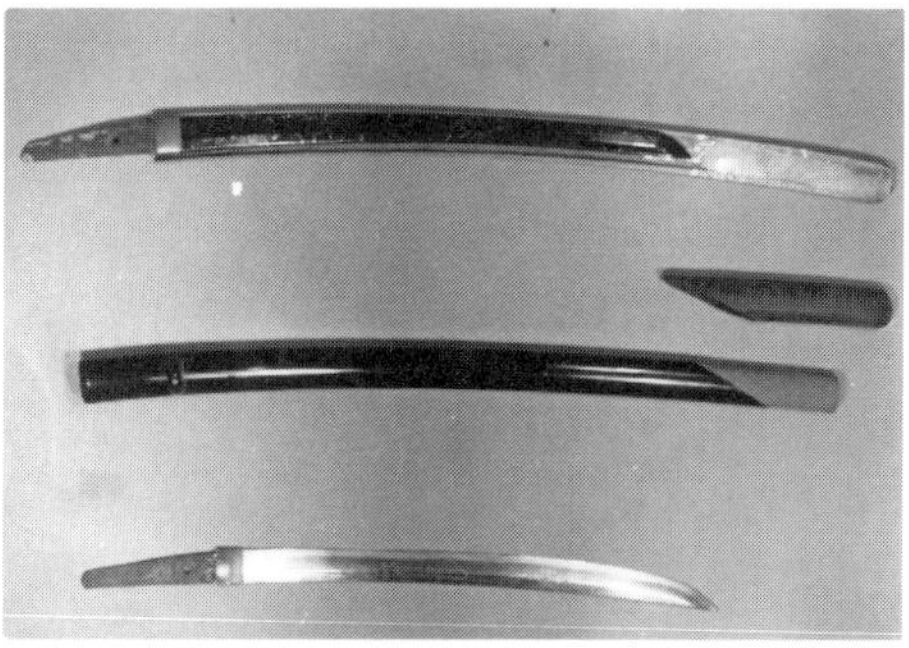

時には刀身の光を消すため
油墨を塗る。
サヤの底には目潰や密書を秘する。

忍びの心意気

刀は武士の〝魂〟
または命といわれた時代において、
忍びの者が刀に足を掛けて忍ぶということは
「命をかける」という心意気を
表わしたものと解釈してほしい。

下げ緒を口にくわえて、
鍔《つば》に足をかけて一方の肘を塀の上にかけ、
体振りに塀上に体をのせる。
道具を動具と書く。

横身になり、一方の手で刀を指先ぐりに手首ぐりに引き上げる。

無足体に四肢肘膝にて、進退蛇行虫走り、音無気昇降口へ消えて忍ぶ。

二刀の鷹の構

三本足の烏が行く。

風の如く忍び歩く

二刀の鷹の構。
忍ぶ歩く雄姿は鷹の眼光の上、　風の如く忍びは飛んで遁武。

十文字の構

十文字、
別名鎧兜の構ともいう。

三刀の構

大刀を背に負った構。
・大刀
・忍び刀
・忍び脇差

鞘を抜く

左手に持つ鞘を下げて抜く。

三心の振り突き

刀を抜いて添え手に影中投に構える。
また、剣を左手に戸に隠し構え、
三心の振り突きに変化する。体で戸を開く。
回転させるといった方がよいだろう。

片手抜き

敵打ち込み来るを
左片手にて忍び剣体変しつつ抜刀。
すかさず右手にもつ目潰弾を
敵口腔鼻腔眼潰しに打ち込む。

忍び一刀

敵斬り来るを、
体のねじりと沈み型にて
敵右腕より雨戸に突き斬り。

または、
突きより体変の沈型。
敵右胴を斬り上げる。

体変の調子をみて、
敵右雨戸斬りより、
そのまま胸腔に突き刺す。

影の一刀

地利地計を巧みに用いる。
忍び一刀の短さ〝勇位〟を用いる
刀法である。

一刀背に廻す。
柄頭、我が右肩にもって行き、

一人の敵、
我に突き込むを体変しつつ、
敵の左に抜けつつ遁走転りに倒す。
右刀斬り投げ飛突《ひとつ》。

一刀榴弾

雲龍の構

雲鬼にのって目潰。

火炎を楯に火炎剣。
鬼火居合。

雷光之剣

剣の流れを示す閃《せん》

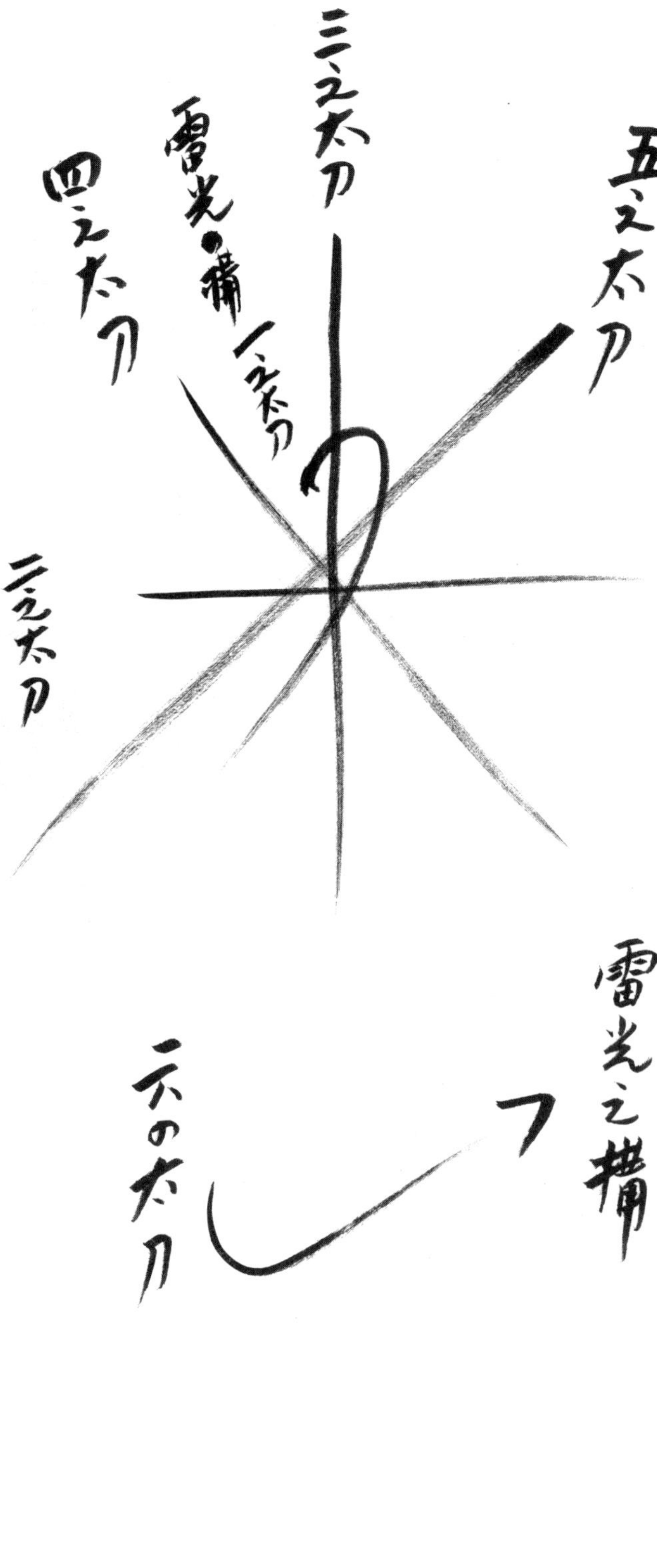

天の構

多数の敵に斬り込みの秘剣である。
三尺の大刀を用う。

一の太刀斬り落し

胴打ち込み型

雷電型に斬り下げ

豪雨の体構

忍者、常の型

忍者も常の型として、平常心。
普通の刀を使うこともある。

万刀《まんとう》一身《いちみ》の如く
影の刀法
忍びの万刀＝万燈

くの一、草遁の構

くの一の忍び刀は、細身のものを用いる。忍び刀なれど小太刀の武類にも入れる。くの一はTV番組「世界地球まるかじり」のレポーター小澤佐知子。

遁形翻坐の構

くの一、誘姿の構

遊芸小太刀の術

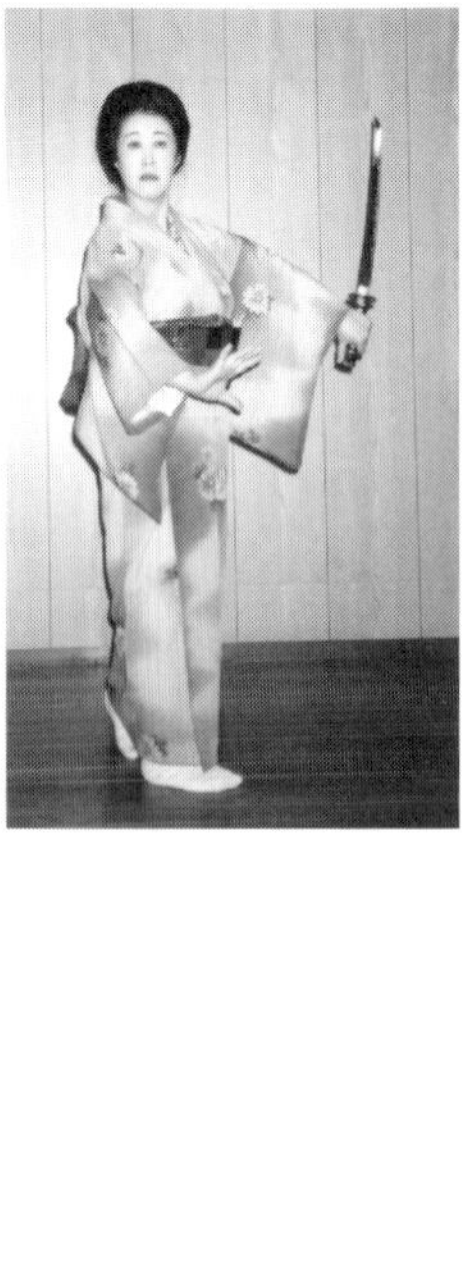

ある時は遊芸小太刀の術、変想小太刀の術から、真剣小太刀へと一転させる。
（抱え小太刀を舞うのは菊城輝三鶴）

十手術と鉄扉術

小さな武器を使う時ほど、足の動きは重要な役目を果す。忍見もまた小太刀、鉄扇術、十手術と同じフィーリングで忍法巧みにこれを使う。無刀捕体術が出来ないと、すべての武器も道具以下のものにしてしまう。体術を会得出来れば、万物すべて武器として豹変する。十方折衝の術。

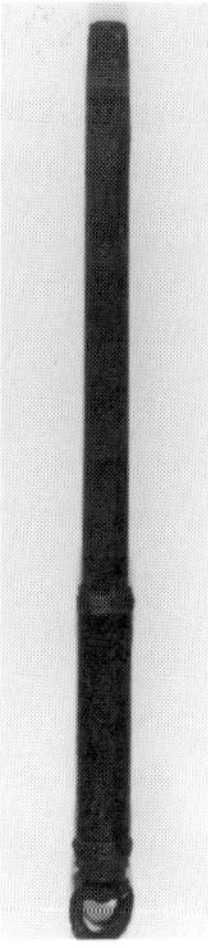

ナエシ

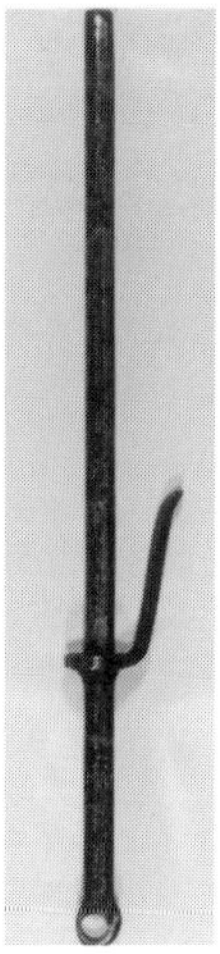

十手

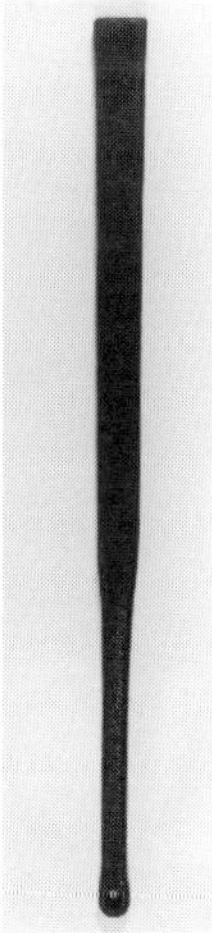

鉄扇ナエシ

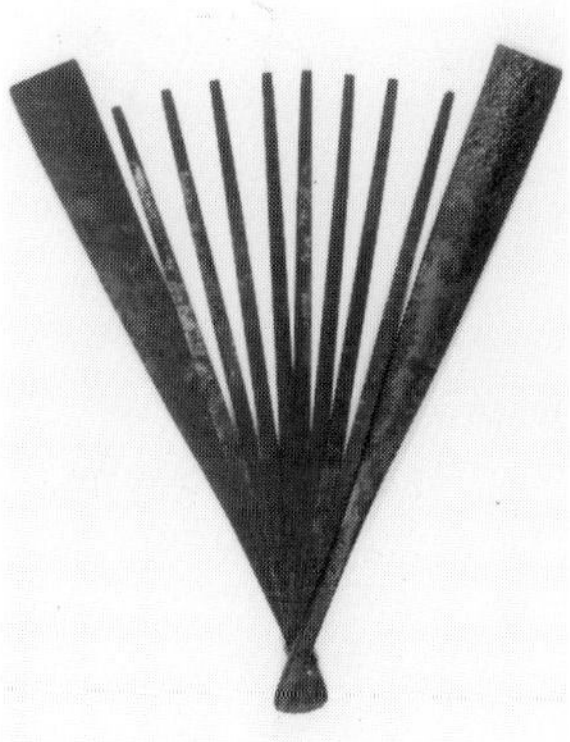

鉄扇

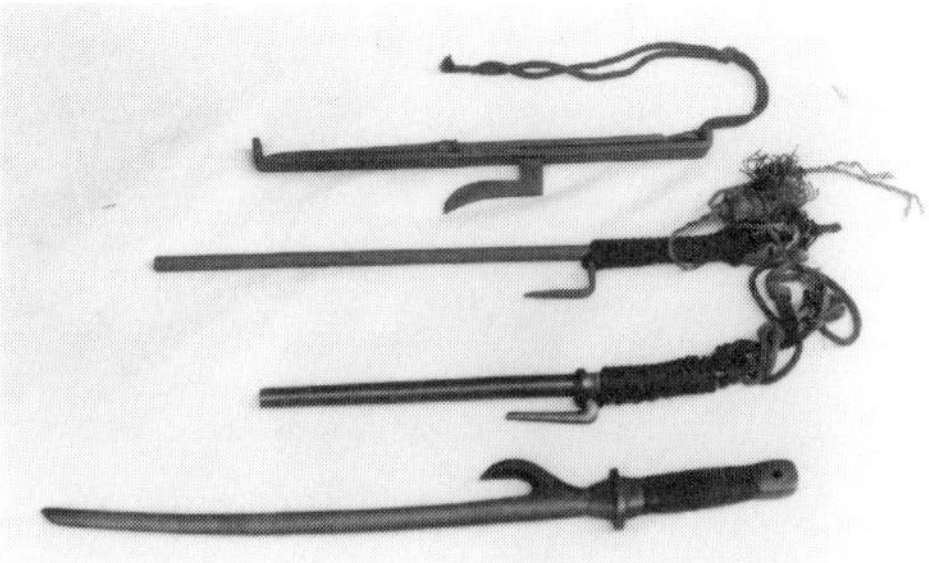

十手と鉢割り

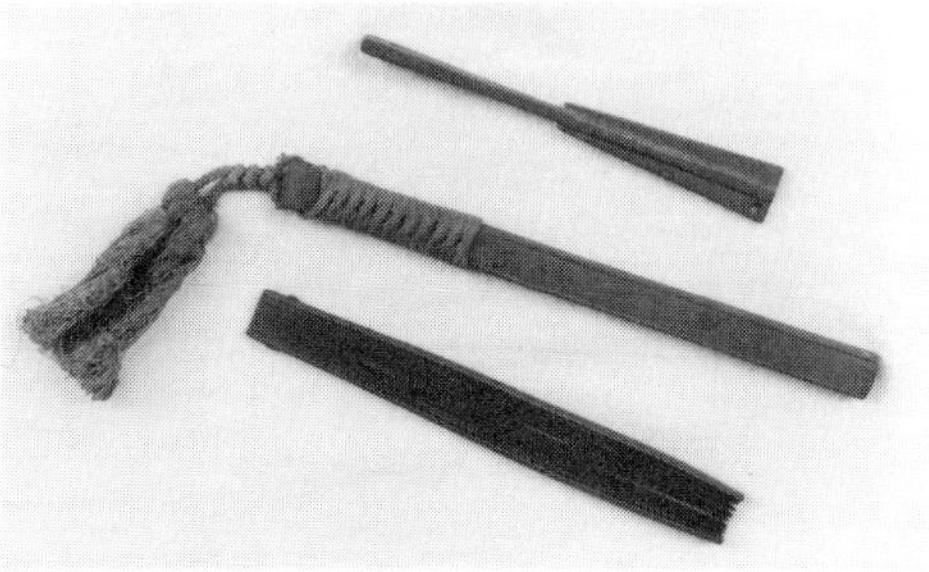

鉄扇

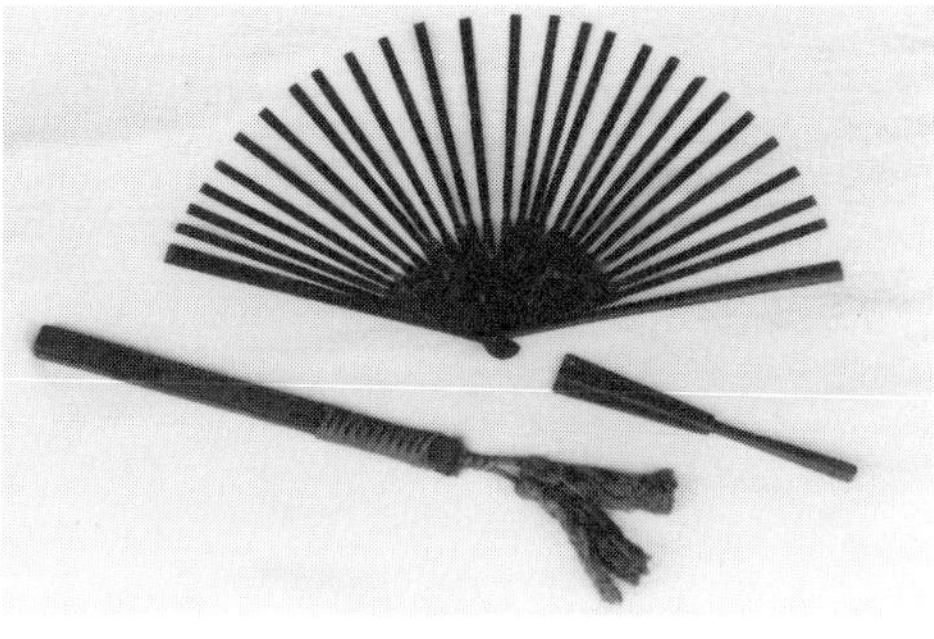

鉄扇は開くものと開かぬものがある。

十手術の妙

①「この型はどのようにしたらよろしいのでしょうか。」
私が二十代の師伝の一時。

②「このように手首を挟むようにして、痛み捕りにするのや。鉄扇やて同じやで!!」

③「十手術の構は、なるべく体を落とすのや」

④「相手が切り込んで来れば
横鉤《かぎ》で刀を受けとめる」

⑤「体の向きを変えれば、
自然に刀を逆捕りに捕れる」

⑥「また逆手に十手を持った場合、
一刀を受けとめる」

⑦「そして十手の横鉤に
刀を導く」

⑧「そして刀を捕って行く」

忍者、空となれ

九字を結ぶ高松先生

九字と誓言

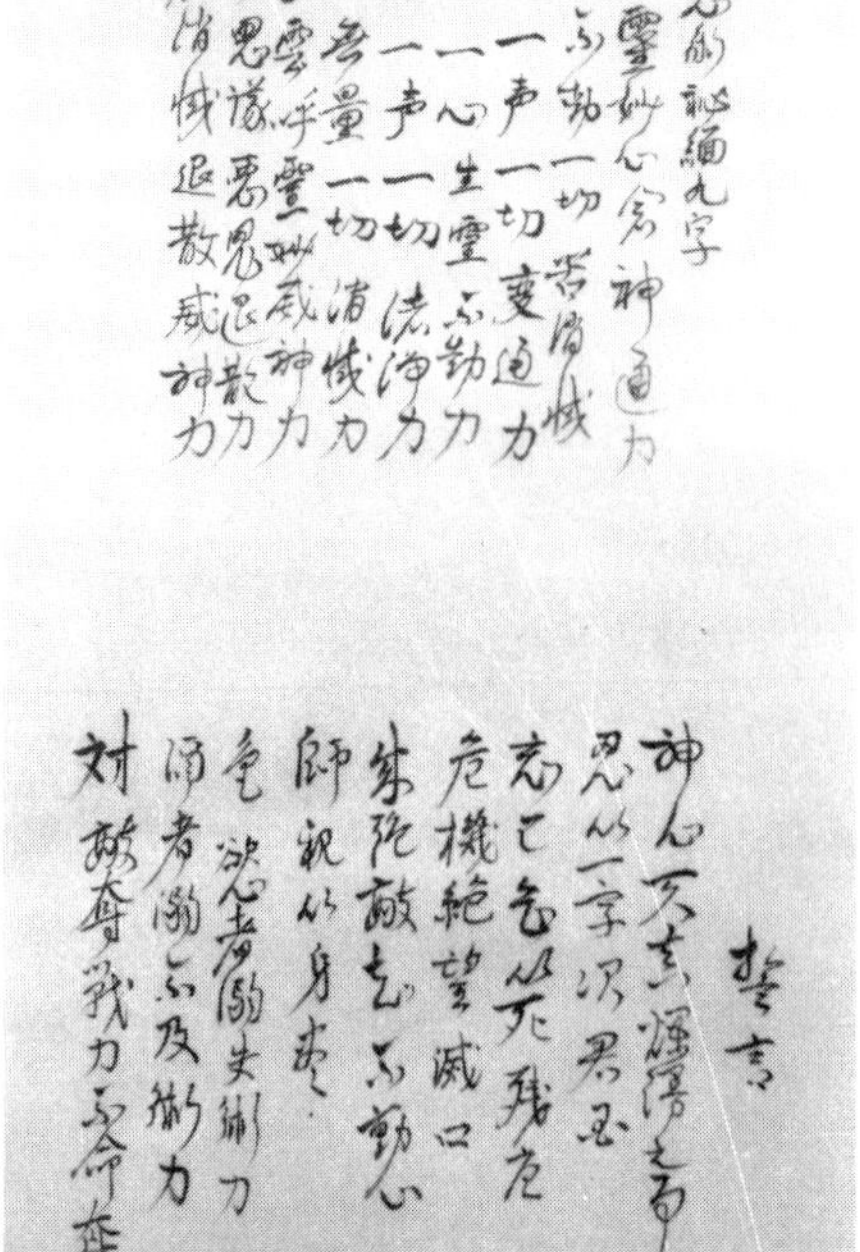

九字

誓言

結印

結印は天意との手話である。
不動無呼、人知らずこの印を結び唱えれば、我行くに人知らずという。

師の結印

「初見はん、こないして指を結ぶのやで!!」

暗黒透視術

闇夜の三光狐の印は、妖快見ともいう。

洗心して透視する（著者画）

呪文を唱えながら印を結び、印形一変、暗黒を透視する。

不動金縛りと遠当の術

短刀を腰に体ごと突こうと、
染谷師範が身構える。
気合一勢、染谷師範の足首は
五寸クギを打ちこまれたように感じ、
動かなくなったという。
一瞬彼の顔面は蒼白と化す。

鶴の一声（著者画）

気合力と自然力は
同一閃常《せんじょう》でスパークする。
気合遠当の術。

武芸考証

村山知義先生の『忍びの者』には
石川の五右衛門は
善人として描かれている。
村山知義先生
山本薩夫監督
筆者
五右衛門役の保科氏

昭和三十八年十二月十一日、
日本TV『春夏秋冬』にて。
「忍法防犯の術」より。
サトウ・ハチロー
徳川夢声
奥野信太郎
渡辺紳一郎
近藤日出造
著者

東京芸術座
「野望の系譜」より。
大化の改新、
この時代も
士乃便《しのび》の者が
活躍したという。
武芸考証中の筆者。

中大兄皇子《なかのおおえのおうじ》

第四章 忍法、秘蔵の伝書

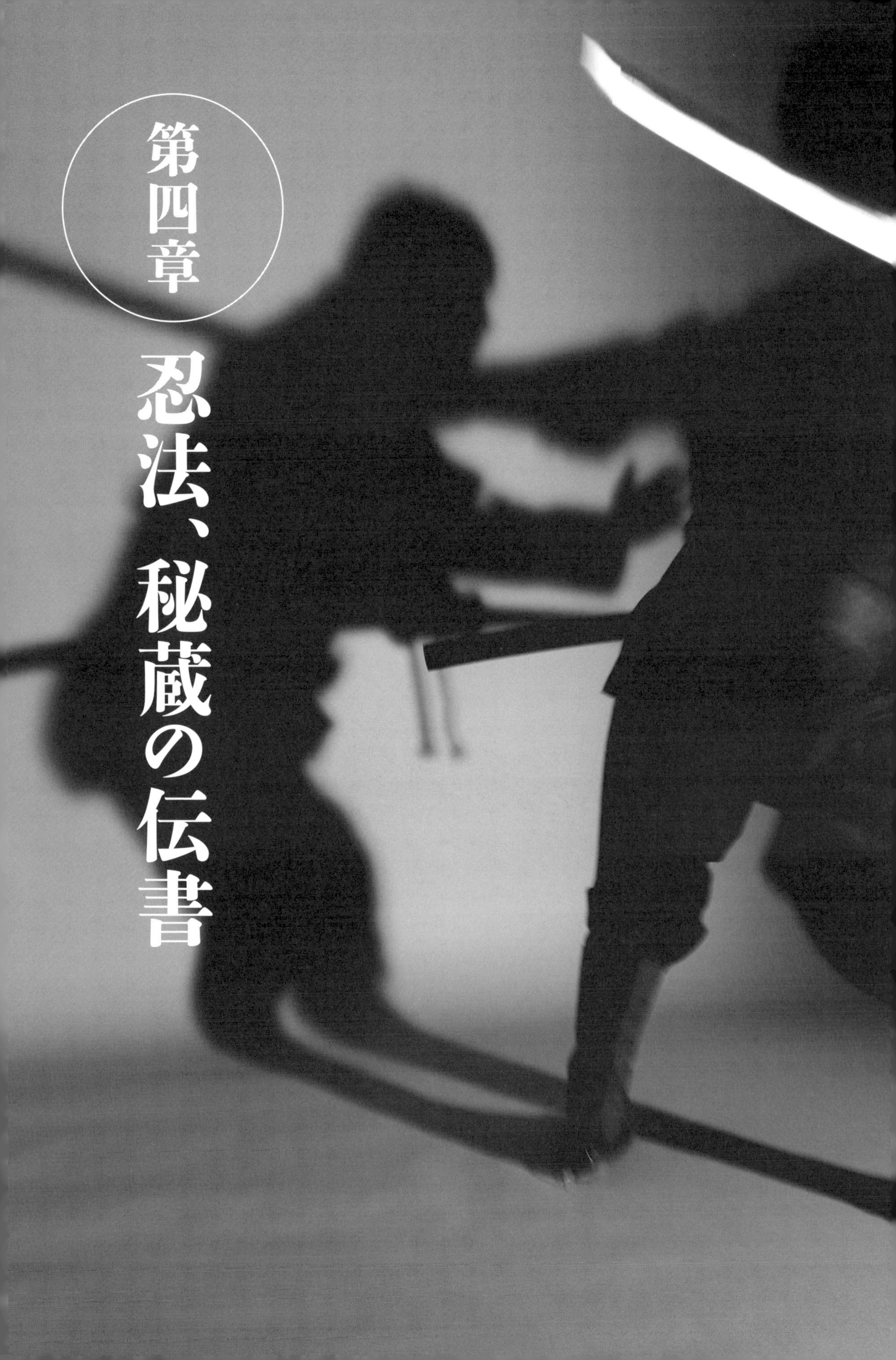

三条実美書

ある忍者の伝書

忍の者とは

それ忍《しのび》とは、御大将の御指図により、日頃より何時《いつ》か敵になる国及び所に忍ぶ者にして、その国の全般を監視し、我が方の不利なることを発見せば、逐次そのことを御大将に早く御知らせ申すべく、全力を尽くすによってとす。

また、ひとたび敵にあいなれば、敵本陣、馬陣、我が国を攻撃の道筋。(このさい、新しく道を作り進み来る時あり。用心のこと)。持ち行く食糧は、出来れば鉄砲数、薬玉の数、人数、本陣、留守隊、国境より四里の所。(行軍里数は一日四里を目安とすること)。その大将の前々よりの戦の仕用。または敵の利用する設備を忍が攻撃(奇襲)敵軍をえて恐怖の心をいだかすごとく動き、または色々と攪乱《かくらん》さする事を併用する等、敵後方を恐怖霍乱さす事、よいな。されど御大将の命により、その地内にて敵をして全力をあげ、我が国を攻撃のおり、その国または小荷駄道の不安を生じるごとく動くべしとの御命令があれば、忍本来の主要なれば、よいな。うれしや、うれしや。

また本隊の動きを容易ならしめば、我ら忍組の動きはよしとす。

敵も味方を攻撃する前には国内の我ら忍の者を狩出すものなれば、よいな。ぬかるなよ。

忍の者は、君に忠にして、国を愛しての忍にして、この事を忘れれば、それ盗賊と同じなり。忘るるなよ。よいか。

忍の行来には特に敵の住民を色々なものにより、我に組みまたは利用せば、その力第一と思う事。我が手足のごとく活用する事、よいな。されど、気はゆるすべからず。物、金で動く者は我が物、金。より多数の時は、その物の方に廻る恐れあり。忘るるべからず。よいな。誠これのみにて物、金の事とは思うこと。よいな。

それ忍の行来とは奇襲にあり。されば予《あらかじ》め綿密なる計画の下準備を周到にし、一度敵地に忍び入れば、我が企図及び動きを隠し、敵をえて対応の策無きごとくするを第一の策とす。よいな、忍術の組の者は少人数にて敵中深く忍ぶ者にして集合散開等の事ままあれば、特に特に忍の長は連絡に注意を与え、味方の動きを知る事に務め、またその時味方への連絡の折り、ややもすれば、我が方の動きを敵にさとられぬごとく時機及び方法に、特に特に気を付ける事。よいな。

一、忍の行来《ゆきき》の組の者は其の動き上、道具及び食糧は本隊よりこれを送れず、またこれを望むべからず。食糧は敵地にて入手するを本とすれど、敵に我が人員及び動きを知られぬごとく特に特に気を付くる事。よいな。

忍の行来前の心の事

一、それ忍の行来には予め準備は周到にしあるものなれば、準備を疎かになせば忍行来は不可能と思う事。よいな。

一、敵地に忍の行来、それより終了後、帰陣に至るまでの全経過に入用なる連体物にして敵の動きをもって行来□味方の動き等なれば、抜かるなよ。いな必要な事□のごとき物。

一、敵の動き。後。今。これから。

一、我が組者及び組で入用な品、物。

一、攻撃または動き(我が)はよいか。

一、本陣との連絡はよいか。

それ忍の行来に春夏秋はよけれども、冬は無利の時ままあり。よいな。また夏は汗が出て、身が衰弱するものなれば、特に特に食物に気を付けて動く事。よいな。また忍の行来前に、その土地土地の病あれば、対策の事。よいな。しかれど此の弱点を利用するもよし。よいな。

冬に動く時も、汗の出る物なれば(たくさん物を着ているので)休めば出た汗のために身冷え、動けぬごとくなる。また寝る時は炭、たきぎ等を使用するため、小荷駄組は余分な荷物を持って行き来る事になる。それを利用。また先手組にはあまり焚火を使用せず、場所または動く範囲が狭められ、動きは鈍《にぶ》し。考え動く事よいな。しかれど、篝火《かがりび》は焚く物なり。篝火の所を見よ。

それ忍の行来に当たり、是非とも入手の物は次の事なり。よいな。

一、忍の動きに関係ある敵の動き。地形。民情。天気。その地の生活程度(元気であるか、裕福であるか)

一、忍の潜入地点の敵の動き。忍の潜入口。忍の潜入路及び忍の潜行道の付近の敵の動き。地形特に敵の警戒状況。住宅地の動き及び地形による潜入具合。行けるか行けないか。

一、攻撃目標の種類及び数。出来れば敵のこの目標の守りの状況。付近の地形等、細部に関する状況。

一、攻撃をする時に利用する物及び地形。

一、住民地。敵陣への食糧及び物、武器、使用人、負傷者はどうしてありや。

出来れば遠見画を利用すればよし。

(口伝《くでん》あり)

一、忍の行来のおり、特に物は主にその動き。組人数。忍び入る方法を考え、不用の品は除け。

一、軽き物、こまかくて落しそうな物、濡れるもの、温もる物、腐る物、目的の漏れる物、音の出る物、光る物、こまかき物は、忍は時により無理な時あり。

一、忍び入り。忍の行来。忍待ち。常に利用する品。深き山。深き谷。沼地。川。海。崖に続く道等の忍行来に必要なる品、またこれに及び雨具。持って行来物が敵地で利用出来なくなった時の代用はどうするか。

一、敵を襲う時に理用する火薬(防水)。及び味方本隊に知らせる□□の品。(狼火、旗、または火、鏡)

一、敵地の人を利用する時の金及び物。

一、忍ぶ前に敵地によく似たる地形の所にて二度も三度も練習をし、抜かりの無きよう心掛ける事。よいな。(出来るだけ)

一、忍長《おさ》は全員また忍者は特有□の動きをよく見。最悪の時の用意を予定の事。

それ忍長は本隊の眼。及び腕との心にて、協同または連絡は予め綿密に話し合いまた忍組の動きを見、話をきき、動く事。よいな。忍組は少人数を忘るるなよ。

敵地に忍が潜入するには遠く敵地を廻り、後方の他国より潜入(時間がかかり、間に合ぬ時多し)海路。連絡等あり。その何れの場合においても、敵が我が動き、または予定を知られぬごとく(敵は我の動きを知るために全智全能の力を出しあり)よいな。一名ずつか多数にて忍び入りすべきか。忍長さの力量にて動く。よいな。忍動きの者はその間々動くをよしとすれど、長は忍者の動きの故障なきように、その動きをよくよく見張る事を忘るるなよ。連絡を厳にして動かす事。よいか。

海路により忍び入るは、遠く敵の思いもよらない地点に多量の道具及び人数を送れる利あれど、目標及び行動に制限される恐れあり、またその船を攻撃されれば船の者。物。動きの取れぬ事ままあり、また其の船をまたは物を敵が利用出来る恐れあり。この事をよく考え、利用の事。よいな。敵も我々の思うほど甘くはないぞ。

それ忍は、すわ御大将の命令あらば、前々より入手ありし様子、新しき敵の動きを綜合し、速かに忍び入るために準備計画をし、必要なる数の動きを入手し、漫然の策を立て、ぬかり無く、よいな。

一、敵地に忍び入るには陣路及び海路有り。その際、敵に我が動きを知られぬが事。

一、敵も我が動きを探るための忍び及び物見を出すものなれば、特に特に用心の事。また此の際、一人ずつ出るか組の者を一度に出すかは忍長の考えを第一とするをよしとす。その時の忍長は味方の者（忍者）の動きをよく聞きおく事。よいな。
一、忍長は全忍行来を紙上に書き、敵の動きを色々と考え、其の対策及び味方の最悪の時の事を考慮し、全忍の者を動かす事。よいな。此の仕用の紙焼く事。忘るるなよ。
　陣地より忍び入るには我が動き。特に敵の動及び味方。敵地を考え、敵に我が動きを知られぬを第一とし。忍行来の安きようを考えるをよしとす。忍入口。忍入道等決める事。其のために敵の警戒網、忍網の透き間、または敵の防御無き地点に忍口を作り夜間、天気等を利用して忍入りをよしとする。忘るるなよ。

　忍行来に当りては特に警戒。方向の維持組の掌握。忍行来に入用成る品の中持ち行来品と大型成る品とに分け、大型の品は逐次的の発見されぬ場所に置く事。地形地物の利用。また敵地の人及品物を掴まえ、または入手し、それを利用するに努め、早く早く危なげなき地点を通り抜けるをよしとし、その際、□し。印。または我が動きの後、我の動きし時に利用せし道案内人など、我が動きを敵にさとられる恐れのある物との際、敵の利用の犬にとくにとくに注意の事。忘るるなよ。また我より弱き敵に発見せられしと思う時は、これを襲い殺すこと。此の際、敵の罠の時ままあり。用心の事。
一、敵に発見せられ、忍行来に無理と思えるときは、すみやかに其の発見せられし所より逃れ（全員）決められている第一の集合地及び第二の集合地に向うをよしとす。されど、この際あまり遠くの集合地は悪し。よいな。
　敵は警戒を厳にし、我を捜すために追うて来ると対策の事。よいな。
一、忍行来にあたり□の道を通るかを初めに決め、出来るかぎりのさぐりを入れ（敵にさとられぬごとく）警戒もっともゆるき所にして、忍目的地に早く取り付かれ忍道具の送り、受忍者の忍場所、先出の者の助けやすき所等を考えに入れ、きめる事。よいな。
一、敵の警戒地をよけ、我が忍の動を敵にさとられぬように、高き深き山地。密林地帯、沼地帯等をよしとする事。

忍行来の事

一、忍行来、及び□居りの道はとくに其れをきめる上にあたりては一、敵の警戒最もゆるき所。一、忍が目的地に早く取り付ける所。一、忍人数により忍道はちがう事。一、忍道見の（大型）送りに敵に発見のなき道。
一、□居りに受忍者組の忍びやすき所。
一、不詳の者の隠れやすき所及び送しやすき所。敵の警戒をさけ、我が動きを発見されぬごとく動くためには険相なる山、森の中湿地帯等をよしとす。敵は自分の土地なれば、まさかあのような所と思う所が、忍にはよし。
一、敵方より近道の無き道。
一、忍目標の付近に通ずる川、路を利用する事。されど、敵も我に対する防備をせる事大なれば、其の対策をなし、忍行来事よいか。
一、高き山地帯に流れる川はふつう断崖を作り流れ、此れまた□□低地を流るるものは反対に流れゆるく、おまけに湿地帯のこと、ままあり。また高山地帯の山の中腹にはよく草原あり。利用の事。されど草原にては我が姿が発見されやすし。用心の事。
　忍行来に御用御申し受けのみぎりは組出の者（先出組）は敵の城。動きにより我が組出の人数及び持ち行く品物は異なるも我が動き、敵の動き、地形。我は敵の兵力大小。我と敵の武器、食糧、（水）。火の受取り。□□の場。人員。武具。味方より遠く御用のおり、また敵地深く動く時はつとめて集結し、敵に対し用心の時あれば、一時近くに忍をおくか、また少人数にて目的地に忍をよしとす。

　敵地に忍行来には隠密に動きかつ機敏に行い、特に乗馬人、敵の忍の者、敵地の人に用心の事。よいな。とくにとくに敵にて病気に気を付け、困難なる地形、及び天候中においても、申し受けて忍の御用をまっとうする事を第一と思い、動く事。よいな。またその際、行来□いりの地形、敵の動き、敵の住民の動き等を考え、其の対策をしおく事を忘るるなよ。またどのように我が身が瀬戸際になれど、敵地の者を利用すべからず。忘るるなよ。とくに道案内。よいな。

　忍行来に道路上の警戒及び敵地の道路外の道を知らせのため先出の者を出す時もあり□□にこれを利用せば、よし。されど敵地の者、後より進む者をまちぶせをする時あり。用心の事。それ忍の者は小人数なれば、道無き所を忍行来にさほどの苦労は無けれども、よくよく方向、及び地型を考え迷わぬように動く事。よいな。

　されど道無き所を動く時は、ある道を行き来るおりの時の三倍と思い動く事。よいな。

　忍行来に先出の者は、後より陣を引く受忍者の長に、出来れば其の所、及び高、中、下、の場所を知らせてもらうをよしとす。一人の時は前右左後上下全部。二人組先者前上下右左上下。後者、後上下、右左上下の事。三人組先者前上下。二番者右左上下。後者後右左上下。後事この割り当てにて多人数にてもよし。されど敵の者に此の地を知られないようにする事。よいな。

　忍行来に進路を調べ、行来者の先出者のくばりは敵の動き、地形、明暗、天候。當により色々と変る物なれど、後より忍来る本隊に連絡を早く確実を第一と思い、動く事。また近くに本隊の動きを知ると申しても、連絡を忘るるべからず。とくに見通しの悪き森、谷、物の裏、沼地等には先出の者。かたまるをよしとす。されど敵警戒□内にては用心を第一とす。敵もさぐりのため、忍をつかう時ままあり、これの対策をも立てておくことを忘るるなよ。また進路道を忍行来者は、其の道を本隊の者に知らせるために、決めた印を置き付ける事。よいな。また本隊の者の最後尾の者は後方上下右左を警戒することを、とくにとくに忘るるなよ。隊全部の総力□がかかっている事を、（組中の年上者。または組長）また先出の者の置きし印を取りのけて進む事を忘るるなよ。

　敵の勢力内の人及び敵方に味方をすると思う土地の所は極力これをさけて動く事。よいな。されど此の所を通るより外に無き時は、敵の前にて止まり、本陣を敵より発見されぬごとく隠れ、敵より攻撃されし時の対策をたてて、その所を通る事。この時とくにとくに我の動きを敵にさとられぬ事。よいな、忘るるなよ。

　道路及び足跡または防御物に出あう時は速かに其の道幅。其の利用かち。敵がいま利用の有る物が備えていないものか、此の道を利用しているかいないか。どこに此の道は通っているかを見る事。よいな。その所に足跡でも有れば、新しいのか古いのかを見、人数を知る事。よいか。また敵の動きをとくに見る事。前進方向。敵が□道を備えせしか無きてかをすばやく見きわめる事よいか。また敵が利用せし時は、どの付近にひそんでいるか等を考えて、動く事。よいな。とくに先出者は本隊との連絡を切るべからず。敵は先出の者を襲わずに、本隊を襲う時有り。気を付ける事。敵も我と同じ動きと思い、用心の事。

　とくに先出の者はそれ小人数なれば、四方に対して警戒の一点より一点へと進み、敵方の方位を考え、磁石を出来れば利用し、この地点を頭に入れ、動く事。よいな。ときどき後を見、地形を頭におぼえ、本隊の場所を知り、今までいた自分の場所をおぼえ、予定の敵地点の進をよしとす。

　その際、自分の進んだ歩数をおぼえると□居りに便利よし。

点と点で進むをよしとせるも、あまり長く止まるべからず。それ忍とは闇夜なれば進道なき所を動くものなれば、方位にとくに気を付ける事。敵地点に着けば月が登るというように動きを組とよし。されど、敵もこの月の出を組みこんで対策を立てる時あり。其の所も組入れて動く事。よいか。

先出の者は忍行来おり、城内に忍び入るべき時は別なれど、忍は食糧三日分をよしとす（夏。冬は別）。事後は本隊の者、これを助くるを本とする。忘るるなよ。本隊との連絡を。忍時は先出の者は動きを本隊に知らせおくをよしとす。

攻撃のため忍行来。敵は勢力圏内の一地点にて我が身を隠し五年。十年。二十年と敵情を探り、味方に其の事を御知らせ申すのとはまた別に、攻撃のために、すぐ忍行来との動きあり。前々より忍びおりし者、準備をするをよしとす。されど敵地に忍びおりし者、よく敵の者と行来をし、味方を裏切る時あり。用心の事。また敵の御大将此の者の使命をよく知り、我の攻撃の時まで我を監視ある時よくあり。用心の事。

忍長は忍行来（短期間。長期間）を御大将に命じられなば、其の御用において、おのがしゅあくさあり。人数を考えて敵の力、住宅の動き及び考え、動き。強きか弱きか。地形。場所。天気。（その土地の）（色々の天気の時の対策）忍行来の期間、軍資金、病人の対策、引上の時の動き、味方との連絡方。忍行来者の場所。其の動き。

忍行来の御用を申し受け後のみぎり、敵地に及び中間地の選定には、まず地上及び高き所の敵に対し我が姿を隠し、かつその目的に応じ、忍が攻撃及び其の後の動きや□き□□て本隊との連絡の便なる所、その上我が身の毒になる土地等を考え、動く事。よいな。その際、敵の襲い来にくき土地。

忍の場所は、出来れば敵の見はらしのよき所。（されど、我も敵の動きがよく見える所は敵も我を見えやすき事に注意する事）敵地または敵に好意を持ちし土地の者の家。話事。特に此の所の内外の出入者に気を付け、其の動きを見る事。よいな。我らを知る者は確実に敵に内通する者なり。出来れば出入をやめさしおく事、肝要なり。よいな。少人数の時には敵地の家を利用するべからず。

忍行来の際、敵の攻撃の動き大の場合、警戒及び防御のため地形の利用及び我が人数により、其の動きも限定されるも、それ忍の者は敵を攻撃するを第一とせず、出来るだけこれを避け、敵の奇襲を受けぬ事とするを第一とし、かつ其の時の引上げの予備地点を先出の者はあらかじめ決めおき。其の時の対策をしておくをよしとす。（先出の者敵につかまり、この事を話す時あり。其の時の事をも考慮して対策を立ておく事。よいな）

平地で地面に近い所の風速は昼過ぎから午後四時頃までが最大一方小高い丘陵地帯や山の上は反対に風速は夜間に大きい。だから平地は昼高台は夜に特に火の用心を。

忍行来（先出の者は）本隊の敵地に忍が出やすくするためには敵方に注意し特に敵の忍。または物見に対して、とくにとくに本隊を隠すを本とし、此のためには四周に対し、遠くまで先出の者を出し、その者より本隊への連絡を完全にし。とくに森といえども、油断を禁ず。よいな。我も見えず敵も見えず、気が付いた時は本隊襲われるおそれる事大なれば、早く見つけし方が勝ちと思い、動く事。よいな。敵の者と思える者が我を発見または知れば、其の者を草の根をさがしても見付出し、逮捕する事。出来るだけ殺さぬがよし。

忍隠れのおりは燈火、煙、キラキラ輝く物、また先出の者。本隊の出入りの時はその特徴をきめ、回数を制限してかつ足跡を残さぬ事。また動を敵に気付かれる物等は極力消滅さす事、忘るるなよ。また敵発見等の徴候あらば、速に他に移動するをよしとす。よいな。

忍が潜伏中にて本隊の連絡にはとくに注意し、敵より発見（潜伏所）されるのを第一の用心とし、少しでもその兆候があれば、場所を移動の事。急々の時は本隊に急々の信号（きめられた通りに）し、我が身第一と考え、動く事。よいな。死ぬなよ。捨て忍と思われたれど、ご奉公の事第一と考え、帰り居る□事。よいな。急々の用事外は本隊へは連絡はすまじき事。よいな。

忍潜伏間の動きは潜伏の目的より色々と変りあれど、一地に長く忍潜伏するときは必要なる敵の動きを集め、持っている忍道具を点検準備等する（敵に対して）食料の入手。病気に気を付け、必要なる事を計画し、そのように動く事。

本隊の長及び先出の者は、敵の動きを知るために、忍の目的により忍者の動きを決め、周到なる計画を立て、敵の動きの対策を作り動く事。よいな。忍ぶ者はその能力及び持って行く品物により、忍目的を一つに絞り、動く事。複雑にするべからず。

忍道具は出来れば敵の品、現地にて入手出来るのを利用出来ればよしとす。入手の時敵に気付かれなきようにするを忘るるなよ。たえず忍び持ち行来し忍道具は、いつでも利用の出来るように忘るるなよ。

忍長は攻撃をなす時は、目標付近に我が動き。目標の動き。地形等を見、準備の太め一ヵ所または数ヵ所を置く事。よいな。このために右の事に心を付ける事。

一、攻撃目標、またその付近の下見。便にして攻撃によき所。
一、上、中、下の敵に対して我が動きを発見されにくく、かつ警戒。敵よりの攻撃の時、よく防ぐ事のよき所。
一、退避地を三、四個設くる時は、其の全部の連絡がすぐに出来る事。場所。
一、物、糧食、人数を隠しおくによき所。
一、味方より応援のよき所。また、生きるによき地。

敵を攻撃するときの拠点は攻撃の期間其の地点をきめ置けば有利なり。されど敵の方も我を知るために動きあれば、第二の地点第三の地点と決めおけば、非常によし。

一、されど、その地点に動き行く時、味方の者、裏切りの時もあり、移動の時とくにこの点に気を付ける事。よいな。

□く敵地に（一地区）忍行来、敵を攻撃を繰り返す時は、とくにとくに左の事に気を付ける事

一、同じ動きをせぬ事。
一、食糧、武器、人員。□。敵地の人の裏切。攻撃地点の動き。気象。味方忍組の和。味方との連絡。

攻撃のため準備が周到は攻撃成功の本なれば、絶えず敵の動きに気を付け、敵の動きを知り、味方の攻撃の時の用具及び人数を待機させ、其の時々の計画の案を立て、定め敵の動きの隙に乗じ、直ちに実行に移るをよしとす。

攻撃目標は御大将より決められたる動きにより、目標の緩急及び軽重の度、実行し得べき敵の数、順序等を考慮し、敵の最も苦痛とするもの、または其の弱点に決める事。攻撃目標は動かぬ物と動く物の二つあり。その気持にてよく其の□を見、攻撃の事。

一、敵の本隊（本陣）（大将。□□□台。物見組）敵の連絡口。重要なる武器。重要なる戦いの品物。（火薬。小場。渡河に利用の品。船。後方より来る色々の品物の置場。兵。

攻撃目標が決定せば、忍長は速かに忍の行来に必要なる敵の動を収集し攻撃計画は攻撃の要領、特に手段方法。程度。攻撃後の動き。企図の秘匿。連絡。給養。補給。攻撃後はその成果を確かめ、後事の参考とすれば、一層よしとす。

攻撃が決まれば組の者の場所を定め、御大将の命のごとく動き、我が組の者の人数及び忍攻撃に入用の品物を入手し、またありし品を利用し、目標の種類及び其の状態。行動地の地形等を考えに入れ□成を期し、組者を重点に使用の事。よいか。

それ忍組の者及びその動きは、御大将を秘密裡に□利用なれば攻撃実施の方法は行動軽快且敵及び住民に対する動きの秘匿

を主眼として、組者を分散使用するをよしとす。されど、あくまで組者は本隊（忍組外の者）の補助的の者なれば、忍組の動きにて我が方に大勝利を□事。思いもしない事。よいか。

忍組の長は御大将よりの攻撃を命ぜられせば、其の日まで時あれば組者に其の事を話し、速かに準備に着手する事。よいな。

一、敵地の地形、特に進入帰り、其の整理をし、それによって我が動きをきめ、入用なる物を入手の事。時あれば、我が動きを忍は行来者全員にて二度、三度と動き見るをよしとする。

出来れば、忍の長は我が組の者の動きの前、其の時の動の者をつれ、忍路を通り其の所所に忍道具。糧食。武器。薬等を目標付近に隠し置けば、非常によし。この際、敵に我が動きを知られぬ事を第一と思い、動く事。よいな。雨。しつけ。食糧の腐敗□の事を考えおく事。よいか。

忍長は御大将の命の日時が来れば、我が組の者の動き、また敵の動きをよく見聞き、忍組の動き、後の行動をよくよく考え、御大将の命でありし時に間にあわすため、組の者を敵の忍に□行かす事。よいか。

それ忍の組長は忍行来に入用の品。物を入手後は組の者を確実に掌握し先出の者右、左、後と警戒を出しきめた太道を通り行来攻撃決行のため、忍行来拠点に向い忍ぶ事。

目標に近づけば、捜索警戒をとくに強く□り地形。夜間、天候等をうまく利用し欺騙及び偽装をうまくし出来れば、一地区より一地区に忍進す。よいか。

忍行間敵に対し□ゆいし動き、また敵住人の土地及びその近傍を通る時、味方は少人数にて忍行来事。この際、集合場所及び本隊または組の者との連絡の手段は隔日に決めおく事。よいか。

されど味方の者が不幸にして敵に捕らわれ、この事を話す時ままあれば、其の時の事もよいな。

味方の忍組の者により敵を襲う時は、目標付近の適当の所に忍び攻撃の機を窺う忍地点は目標の姿。地形。忍は攻撃の時、味方の動きをよくよく考え、なるべく目標に近づき、味方の動きを敵に発見される事も考え、味方の忍入りやすき所をよいな。

忍地点はあらかじめ先出の者をして忍は偵察をし、本隊の者をだんに忍先行き、先出の者の偵察がよしか悪いかを第一に気を付けて、本隊を先行さし□□にて攻撃が先出の者だけにて攻撃かを、本隊の長はこれを決める事。

一、敵の動きにて、其の時を決めるを第一とす。

一、攻撃の時を失せざる事。よいか。

一、我が忍組の攻撃の準備の太め要する時間を□に入れておく事。よいか。

忍地点に取り付けば、忍長は自我の組の者をよく掌握し敵への警戒を強くし、攻撃のために□動を入手し、ただし、この際とくにとくに再三の敵への偵察なれば、我が動きを敵に知られぬ事。よいな。この際の偵察は一番重□要□□なるものなれば、組一の術者を出すをよしとす。その際、攻撃は無理の時だけに使用する信号を忍長ときめおく事。よいな。組の攻撃を断念するため、この信号は敵に知られてもよし。我が忍組全員に知らせるため狼煙《のろし》は非常によし。

一、忍攻撃はほとんど夜間なれば音、光に注意の事。敵は此の二つの物にて我が動きを知る物成れば、とくにとくに気を付ける事。よいか。

御大将の命により、御知らせ申されし目標に対する我が組の者の攻撃は目標。動きを終始秘匿して行うものにして毀壊、放火、爆破、殺傷、謀略、等の事。よいな。

忍が攻撃の時は、長は特に準備を綿密にぬかりなく、周到に組をよしとする。

一、敵の動きを入手するために二、三の先出の者を出行させる時は御大将及び我が組の入用なる目標を細密に調べ、敵の動きを知るを第一とす。されどその際に一目標ばかりを我が組の者が調べておれば、おのずから我が攻撃目標を敵の者も知る事となれば、この事も気を付けて動く事。よいか。時間の許す限り、他の事項も忍取る及び兵の配り法を見る事。左のごとき物を忍び取ればよしとす。

一、目標の動き
一、警戒の者の配置及び人数、その長の名
一、其の兵の動き時間つとめ時間。交代の時機
一、陣廻りの状況
一、昼と夜間との警戒兵の場所の動き
一、警備及び警報装置（敵の警戒□及び兵の持物。防備施設。障碍物。今まなら電化。地雷有。無。警報装置
一、目標の細部の事
一、警戒すべき細部の目標の位置及び状態
一、警戒すべき細部目標に対する直接警戒の状況
一、その他勤務員等の起居の状況
一、目標付近の地形
一、潜伏地点。潜入。□□等に利用すべき地形、我が動きにさまたげになる地形地物（河川。湖沼。湿地。森林。地隙。断崖。□囲壁。）利用出来る応用材料の有無
一、目標付近の気象
風向、風速、特に恒風及び局地風の状況降雨等の目標に及す影響。

きめられたる目標に対する攻撃の時、組の者の割あて及び細部目標に要する組の人員入用なる品物を本として、此の目標の動き（置場。またはその物の動き）地形などを考え、我が忍組の者の動きを助くるため、出来れば二番手の者を組入れて置く事も此の際、非常によし。よいか。

出来れば二番手の者は、主として不時に発生する新目標に対する攻撃に備えかつまた使用し。また味方組者□組の時及び受忍者とともに動くを第二の動きとする事。よいな。その際、使用する恐れある物は準備の事。よいか。

直接攻撃に忍出の者の用うる品は、組の者の攻撃の手段。人員目標の種類により色々と変りあれど、目標のため、どのようなる時に至れども、失敗の無きよう努力の事。よいか。また目標によりては、敵地及び敵の焼け物。火薬。當を理用し我が組の者の目標達成に努力の事。よいか。

目標攻撃のために、組の者は各人得意の動きにあわせ持ち行く物を出来ればきめ、攻撃の事。ただし其の者の□□により、目標攻撃が無になるがごときの無きよう、よいな。□□者のため、我が動き及び目標を敵に知られぬを第一と思う事。よいな。

忍長は出来るだけ□努力をし（敵に□見されぬごとく）先出。受出の者の理用の品物及び入用の物を計画予定通りに利用出来るごとく、入出及びまたは持ち行来ようにし、組の者に□□利用さすをよしとす。組の者は攻撃。敵の動き。とうてい小人数では動かれず、自然と攻撃及び計画があうと組むがごとくせし事ままあれば、気を付ける事。長はよいか。

攻撃の事

一、忍地点より潜入の要領は、敵の警戒線をこえ、敵の配備弱点を発見につとめそこへ隠密にかつ迅速に潜入するものとす。そのため巧みに欺騙偽装をほどこし、地形地物を利用すると共に、風向または光及び敵の照明などを考慮して、忍隊形及び組者の前進をある程度決めおき、其の時長の者は其の者及び組の動きを確実に握る事に注意するを本分とせよ。よいな。

この際、組者。警戒心旺盛にしてかつ其の上大胆なる動きは、能く成功のきっかけあるものなり。敵の警戒線を突破するには、敵の警戒最も緩なる機会を選作する事第一と思いなし、利用の事。

敵の重要なる目標には警戒の無き所といえども、よく障碍物

特に綱、なるこ、有り注意。また隠し眼付の者、張番の事ままあり。用心の事。

敵の警戒強き所を通る時は出来るだけ、その所は避けるべき物なれど、敵も我が攻撃をあらかじめ探知しあるため、先出の者の少人数にて敵の警戒者を（警戒者のおり時間をよく聞き取り）隠密に殺すか。（最低の動き）または他に誘致し本隊を一意目標に対し潜入するをよしとす。（敵の警戒者の敵の本隊への連絡を用心。よいな。）

一、組出の時、組の攻撃の時来たれば、決められし所へ決められたように動く事。

一、忍長は此細の手違いあれど、妄りに其の話し合いを変るべからず。よいな。

一、其の時の敵の見廻りまたは敵兵に対しては、各自細心の注意を払うとともに、きもぶとく機敏に、自分の思う通りに動き、初めに決められし通りに、確実に行うをよしとす。

我が忍組及び忍の者の攻撃の時目標がいかなる物といえども目標に関係のノロシ台、連路道、人の動き。攻撃の初めは火を利用しては悪し。敵に我が攻撃を知られる恐れ大なれば、我が方の者引き上げる時は、火をかけるが非常によし。敵の救援及び警戒の処置を組出の時は阻止するの手段をしておく事、とくに注意する事。よいか。

一、その際、我が攻撃の時より早くなる物なれば、とくにとくに□気を付けておく事、大事の秘伝なり。

同じ場所または同じ物を再々攻撃する場合は、出来れば此のような事は避けるをよしとす。御大将の命令なれば、やむをえず攻撃の場合、されば実施の時機及び其の手段を同じようにせず、絶えず臨機応変に動くをよしとす。同じ手をつかうべからず。敵が我が方の対策をし、まちぶせをくう事確実なり。よいな。

我、敵を攻撃の時、敵に発見され攻撃を続けば、組の者の危険と思う場合は早く全般の状況を判断して深入りを避け、攻撃を中止するを味方の利益になる事よくあり。それがため、あらかじめ、この場合の動に関して組の者一人に至るまで、その時の動をどうするかをきめておく事。よいな。

忍攻撃行の動きの事

攻撃行の動きは動かない目標に対する忍攻撃の場合と同なれども、昼間にして敵の一部残りし場合には、味方の者は一時分散し、忍び敵の警戒の無くなるを待ち、あらかじめ知らされて予定の集結地に到るをよしとする事あり。その際（攻撃）うまく功をえざる場合をも考え、あらかじめその動き（味方）をきめ、どのようなる場合に遭遇せるも、指揮連絡を定め置く事とする事。

我が忍組の者は攻撃に際し、左の事に（目標）注意の事。

一、敵の本陣、主として御大将、重要人物を探すか捕虜の事。

重要なる書類。入手。入手不能の場合は焼く事。置いている場所を焼くが不能の時は火薬を使用し、爆発さす事、またその時、のろし台及びつかい、番所を襲うか爆発さす事。よいか。敵の本陣内部はなかなか、我が忍の者と申したりといえども、通常困難なれば敵の陣張をよくよく見、その動きにて対策の事。

一、敵の住民を利用せば、よき時ままあり。されど寝替える時あり。用心の事。

此の事は別の項目にあり。

本陣の兵をつかまえれば、よし。されど、この事は無理な事、ままなれば其の気の事よいか。

一、御大将を攻撃の時は、行軍中はとくによし。

一、御大将の宿また此れもよし、されど敵も寝ずの番の者多数おるものにして、用心の事。

攻撃後の動きの事

攻撃後の帰路及び其の方向は（別の口伝あれど）その時の状況によるも、忍出たる（通ったる道）道を利用するをよしとすれど、敵に知られ、または忍が出たる道を利用せば、危険とする場合ままあり。この時は小流または色々の地物等を利用し、これが方向を誤らぬよう注意し、予定の集結地点に速かに取り付く事。よいな。口□伝別にあり。

攻撃後の集結地は出来れば攻撃実施前の忍の地点または既往の終路上に決めおくもよし。またその際、出来るだけ少人数にて、その所に集結し、すみやかに敵と離るるをよしとす。また別なる事は数地に設け、集合容易なる著明にして夜間といえども方向を誤らず、また敵の急襲を受ける事の無き地点をよく考え、決めおくものとす。

同一地区または同一目標に対し行動せし□組の集結位置は、敵の警戒行動線外に設け、払暁前集結を終るごとくにするをよしとす。

撤退は迅速に行い、我が動きの痕跡を残さざるように注意すること。よいか。撤退にあたり前進方向を、敵を迷わすため、一部を持って反対方向に行かしおく事を忘るるなよ。されど、この手は二度は無理な時あり。敵に我が手の内を見すかれぬごとく同じ動きを二度するべからず。命取りになる事大なり。よいか。

集結地に組取り付けば、組の早く付いたる者及び組は警戒の動きを取り、後より来る者を受ける事、別に伝有り。速かにその後の動きを（組）準備の事。よいな。

敵の動きありし時、本陣、部隊特に鉄砲隊弓隊。くわ組等、また食糧□送り中の重用兵器。戦闘に必要なる物。武力をもってこれを襲い、敵の手に入らぬごとくするか。忍が攻撃を持って敵に大なる人物及び私的損害を与えるものとする事。ふつう移動中の敵は、警戒は弱し。敵の戦闘力及び我に対しての対策困難なる機会多し。この気持にて攻撃の事。よいな。

敵の移動目標□に対する強力な攻撃は、敵の動きを明らかにし、地形をよく見、その上考え、敵のもっとも不利とする所。時。これを急襲し。短時間に目的を達成し、早くその場を離れるを第一とす。攻撃の目標はふつう成功確実なる上価値ある物を選び、攻撃の事。よいか。

敵の動きの入手にあたり、目標の動き第一とし、我の襲う所の地形など、とくにとくに綿密に調べ、動くこと。よいな。されどそのために攻撃の時機を失わず、とくせよ。よいな。ままある事なれば、忍組の全力を利用し、攻撃は一地点に忍かくは目標の来るを待ち、此の目標を攻撃するか。もしくは目標の休止、夜になり野原□または家などに陣を取り、その不利なる状態に有るとき、進んで此れを急襲するをよしとし、この際、人に目標を置き、全力を掛けるをよしとし、其の後敵が利用する恐れのある物を処分するをよしとす。（爆破毀焼夷獲得）

攻撃準備の事

一、敵の動きを知るには、まず敵の攻撃目標の動き其の進み及び道順。敵の目標予想攻撃地点到着の日時、または敵の慣例的休止、または宿営地または前進（宿営）部署（配置）またその時の警戒状況。色々の輸送の種類（大送車力。小送車力。舟）どのようなる物にて送っているかを知る事。

敵の動きの地形の偵察のためには、敵の使用し有る交通網の姿。及び其の沿道付近の地形特に攻撃に有利なる地点、また其の地点より攻撃後の集合地点はどうあるか、近いか遠いかを見、その対策をしおく事。よいな。

伏兵による攻撃の時の地形、人の時は鉄砲人により攻撃。また地害、使用に便りにして敵方の利用出来る掩蔽物なき位置を探し出て、いかにしても、この地がなければ、其の掩蔽物を後より攻撃出来るように、組の者を配置すべし。また人物外の時は其の物の動き困難なる細き道、または片方に湿地、断崖、密林などの障害を有する地点があれば、よし。されど敵も、この所では用心すれば、よくよく気を付けて動く事。

一、また、このような地点があれば、敵もその所を利用する前は、此の所をまた其の通る前へ選べる物なれば、その事用ゆるの事。よいか。

攻撃地点が決まれば、あらかじめに前方及び後方または側方に対し、目標の長径に応じ、これを遮断する用意をなしおくと、非常によし。その際、地雷またはそれをふせぐ材料を隠しおけば、我が方に取っては理、大なり。

攻撃のため、組の者はその時々により色々と替る物なれど、組の者を攻撃の手の者破壊の組の者と分けて動かせば、組長は安し。また組の者も動きよし。よいな。

攻撃実施の事

伏兵による場合においては、目標の状態及び地形に応じ、一か所または数地に分れて潜伏する。其の位置は□に先だち、敵に発見される事なく、しかし攻撃の時は敵をしてその際、対策に立ち向かう余裕なきごとく、これを行進路の側方に決めおけば非常によし。また攻撃は道路（河川）よりどれば、どの距離においてすべきやは目標の状況、特にその警戒の程度及び地型により色々と変れども、なるべく敵に近より、鉄砲か白兵の動きに便なるごとくするをよしとす。組の者は警戒を厳にし、静粛を第一とし、たえず攻撃実施の姿勢でおるをよしとす。この時は多数の警戒の者及び先者を出すごときは、却って敵に我を発見される事大なれば、忍長自ら忍が隠れ、敵の動きを見、味方に知らす（攻撃の時機）をよしとす。まず敵の斥候及び警戒隊のごときは、なるべくこれを通過させ、我が組の者（御大将の命による）目標の来るを待ち、好機を見て、あらかじめ準備せる経路の前方及び後方を遮断して、敵の混乱に乗じ此れを急襲するものとす。此の際目標の（前後）距離大なる時は先頭停止し、その間隔を短縮するを待ち、急襲するをよしとす。

攻撃の掩護は、目標の休止または宿営間其の警戒または戦闘準備を怠り易き夜暗、特に風雨または敵の疲労困憊せるときは非常によし。よいか。其の時目標近くにて敵の前哨または物見等にあえば、これを避け、または鉄砲を利用せず捕獲し、もって迅速に目的地点に達することに努め□兵力の分割を要する場合においては、出来るだけ目標に近づき、其の上にて行なうをよしとす。よいか。

またこの際、所望の地点に達するに先だち、敵に発見せられ、かつ衝突を免れざる場合においては、その発見されし敵を攻撃し、敵に抵抗の時を与えるべからず。これもよいか。この際、敵は抵抗の準備しありしと察知せば、まず組の者の攻撃をやめさし忍本隊に帰り居るをよしとす。またの機会をまち、攻撃をするをよしとする。そもそも我が忍の組は人数少数なれば、準備ある敵に攻撃をし。死の影に取り付かれぬを第一とせよ。攻撃は敵の人数の三倍でもともとで□、この事を忘れず、いのしし□にならぬをよしとす。忘るるなよ。よいか。

攻撃をせよとの御大将よりの命令あれば、その物が動きある物といえども忍攻撃をかける事。よいな。まず動きある物には時間火を利用し、其の物。（人員。物）と其の物の通る所に（道。場所）使用の二通りの法あり。直接目標には火薬。油。燃える物、爆発をする物など多量を入用するものなれば、組の者の持ち行ける数量により敵の重要なる物を決め、動く事。よいな。

直接攻撃目標に対する忍の攻撃

一、敵の出発、（全部の物）後。其の隊全部の所。
一、敵の御大将の□地。家。場所。
一、敵の其の□に休むと思う所。
一、敵の重要なる物。（火薬。水。食糧。薬。車。物。）

地形地物を巧みに利用し、破壊または偽装をし、目標の通過時転落。陥没または衝突せしむる等に心掛け、その物の破壊または殺傷の大なるごとくつとめ、其の動き（味方）はとくに秘密に行い、十分にわからぬようにし、事前に敵に発見せられぬごとく、その位置、及び時機を注意するを第一とする。よいな。

その一例、左のごとし。

一、密林地帯にては、道側方の大掛に対し衝撃により内側に倒るるごとく交互に切込みを為しれ来れば、細き鉄縄がよし。無ければ綱。道路を横断さし（口伝あり）利用のこと。

二、橋は目標の通過時爆破するごとく組み置くか、または一部を毀壊して重量物により自壊するか。または隠密に道（通過時）を適当に破壊して表面を現物と一見不明なるごとくし、夜間目標の通過時此れを陥落さすごとく作る事。よいか。

三、急坂路屈曲部に地雷その他の障碍物を装置するか、または凹道または断崖湿地、密林等の長隘路に、適当の間隔に、地雷または時間爆薬を装置し、最前方の爆発により後方の爆薬を誘発するごとく組み目標をはさみこみ、此れを破壊または衝突転落するごとくするをよしとす。其の時、組の者の攻撃の時あり。（口伝あり）

忍攻撃（物にて）攻撃位置付近に潜伏の地点を置き、敵の交通なき時をあらかじめ調べ、隠密迅速に仕事をするをよしとす。その時、敵方または人の通り来る地点に先忍の者を出し、敵、人の来るあるを早く発見につとめ、連絡の動きを決めおき（敵。人）を発見せし時、その者に発見せられぬごとく動く事。よいな。受忍者または本隊の者はすばやく仕事を終らすをよしとす。

忍攻撃及び□攻撃等により攻撃方により、敵に損害を与えたかを見るため、少人数の者を□置さし（敵に発見されざるごとく）攻撃の効果を知るをよしとす。またの攻撃の参考とする事。よいな。

忍の攻撃の時、現状に敵地の物を巧みに利用すれば、其の物の力強し。また強攻撃と併用せば、その効果さらに大なる時まあり。工夫、奇策をめぐらして敵の油断を突き、人、物に最大の損害を与える事に努力の事。よいな。

忍組の者、敵を攻撃後は予定のごとく出来れば、忍び入る時の要□にて本□の所に□隊の事。よいな。陸路の□隊の時は豪胆にして迅速を第一とし、敵よりの奇襲を受けざるように。よいな。

忍の者は本隊に□居る着くには陸、海のいずれによるに拘らず、忍出の時、出発時の予定のごとく動くをよしとす。されど敵の動きの変化を考え、本隊との連絡を密にし我が動きを、本体の御大将の知るをよしとす。陸路なればよけれども、海路なれば、なかなかに連絡の道、まま切れる事多し。されば味方との話し合いを、とくにとくに密にし、その船に乗る所。時機等を綿密にしおくをよしとす。

攻撃後、本隊に□着または忍行間、さらに攻撃をするが、そのまま前進するかを其の時の状況特に攻撃に利用（入用）の色々の物及び忍組の者の状態、及び後方よりの入手出来るかによるも、強引に、ただただ敵と戦うことを避ける事、これ第一の事成り。されど一度敵と戦を止むなくする時は、強引に此の敵を攻撃し進み、本隊の来るを待つをよしとす。

忍行来に際しては、色々と入用の品及び其の時補給に関しては、その忍目標によっては、これを期待出来ぬ事まま有り。あらかじめ其の対策を綿密に考究し、ぬかりなき準備と実行に、とくにとくによいな。

また我が忍組の者は本隊を遠くはなれ、行動の御用なれば、とくに病《やまい》にとくにとくに気を付け、ぬかりなく。よいな。

糧食の補給は、期待は無理の事と思い、対策の事。またその持ち行来量も、限度有るを持って後方の我が隊の動きを考え、食事の事。よいか。左の事とくに気を付ける事。

一、敵地の住民の供出。
一、敵の食糧。
一、敵の住民の反感を持たさぬ事。
一、我が動きを知られぬ事。

忍行来長期にて、食糧を敵地にて入手困難と思える時、また後方の本隊より入手無理と思える時は、あらかじめ其の時の処置を講じおくをよしとす。此のさい敵の者を利用するを第一の悪と思う事。よいな。

◎忍動きの事

忍動きの時火及び太陽を背にして忍べからず。敵は火及び太陽の沈む所火なれば、燃ぐあい多しんきなので、絶えず気を付くるものなれば、見付けられやすし。また影長くなる物なれば、眼の届かない所でも、影届き見られる恐れあれば、悪し時にこの影の動き太く見ゆるゆえ、忍べからず。雨曇はよし。

一、一人立の敵を襲う時は、替った後すぐに襲う事。

一、いかほどで替るかも知る事。

一、敵の持っている物はなにかを気を付ける事。

一、敵我らより襲われ、なお狼火の所及び武器の所へ行来ものなれば、用心を第一に考える事。

一、雨雪の時忍ぶには行来戻りの事、雨足強き時及び雪降りの時はその心配なし。

◎口伝

人とは眼の上をあまり気の付く物でなし。出来れば上より襲うをよしとす。よき事ままあり。忍べや忍べ。

一、家の光は内より外へ。外の光は、外より内への気持で忍ぶ事。

◎二人立の張番の敵の者に取り付けば、その者の後二十歩か五十歩内に敵の番所あり。用心の事。

一、敵を捕獲するには、この二人立の者を狙う事。しかれど、この者あまり色々と敵及び味方の事は知らず。重用ではなく忍行くには、この者の所をさけて忍ぶ事。

一、重用なる所には張番の者一人立か二人立である時には、犬を連れている時あり。用心の事。この者を襲う時は、敵地のほうより襲う事。敵油断の気あり。忍やすし。

一、敵行軍後の一人立の時には、あまりこの者に注意しなくてもよし、されど天気に気を付ける事。

一、夏暑くて日向にいなく、影に立っている者は眠気の出るものなので、その時襲うか廻り忍ぶ事。

一、冬は寒さのため火を使用するなり。一人立なれば、安心の気沸き火を手本に置くなり炭なれば、灰に気を付けるものなり。たきびなれば、所を知られ、半身火にて輝やくものなれば、探りやすし。煙の行来方に注意が向くものなれば、風上より忍を本とする火を背なにし、忍にくき時は、煙の行来方より襲う事。

一、夏暑きため薄着なれば、遠矢が効くものなり。

一、水場の所に絶えず行来ものなれば、そこを利用すべし。張番の場所は日影の所なれば、探り当てやすし。

一、立木の中なれば、カのために絶えず動くものなれば、これもわかりやすし。日影にて風のふく所なれば、いかに緊張せし者といえども、眠気の出るものなれば、忍よし。

三四日と敵は攻撃をかけなき時は、我が方はあわてずに、第一に味方を固め、第二に敵方の様子を探るべし。しかし昼は敵人数を少くするものにして、出来れば忍出て様子を知る事……夜は敵人数をふやし、警戒をするなれど、人数により気のゆみ出るものにして、夜組にて探り動く事。

◎昼夜我が動きを敵に知られなば、敵警備を強くするか攻撃をかけて来るかするものなれば、くれぐれにも我が動きを知られるべからず。

◎これ組出の心得なり。

◎このようなるために、忍出の時は所々に置道具を忘れるべからず。されど敵この置道具の所に張り込み、いるやもしれず。取り出す者はくれぐれ用心の事。

◎持ち帰る時、敵取り付く時ままあり。用心の事。

◎うまく置道具を入手出来れば、この道より味方へ帰られる道ひらけたりと思うべし。置道具を置く当矢寿駄流の秘事があり。されど忍ぶ土地の形により、敵をへらすを上作とする忍ぶ者の考えにより、どの所に置くかを決めるをよしとする

◎口伝　置道具の事

一、忘れても丸く動き、置道具を探すべからず。方向がわからなくなり、敵地に近付く恐れあり。

一、置道具をさがしおる時、敵の者に見られない事。

一、一人でも男、女、子供に会えば、それより反対の方に（出来れば敵の方に行来道をとい行来事）その者に怪しまれぬように気を付ける事。

◎口伝　この方向にある置道具はあきらめる事。

置道具には口伝あり。

置道具の事（置き所）（茂みの木がよし）。

木に置道具を仕掛け忍ぶには秋口冬悪き時あり。秋口なれば、木の葉落ちて置道具下よりよく見えるなり、冬なれば、雪降りて忍ばしあり木及び付近の姿白一色にて探しにくし。またその上に我が姿、足跡にて動きがわかるものなれば、用心にこした事なし。木につり上げて（置糸を持って）敵方の□面に糸を止める事。

一、木の根より五尺か六尺をあけおく事。それより下に糸を止めたなれば、敵より見付けられる恐れあれば、忘るるなよ。

一、降ろす時、途中の木の枝にかからぬような所によいな。

一、森の中ではよく迷うものなれば、なため（木に）を入れればよけれども、敵もこの印を見取り付かれるものなれば、よくよく考え□ためを付けるか付けないかを決める事。

一、なためは夜光るものなれば、道印にはよきものなれど、危なし、あぶなし。

一、手傷をおいし時の事を考え、仕掛をする事。手傷おえば、木には登れず。よいな。

一、置道具の置場は、組出の者いえども話すべからず話せばその置道具は捨てる事。

一、その者、置道具を捜す姿が敵の眼に立つ事なれば、危なし。

一、敵後より来る者をとの気で、待ち伏せままあり。用心のため捨てる事、忘るるなよ。

◎山道の置道具の事

一、敵の城山にあれば登る道二、三本なり。この道は敵の道なれば、長さ、幅、曲り、坂、下り、木のありなし、岩、土の事、雨、雪、の時、風、朝、昼、夜、満月、半月、闇夜、霧、滑り、水ありなし、□う全部と申しても、よきほど知っているものにして、置道具をこの敵の道に置くものでなし。されど道の外に置けば、捜しにくし。されば置道具の事。忍行く者の考えと動きによって決める事。

一、置道具を置き帰り、また忍行来べからず。その姿を、うさくなり、見付けられし事ままあり。よいな。

一、道以外の所を登り、忍ぶはよけれども木、岩、笹、竹、などの中を登り下りするものなれば、擦れ合う音にて見付けられる恐れ多し。またその物の動きにてもあり特に用心の事。

一、されど嵐の強き時よし。ただし敵の動き、音、等は見聞きにくき時ままあり。不覚を取らぬ事。

一、敵風強き時は、火の用心をするものにして、忍にくき時あり。気を付ける事。

一、されば置道具は、敵の城の石垣のすみ及び角より足数を決めおくがよし。

一、城内よりは見えぬものなり（遠眼なれば、しかし夜なり）。

一、堀の中に油紙に包み、紐を付け沈めるもよし。水面に油の浮くものなれば、浮草等を浮かすもよし。

一、一人出の時地の形、距離、あかるさ、春、夏、秋、冬、どの時に忍ぶかと思う事。この事を頭に入れて動く事。敵に付けられると申すのが第一の不覚なれば、この者は忍の者としての資格なし。されど忍ぶ者といえども、これ人也。しかたなし。

されば付けて来る者を殺すか、出来れば、道にてはぐらかすべし。敵を殺さば、しつこく御手が付く物なれば、愚策なり。
一、道にてはぐらかすを上とする夜なれば、その苦労はなけれど、昼などにては遠眼がきくものにして、はぐらかしにくし町に行家を使い、裏に抜けるべしなれど、敵の者二、三名なれば、裏にも見張りあり。用心の事。出来れば姿を替えるが上策なり。
一、敵、町の入口出口を固めるものにして、普通の事では出られないと思えばよし。夜を待つべし。この事を考え、動く事。
一、敵の者の姿になるが第一によし。口伝あり。
一、敵に姿を見られぬがよし。
一、忍に出る時は、同じ所より二名まではよけれども、その後の者は出来れば場所を替えるを本とする事。この事を心に〆め動く事。

置道具の事（土に埋める道具）

一、土に埋めし後、小枝を乗せるべからず。上を踏むとふわふわするもので、見出される事ままあり。その付近の地形と同じにして、その上に置糸を置き、土を被せる事。
一、掘り出す時は、この置糸の形をよく見る事埋し時の形のままなれば、よし。
一、敵より見出されし時、置糸があるとは思わず、掘るものなれば、糸の形が変っていないかを確かめる事、変っていたならば、その置道具はそのままにし、その場より早く早く散る事。これ第一なり。
一、敵我を捕えるため、張り込みありと思う事。
一、置糸の形は、イロハ作りに置く事。
一、イロハ作りの口伝。
　忍者のすきなる字を置道具の上に紐で作り、その上より土を被せる事、この紐の事、置道具の大秘事なり。
一、雨降れば、いかに固く土を埋めたれど、その所凹むなれば、気を付ける事。
一、大雪、雪降りの時は見付けにくし。考えて埋ぬる事。あわてるぞ、わからずに。よいかな。

天気の事

　かえるが鳴くと雨、ねこが顔を洗うと雨。こばいが飛び出せば雨近し。夏に外の朝の上天気は用心の事。牛が丸く成って寝ていると、天気が悪くなる、朝霧なれば、天気晴、馬の敷草が乾くと晴。障子襖きしめば雨、犬小便をする時思い切り足を上げてすれば晴。遠慮して為る時は雨、こぶしの花が下にむいて咲けば雨多し。雀が朝早く鳴くと晴、長雨の時雀が高く上り、鳴く時は晴近し。トビが高く舞えば大風がある。鼠の刻より降り出した雨はやまぬ、雨雲低き時風なきは雨近し。雲雀《ひばり》が高く上ると晴。クモが雨の中を巣を張っていれば、半日後は晴、クモの巣に露が付いていれば晴天になる。蝶が今で見えていたのに見えなくなれば、雨近し。カタツムリが行列多して木に登れば大雨なり。魚が水面でぱくぱくすれば、天気は下坂か、昼まで谷で山鳥を見れば、昼夜は雨虎の刻ごろ。山鳥が餌を取っていたなれば、夜は雨、キツツキが一日中こつこつとやっていると雨近し。谷のイワナ、ヤマベの胃袋に砂をたくさんたべていたら、間もなく雨が降り出す。燕がひくく飛べば雨近し。小鳥が水あびすれば雨近し。いわし雲が出れば雨近し。月に傘をかぶれば雨近し。朝飯茶碗に付けば晴、落葉が巻いていれば晴。伸びていれば雨近し。便所の臭い鼻に付けば雨近し。遠くが近くに見えれば雨近し。打身切り傷がうずけば雨近し。遠い音が近くに聞えれば雨近し。ふんどしがくめれば雨近し。火薬のしめりのあるような気の時は雨近し。天気は西より変るものなり。星ちかちかすれば、天気変わるなり。夕焼けがあれば明日晴、月赤くなれば、嵐が出る、朝虹があれば晴。夕虹がかかれば雨、きつねが絶えず泣けば寒くなる、アリが動き廻るのが強かれば雨、アリが列を作り木を登れば、大雨近し。煙が上に立てば晴煙が下に下れば雨、ミミズが道に出れば雨近し。セミの鳴く時は雨は降らない雨も止む。べたなぎの後、海の水さわげば、しけが来る。カばしらの立つ時は雨近し。熊が山より早く来る時は、雪の降る時が早し。雲足早くなれば、暴風雨近し。風が重いような気のする時は雨近し。朝霧は晴、便所の虫はい出れば、大雨恐れあり。空が高かれば晴、東風なれば、雨近し。西風なれば、雨は上るなり。南風なれば、雪早く溶けるなり、北風寒さ強くなり雪、西の雲切れれば降っている雨も上る、傘雲山にかかれば雨近し。雲の動きにて風の方行多しれ、山にかかりし雲が上れば晴。下れば天気は悪くなる。雷あればつゆ上りなり。大雨大風の後は日本晴、高き山にて雲にまかれ、全身パチパチと音がし、酢の臭いのする時は、金物は身よりはなし、岩影にかごみ動くな。深山にて大雨にあえば、窪地を行来は鉄砲水にあう恐れ、ままあり。頂に出て晴まちのごと、きじが鳴けば晴。しかし晴長く続かず、天気は雲の姿動きを見ればあたるなり、海山には朝夕と雨足風足の落ちる時あり。まちがうなよ。雨雲あり風強き時、風吹くのをやめれば雨□、しめれば雨近し。池の底の魚たくさんつれれば地震あり、岸でつれる魚の外の魚がつれれば地震近し。
　この事は矢寿駄流でなく、書き写しありし物。

天気の見方……雨に属する事

一、夜の九《12》つ、昼五《8》つ刻、昼の七《4》つ刻より降り出した雨は長続きする。
一、昼の四《10》つ、昼の六《6》つ時の降り出しは、少しの間に日和となる。
一、夜の五《8》つ刻、夜の七《4》つ刻、昼の九《18》つ刻の降り出しは、しばらく雨で、早速やむのが常である。
一、昼の八《8》つ刻、昼の六《6》つ刻、夜の四《10》つ刻に降り出した雨は、半日以上続く事はなし。
　風に属する事。
一、東風は雨になるべき物であるけれど、入梅と土用とには降り続いた雨も上るのが常である。
一、東風が急に吹くと夜は晴になる。
一、春夏の季西北の風が吹けば雨の恐れあり。
一、秋西風が吹けば必ず雨になる。
一、冬の日南風が吹けば三日の内に霜が降る。
一、西風北西風は晴になる。東風または南風は雨嵐になる。
一、日の入り赤くまた青い時は風が吹くか、うろこ雲のある時は雨が降る。
一、夕雲の赤い時は必ず晴れ、雲が乱れ飛ぶ時は大嵐吹くなり。
一、風雲がなくなり申し候えば風やみ、雲の色紅白に見え申し候らえば、大風吹き申し候。
一、夜霧が降れば翌日は大嵐である。
一、流星が東に飛べば、風南へ飛べば晴、西へ飛べば雨である。
一、月の出に色が白なれば、雨月にくもりあれば雨かさが□なると、大嵐である。
一、月の入に光が強ければ、雨色が白ければ風が吹く。
一、朝、虹が西にあれば、三日の中に必ず雨が降り、夕方虹が東にあれば晴である。
一、電光が四方にひらめく時は風雨がある。

事物に依って雨風□晴を知る事

一、柱の根元が湿っている時は雨が降る。
一、山が鮮かに見える時は□嵐が吹き、山□れて見えない時は陰風吹くなり。
一、風なくて山の鮮かに見えるは雨の降る前である。
一、鳥が水浴すれば、必ず雨が降る。
一、鳩の鳴き声が反響する時は必ず晴。反響が聞えなき時は雨。

一、番所に張番しおる者といえども、眠る者まま多し。忍やすし。

一、眠りより覚めれば、汗を拭き水を飲みに行来ものなれば、これを利用の事。番所により、かいぶしをたくものなれば、煙のいちにて、忍よし。

一、木の葉を燃すものにして、物の燃える臭いあり。これを利用して火を使用の事。火縄の臭いは消えるものなり。

一、夕立後は気を付ける事。元気の出るものなれば、日の落ちた後を及じなり。

一、忍には丑虎刻よし。

一、家及び番所に忍ぶには、風通りのよき所に集まり、または寝ているものにして風を利用し仕掛をするに便利なり。忍には風下なるど、よいな。

一、右のごとき様でなき時は、襲うべからず。されどわざと見ゆる所に手抜かりの様に見せる時あり。よくよく眼をはたらかし忍ぶ事、忘るるなよ。よいな。

一、春なれば、朝夜とくに寒さ強く、寝られぬ時ままあり。霜地面にはくものなれば、忍には悪し。霜柱を崩すたびに音の出る物にして、悪し悪し。

一、春は皆な浮かれ遊ぶものに、我だけこのように張番をという気があり。眼零しあり、その所及び時をうまく利用動く事。

一、春はいくら寝ても眠たくなるものにして、張切っていても眠るものにして、この時を利用の事。

一、汗の臭いはその所にある草、花、果、等の臭いを利用の事。

一、夏の初めは田にカエルおり、鳴くなり忍にくし（カエル声、ハマグリノカラ）を持って行く事。

一、夏はカよけ、かゆみ止めを持って忍ぶ事。口伝あり。

一、夏は水をつかうのを利用の事。

一、夏は暑さのため眠りあさし。用心の事。されど行軍後、または風通しのよき所の者は眠り深し、忍よし。よいな。

一、夏上の者紙帳を使用の時ままあり。その姿が見えぬゆえ、忍にくし。されど我も見えねば敵も見えぬなり。つりてを切り襲う事、襲う時敵の足払いに気を付ける事。よいな。

秋の事。

一、秋の昼は忍にくし。冬に向いて行来季節なので、身がひしまるものにして、針の落ちる音にも気の付くものにして、用心用心用心の事。

一、道及び木のある所は、落葉にて埋まり、かさかさと音のするものなれば、忍にくし。しかし朝霜の時、雨霧の時、落葉しめり、音の出ぬものなれば、その時を利用の事。

一、草地なれば、虫おり泣きおるものにして、忍者は虫笛を忘れなば、命取りなれど、忘るるなよ、忘るるなよ。虫笛の作りに口伝あり。

◎眠り薬の事、口伝なり。

眠り薬、この薬は顔の上一尺の所より使用の事。あまり近付けると、さとられる恐れあり。この煙は上に登らず、下に降りるものなり。

一、◎夏（旧）明ヶ七ツ刻。

◎ケシのミ（親人丸の太さ）深さ一分創を立に十本半刻後、竹の子の皮にへらでヤニを取り、うすくのばし、乾かし、三寸丸ぐらい、出来れば三分割一の水を入れてたく。口伝。煮立てば、その薬役にたたず、用心の事。絶えず掻き回す事。口伝きれいに溶けたならば、石灰をひとにぎり入れて掻き回し、上水と底の粉をまた水三割一の割でまたたき塩を入れ、上水を取りにつめる事、薬を作る時、ゆげに気を付ける事、ひどく吸えば死ぬぞ。よいな。

矢寿駄流忍網の事

それ矢寿駄流忍網とは絹糸にて作り、縦六尺横四尺の片面草色片面土色（赤土色）の袋の形の五分目網なり。

ひろげると横八尺。くくり形に口伝あり。

一、草地なれば、この網目に草をさしこみ（ほどほどに）かぶれば姿は敵より見えぬものなり。

一、土地なれば、土色の方を上に敵の眼より見えず。

一、早く大きく動くべからず。

一、顔の前にも網を被る事。顔は白く、敵の眼に付きやすし。

一、朝霧の出ている時、おぼろ月夜、闇夜、立木の所、岩場、草地、野原等は忍網の動く所なり。

一、満月、敵に近き昼、（動きのある時）等は用心の事。

一、立木等の茂りある所では、この網枝にかかり、動きの取れぬ事あり。考え用心の上使用の事。

一、網を被りしまま敵に組まれれば、我は動けぬものなれば、とくにこの事に気を付けて忍ぶ事。

一、この網四枚で立っている者十名は包む事が出来る。

一、抄い、被せ、つりあげ、巻き込み、落し穴、大木あれば登り下り網をはり、家の事。

一、手掛かりのなき所を上下の時に使用の事。口伝あり。

一、送り（一本送り、二本送り、口伝）早家（雨避、雪避、日避、風避）

一、石取り、風呂敷、物取り。

早家の事。

一、早家とは忍網をつかって作る。今でいう天幕であろう。

一、道は足なり。

一、敵も足なり。

一、道に落葉は、枯枝を敵に気付かれなきように、自然に見せて敷く事。落葉は朝夜はだめなれど、小枝はよし。敵の近付くのがよくわかるため。

一、影あらば時刻の棒を立る事。口伝。

一、大落し穴を作るとき。

一、落し穴があり。ほかに渡り場のなき時、敵に悟られることなきため、上に網を張り渡る事。

一、氷の上に網多しき渡れば、滑らぬものなり。網はごばん形がよし。

一、氷よわき時に上に張り、渡ればよし。

一、沼の時もよし。

一、もっこの代用にもよし。

一、忍道具の送上下、子供、手傷者、病人、女、当をつつみまたは入れ（袋にて）便利よし、忍網下よりかける事、せみは二段に使用の事。口伝あり。

一、堀、川、海、を渡る時浮く物を包み、それに乗るか持って使用よし。

一、玉矢よけによし。

一、盾に使用よし。

一、石を包みインジによし。

一、多人数を渡す時。

一、忍網は長き一本の紐なり。これを忘るるなよ。よいな、ほどき使用の時ままあり。されど用いの悪き事なり、あぶなしあぶなし。

一、目的の地に同じ時刻に取り付くように動く事、またずらす事あり、有利なる時もあり。

◎忍帰りの時、敵の者味方の肩印のたすきを取り我が忍組に紛れ込む事ままあり。用心の事。

一、忍行の時と忍帰りの時の肩のたすきの使用を変える事。

一、手上げ座りの法を使用の事……口伝あり。

夜打の事

それ忍の者は、忍ぶを本としあれど、御大将の御為に夜打組出の時時間々あり。その折り如何によき敵と切、打、ありといえども、引上の合図あれば、そのままに引上げるを本とし、敵に取り付かれなきように気を付け、集合地点にむかう事に努力をするをよしとする。その時、敵地にありし品物を忍ぶには、つごうの悪き物は別なれど、出来れば持ち帰るを心掛る事。味方に利用出来るかもしれず、金高の品物は盗るべからず。組頭に渡す物なれば、金高の物は上には上のあるものなれば、それ忍ぶにはわずかな物でも敵の様子を探るためのみ物を盗るなり。忘るるなよ。

一、忍の長は持ち帰りし品物にて、上中下を付けるべからず。

一、見、聞、触りし事を疎かにするものなれば、気を付ける事。

一、一人出の時は、物は持ち帰らぬ事。されど小まき物はべつなり。

一、女子供、金に気を付けよ。卑しき忍者どもの笑いになるなよ。よいな。

一、家忍び人配りの事。

見張り人の事

　忍び入る家に続く長家または部屋など人々に出逢う恐れある道に見張り人を置く事（見張り人は武功の者でなくともよし。落ち付いた老人の、動きよき人得によし。臆病者、粗忽者、同情心の薄き者当左の悪き事あり、用心の事。よいな。

一、同情心の薄き者は、忍び入りし者出て来るのを待ちかね、うろつき歩き、または慌てて合図を聞きも見もせず、色々の申し合せが無益となる物なれば、くれぐれ用心の事。

一、忍び入りたる者が退散する時、合言葉「合図、合詞」もかけず、敵かと思い、味方を討ち、または敵かと思い、逃げ去りする者である。用心の事。よいな。

一、外より来る敵を味方と思い誤り、また外から来る味方を敵かと思い忍びし者は、落付いて忍べず大損あり。老人と申しても、とかく老人は落ち着き巧者なれど、ややもすれば、思案すぎ機を失する事あれば、剛強にて才覚のある者がよし。

一、家入りには、他流には三人入りを良と申せども、当流矢寿駄流は一人を基本とし、されど三人も良し。一人は家の戸を開きて他の二人を入れ、その一人は敵の透きを伺い忍び、今一人は外の者よりの合図を聞く者とする。またその際、戸口門に味方を配り、見張りとする時もあり。敵の外に逃げるのを防ぐため、色々と仕掛けあり。口伝地上八九に縄菱。よいな。

一、家忍の事。初めの用心及び屋敷の様子充分の事。悪き家の中は狭く動きにくき事。

一、忍出の時の印を書き付ける事。忘るるなよ。「眼よりも上がよし。眼よりき下には何のような事があれども、付けるべからず。敵より見付けられる事多し」印は太く書けば、如何に眼の上と仕手も見付けられるし、小さく書けば急ぎ出る時見えにくく、その気で書き付ける事。海ホタルよし。いかの墨、なめくじよし。口伝あり。見よ。

一、家の地形、間取、間口出入口、作り「要害、仕掛」忍び口、退散する口、主人や家臣、家人の寝室の位置、出入口戸の開閉の難易、錠、掛鉄、かんぬき、雨戸の尻差し、うぐいす張りの有無、狼せい□落穴の有なし、敵者の知恵の深浅、平素の心掛、趣味嗜好、特技の有無、番犬の有無、家内の男女の名前非常の際に敵はどう動くか、敵味方退散後はどう動くか、満月、おぼろ、雨、霧、暴風、朝、夜。

　家入りの時「道の時の事」。このごとく後を絶えず振向き、家の作り姿を頭に入れ、忍ぶ事忘れれば迷う。ほぼ同じような襖障子置物などある物なれば、初めの忍《しのび》入《い》りは真ぐ行って帰る事□城家などにて、厠及びその近くに忍ぶべからず。何故ならば、少しの音にも気の付く物なれば、危ぶなし。

一、城家に忍び行来に焼玉煙玉非常に有利なり。忘れずに持ち行来事。よいな、厠屋の道、廊下には忍紐は張るべからず。発見される恐れ多し。用心の事。よいな、障子の立ちある廊下は用心の事不意に襲われる事ままあり。板戸襖の所はあまり心配なし。長き廊下にて、よく敵に挟まれる時、間々あり。後に下り家より出る事。前に進むべからず。勝手がわからず迷い込み、不覚を取る恐れ大なれば、よいな。前の敵には油、蒔菱、火玉、煙玉、後の敵には眼潰し、外になし、時には油火を使うが良し。この様なる所へ行当れば、油蒔菱火玉煙玉を直ぐ使用の出来るようにしておく事。ただし動きは鈍くなるもので、気を付ける事

一、敵の籠りたる室に入るに畳を上げ、入口出口に立掛け、また弱き壁裏に立て掛けあり、足払の綱を張りし時あり。板敷の片方を外し「ところどころ」いる時もあり。入口出口の待伏の時もあり。敵の接備しある場所へは、忘れずに用心の事。監視仕やすき所である踏込まれた時、逃げ場のない所組出の時、後より来る味方が寄られない所、窓障子の所に場を取るべからず。

　高い窓障子の所よりは、ほとんど敵は攻めぬものなり。されど弓鉄砲に狙われる時あり。用心の事。ただし高い窓障子の所を覚えておく事。後々のためよいな。如何に小さき家に忍び入るとも、城入の時の用心にて忍入《しのびいる》を良しとす。外の廻りを計り、室内の広さを計れば、仕掛のありなしがわかるなり。よいな。

一、忍び入れば、左の事に用心の事。よいな。

　忍び入れば、心宛の人名を「敵に咎められし時」話す事、色々と口伝《くでん》あり。間違った事を口走らぬ事。よいな。敵の合言葉を忘れず、合印を失わす敵の作法に従い、日立たぬようにする事。人気の無い所にて味方に連絡多しておく事。忘るるなよ。早くしないと災禍を蒙る事間々あり。よいな。

一、鉄砲早打脈見で三〇なり。とくに早き者にて二〇なり。鉛玉一町人体必中三〇間十匁玉六匁玉そうは飛ばぬ。よいな。口伝鉄砲うちの所を見よ。よいな。

一、鹿皮にて手袋を作り、藁の煙にてあぶりあぶり、もみ柔らかにして使用の事。

　それ忍びには三つあり。

一、金で働いておる者。

一、忍の働に取り付かれたる者。

一、心の信念にて働く者。

連絡の事

一、場所を知らせて行く時は、相手が裏切れば死を意味している。この道理をよくよく。

考え働く事

一、敵がこんな場所だからと思うような所がよし。

一、見晴しの悪き所。

一、働く所。

一、同じ服装の人のいる所。

一、人の出入する所。

一、あたりまえの所。

一、だれでも持っている品それの持ちかた。

一、あたりまえのことば。

一、どうしても行かないといけない所。

海ほたるの事

　月の無い暗夜がよし。奇麗な海で海底が砂地の所だけにいる三ひろ及び五ひろまでの海。海に突出ている船着場などあれば、とくによし。かつお、ぶり、さばの頭を二に切り紐を通して投げこみ、脈見で五〇〇で上げ、海水の入っている桶で洗い落す事。二〇□ほど海水に入れ、次々と上げて取る事。夜に取り翌朝まで生かすための箱は海水がよく通ると同時に、一分以上の透間も無いようにする事。一分以上透間があれば、海中の砂の中に全部逃げてしまう恐れあり。忘るるなよ。朝それを引き上げてフルイで魚肉などを分け（夜取る時別の箱に入れる時、分ければ、なおよし）細かい網の上に並べ、朝の日光で乾かす。一刻か二刻で乾く殻が透明になれば、い品白色の不透明

な物は光らない。悪し。

一、鼠なこ犬鳥虫に使用よし（これはわからない）□

一、口伝。雨降りは気を付ける事。流れてしまい、駄目な時あり。

一、水の無い時は小便でもよし。

一、付け法に味方と話しておく事。

一、後より来る者に知らす時。

一、帰り道に使用。敵に見えぬ所忍ぶ者には見える所、悪き所、良き所、（敵を外に向けてやる時）敵の気にかけている所、便所の入口、その所より見える所、滅多に人の行かぬ所でよく見える所、池の中（堀は悪し広すぎのため）軒下口、床下口、下より登る梯子の畳み口、石落し口。

一、夜道にホタルの事。

イの所に塗る事。雨が降っても、木より雨つたい来て、流れぬものなり。強き雨足□だめ。

一、強き雨足なれば、木の枝を折り、逆様に取り付ける事。ホタルを付けた上側に枝を括る事。忍帰りの時は、はずして帰る事ホタルはよし。

一、水を付けると、一寸と一分で一刻半は光るものなり。よいな。春秋冬ぞ夏は一刻ぞ。よいな。

一、高き所（登って付ければ時間をくう）一、底き所は発見されやすし。されど当矢寿駄流のホタルは夜使用の物なれば、地面より一尺がよし。

一、後より来る者に知るし、話しに使用。立一、立二、立三、横一、横二、横三、L形一、二、三、◯（太く書く事）一、二、三、×一、二、三、全部の型組合せ一、風ある時は風車もよし　一、回り火（高き所に使用）非常によし。

風の強さで（イ）の長さを決める事。裏にはホタルなし。

木の枝に取り付ける事。風にてくるくる回る片面だけホタルを塗っているので、消えたり光ったりしてよし。手の届く所に取り付けるべからず。

一、敵の注意を引かすか、味方の印によし。風の強さで（イ）の糸の長さを決める事。

一、持ち運ぶには、巻いておけばよし。

一、闇夜がよけれども、月のある時は下より見後の黒き所がよし。

一、森の中の高き木は非常によし。されど（イ）の糸を投げ掛けて決める事。されど下より見ゆる所。

立空堀用心の事

山城平城に登り堀あれば特に用心の事、弓、鉄砲、材木、大石、横矢、水、落穴、さく、来るかあるものなれば、忍ばぬ事。されど一人忍の時敵地へ早く取り付かれる徳あり、片下り、底に段のある物底に横木の所土下に菱、木、竹、殺ぎ物を植え、置き土を被せし所、赤土、横一間以上二間までの堀、右のごとき堀には、とくにとくに用心の事、堀見廻りおり用心の事。敵の出入りあり。用心の事、空堀忍よし、道近し。堀の中外より二倍暗し。大きく動いてもよし。ただし敵前一〇間まで（百足、まむしに用心の事）登る時、堀上右左に気を付ける事。敵上より投松明、車火、等を投げ落す事あり。よいな。

堀いっぱいに枯木にて塞ぎある所にて止まるべからず。投松明車火が来、それに火が付けば弓鉄砲にて待伏の所なり。防ぎようなし。帰りに下る時、この堀よし。されど土を被せ無き菱堀は悪し。この堀を登る時、空に透して敵の動き及び姿がよく見えるものなり。菱堀（土を被せありし時）強き緒の皮袋紐下駄にてよし。菱堀の恐れある堀は、雨降り後は黒土ならば崩れやすし。赤土なれば、辷る事強し。出来るだけ堀に入らぬをよしとする。足に土取り付き、足跡残る物なれば悪し。急に堀よりは上れぬ物なれば、用心の事。堀道は決まっている事なれば、敵の待伏多し。落穴あり用心の事、片薬研《かたやげん》登りにくし。

一、堀の事

幅は矢の力鉄砲の力で八間が強し、深さ馬の股が立たない一間底は、泥一尺を入れて七尺最小と見る事、箱、薬研、片薬研。

一、忍右左の事

忍帰り及び忍行来のおり、敵の場所を出来れば右か左に決め忍動く事、何故なれば、夜、雨、風、雪、霧の時、遠眼がきかず、忍ぶ者の今いる所が不明なれば、磁石を利用し、敵の右でも左でもよい方に取り付くように努力の事。その時袖に付けている数。取り糸を利用すれば非常によし。敵の中央狙うべからず。取り付く予定の時になり、敵の姿が見えない時は右なれば、左だけを警戒すればよし。左なれば、右だけを警戒すればよい。この際、中央に取り付けば、両方を警戒せねばならず、忍ぶ者は疲れまた不覚を取るものなり。帰り付く時も、この気にて帰る事。味方の所にともない動く時、数取り糸を利用して帰り、味方が見えぬ時片方だけを捜せばよし。早く取り付き、また帰る利点あり。忘るるなよ。味方は受忍者を扇ぎに出てはおれど、先出の者は受忍者を捜すべからず（受忍者の知らせあれば別）受忍者先出の者の動きをよく見、手創《てきず》をおっていれば、早く助ける事。敵の取り付きなしありしかを気を付ける事。よいな。合言葉を利用よし。また忍笛、舌打、等もよし。

一、本陣の事

本陣はその大将の好みによるものなれど、堀をはりまたは土手を作り、出入口少なきは忍襲いやすし。火よし竹垣だけの陣なれば、取り付きようなし。忍にくし、土手、堀、番所、ある本陣なれば、馬屋に火を付ける事。ただし発見されし時、多人数なれば、一度に出られず、襲いやすし。本陣に忍行来は安けれど、忍帰りが骨なる事を忘るるなよ。心に掛け動く事。よいな、先陣本陣に最強の組あり。心に掛け忍ぶ事。火これが一番よし。本陣にありし透門透、木戸透さくへは近寄らぬ事。忍し我が姿を発見される事大なれば、用心の事。よいな。外燈るく、内暗くしありし陣、忍にくし。本陣の夜廻り、特に厳しき物なれば、忍やすし。本陣にては上の者よく眠り、下の者よく眠らぬものなり。利用の事。本陣はあまり音を立てぬ物なれば、音に気を付ける事用心第一の事。よいな。

一、発火紙の事

忍凧を利用すれば、遠くより発火紙を送れるものなり。口伝あり、見る事。ほくちはいちびの木を焼いて消炭にした物、蒲の花などを塩しょうを加えて煮た物。

一、忍付木の事。

一、太さはどうでもよし。煙を吹わぬ事。よいな。

硫黄の奥に気を付ける事。

矢寿駄流忍紙の事

一、当流忍紙は横五寸立一尺なり。

一、表は片方より濃く硫黄を塗り、片方は薄くあり。裏は黒色で薄く桐油を塗ってあり。使用者にて二、三、五枚と持ち行くものなり。出来れば丸めて忍杖、または刀の鞘に巻き付ける事。黒を外にして荒くほそき糸にて表を巻く事。

利用法の事

一、忍凧　一、かまふうせん□（なにかわかりません）一、箱におり、堀の深さを知る時　一、紙船（油と組む）一、菱撒き筒　一、道知るし　一、水呑み　一、菱包み　一、時刻割

一、笛　一、吹矢筒　一、吹矢　一、こより　一、物を包む時　一、傷の手当によし一、面に使用（しわを作り利用。顔より落ちないため）一、息筒　一、火吹　一、遠き近きの声

一、雨時の火口　一、菱と組み一丁止二丁止三丁止　一、落し穴の蓋　一、こよりろうそく　一、寒さ防ぎに使用　一、敵味方の旗　一、袖で印　一、堤燈の印　一、手紙　一、落し紙

一、毒消し　一、水あたり　一、鬼火　一、雨雪よけ　一、大

火玉一、偽菱作り（こより）　一、声変え　一、キツネ　一、このはてんぐ　一、油投げ一、火薬投げ　一、松明　一、投げ松明一、偽落し穴　一、偽目標　一、姿を消す時によし　一、模様によし　一、雨の焚火

城内にての音の事

其れ城内に忍び行きのおり、石垣の曲りにより色々の音混雑するものなれば、近き音より聞え、遠き声近くに聞ゆる時あり。一人の声へ多人数の声に聞ゆる時ままあり。またその場に人の姿なけれども、声こもり聞ゆる時あり。されば、忍ぶ者には遠くの音よく聞ゆるゆえ便利よし。曲の角みは得によし。

◎口伝

曲の角みとはここなり。立木茂みあれば、音は消えるものなれば、用心の事。

イに敵の動きありし時は風朝夜昼上下天気によるものなれば、ホに忍びありしも聞ゆるなり、城に忍びしおりは、設えの第一なれば、気を付くる事、眼目なり。

一、高き所の曲りの角みは、絶えず風あれば聞えよし。されど、我が裏風は音敵方に届くものなり。出来れば迎い風よし、敵方へ進めば、裏風になるものなれば、我が後に敵取り付けば我が動き敵に筒抜けなり。石垣に登る事。人とは眼の上は気の付かぬものなり。敵より追われし時は、よくよくこの道理を考える事。少人数なれど、多人数に聞え、先が開いていても、詰っているごとく聞ゆるゆえ、用心の事。よいな。

石垣の窪みに入れば、声へ籠るものなれば、声の出ありし所がつかめず。うろうろし、思わぬ不覚を取る事多し。用心の事。早くそのような所より出るを第一と思う事。特に空堀の底、忍にくし。

一、高き所に登り、また早き流を見ありし時、眼くらみするは、おのがおりし所と流とを一度に見ようとしあるためなれば、只々三尺先の足本を見る事。これは高き所にて眼くらみを防ぐ秘事なれば、忘れるなよ。よいな。

一、三〇間眼口はっきり、一丁眼が一つの点。二丁着物のこま き模様がわかる。三丁顔がばんやり四丁手足の動だけよいな。

一、片方があぶなき所を通る時は、よき側の足を曲げて通る。よいな。

一、初雷で寝ていた眼を覚すマムシ。五月より六月ごろ子を生む。入口付近が湿っている洞窟はマムシいる可能性大。用心の事。よいな。

一、当矢寿駄流の者、山に忍ぶ時は甘い考えを捨てる事。

一、常に火打は身に付けて置け。

一、山の日は釣瓶落しと思う事。

一、地膚の見えない山を横断するなよ。

一、木の枝を見て、方角を知れ。

一、杖がほしければ燃える木を持。よいな、忍ぶ時は。

一、忍ぶ者にはクナイ利用の事。

一、楠の木及び枝はよく燃えるぞ。松の根もよし。

一、クロモノ緑色で黒斑があり、枯れても折れにくく実によく燃える、冬氷結していても氷を落せばすぐに燃える。タイマツによし。

忍行来前にまずその所（城、家、場所）に昔より話し続いて来たる妖怪伝説植物動物風習神仏自然現象多かれば、その□□に敵おおせる事。後がなくてよし。その□せ事口伝を見よ。よいか。

怪奇それは亡霊であり、狐狸の類と思われる動物であったり、正体不明の物の怪であったりする。まず、およそ人間が怪異を感じるのは肉体の非活動的な時間世帯や比較的視界のとどかぬ刻限であって、人口密度の高い場所が選ばれる。天守閣、庭の井戸、庭の森、女中部屋、物置、土□、長い廊下、御宮影の所、火のない所の火、人のいない所の人影、人の後音、物の動き。

一、敵地にてその所を立廻る者は、内心こんな話があるが、どうだろうかと□□自分の動を不安がって、太く廻らぬか、人の多数集合しありし所、場所より遠くは行かず、またしらずしらずに人の見える所へいるものなり。よいか、その者は非常にかかりやすし。

一、二名以上の時は、後の者はとかく不安な気持の出る物なれば、この者を狙う事。小雨時は□□非常によし。口伝あり、じっと動かず早く首を廻し、きょろきょろする者、絶えず後を見る者、我が仕掛たる時、その土地点に寄って来無い者雨霧□強風の時、その立場所の地点より動かぬ者、一人立ちて物にもたれている者、一人立姿を隠して立っている者、一人で坐っている者、夜中の食後は襲いやすし。

一、犬がおれば無理三人立は無理、敵の集合地点より十間内は無理ぞ。されぞ風雨強き時はよし。出来れば敵を攻撃せんとする時は第一に鉄砲弓組及び大砲隊を狙い□襲う事。よいな、我敵を□い帰組のおり、この二組より攻撃されれば手の付けようなく、組の者総倒れになる事確実なれば、よいか、忘るるなよ。

一、敵の行軍後の夜攻撃の事。全人疲れの出るものなれば、よいな。襲え襲え。されど敵も我の襲い来ると思い、用心の気持ちある物なれば、夜明けがよし。されど左の事あり。気を付ける事。

一、明日の決戦気にかかり、寝られない者もあり。

一、物見の出入り激しく動くものなれば、知られぬ事。よいな。

一、水事の者に気を付ける事。

一、夜廻りに気を付ける事。口伝あり一、天候の事。

一、味方への遠さ、味方の動き（味方が何処まで敵へ近づくか）待ち伏せしある敵を攻撃する時は敵の人数及び武器等三倍の□□□□□□□□□□□□□少人数なれば、敵の□用なる物を□点にし攻撃いたし□ば□□□□□□□□□□□□□□□くわ□むね暗夜なれば、よくよく組の連絡を取り聞く事。よいな。いかなる□□天候も忍の動に取っての□□□□しと思い、対策の□よいな。また忍の者もこの事を考えて、敵の思いもしない所より忍び入るをよしとする。また動く□よいな。されどこの所の動きの時は、倍の時刻を見ておく事、忘るるなよ。

一、御大将の命により忍□用申し戴き□き申し候の□り色々と□の□この手考え少数の組の者を送り出せば、我が忍組の力が分散し、忍その者の動き鈍く力弱くなれば□この事善く善く考え動く事。よいな。それ忍の組とは少人数なれば、敵に発見の恐れなきように固まり動けば由し。敵の動きにも余れど、五名由し一名が長と□り先出二名受二名なれば、忍御用動きやすし。組者小人数なれば、よく敵に囲まれる恐れあれば、よいな。されど、それ忍とは正面切って敵を攻撃する者にあらず、その動きはあくまでも忍の字のごとく、敵にさとられずに動く事を頭におき、よいな。

一、焼き抜きの事、錠の□金具坊主金具焼抜、松炭を利用の事、口伝あり。一利用の火姿を敵より発見される恐れあれば□利の尻抜けを利用よし、忍手拭にて底を括り端を握り。使用の事。金具が赤くなれば、その付近の木は焦ていて、やっとこで直ぐに抜けるぞ。よいな。されど金具の元を曲げているので初めは力がいるぞ。よいか、木の□る臭いがするなど、用心の事。吹く音が出るので用心よいな。吹く時時は鼻よりすい、口より吹き出す事。忘れても、慌てて口より□うたよ煙火の粉が入り、咳が出るぞ。雨の時焦げる臭よいが室に□る物なれば、気を付ける事。敵がたきびを利用の時はよし。火の姿を消すには忍風呂敷よし。口伝あり。よいな。

この伝書を忍びの例とするも、時代時代の風俗観で読者は読んでいただきたい。

身を忍び心を忍び
識を忍んで人識を
生武天忍法なり
戸隠流忍法三十四代
宗家
初見良昭

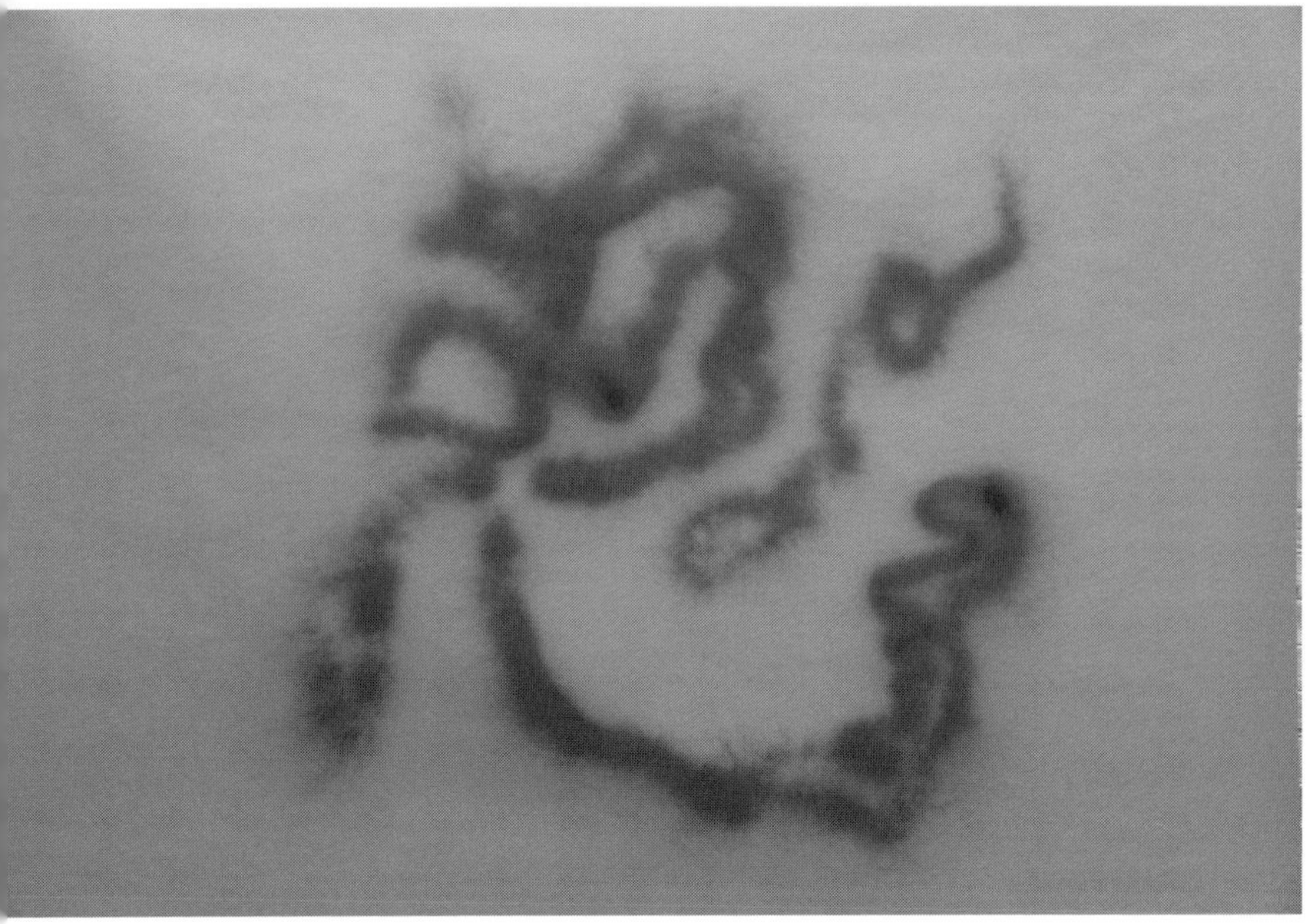

著者の揮毫「忍」

2013年3月23日、武神館「世界くの一大会」にて。前列中央が著者　写真©Sheila Haddad

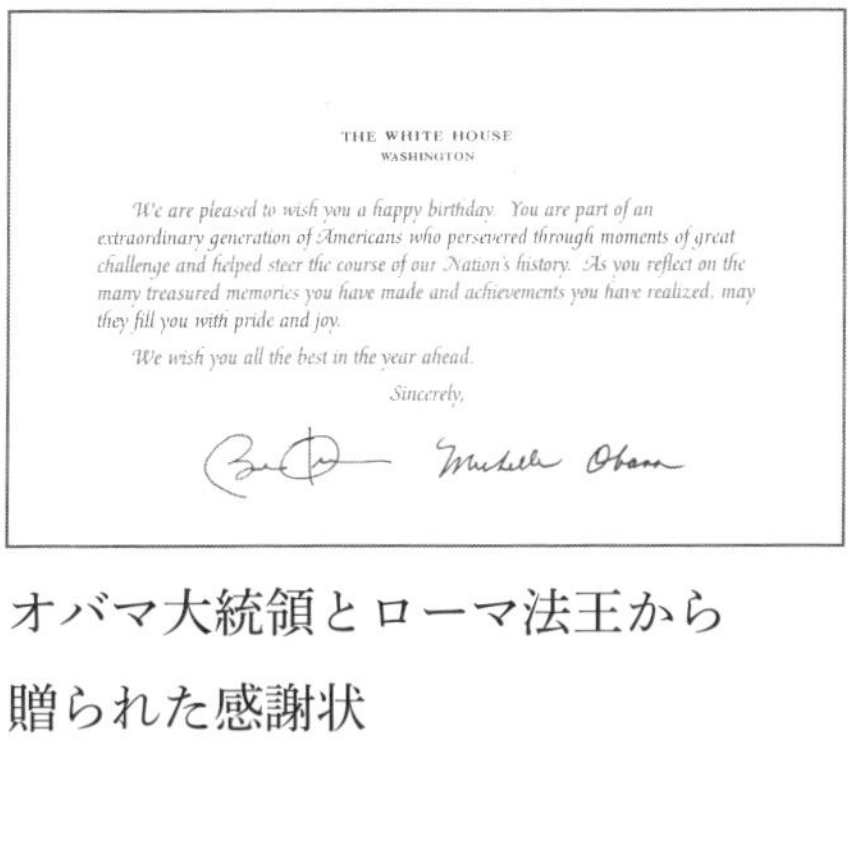

THE WHITE HOUSE
WASHINGTON

We are pleased to wish you a happy birthday. You are part of an extraordinary generation of Americans who persevered through moments of great challenge and helped steer the course of our Nation's history. As you reflect on the many treasured memories you have made and achievements you have realized, may they fill you with pride and joy.

We wish you all the best in the year ahead.

Sincerely,

オバマ大統領とローマ法王から
贈られた感謝状

Sua Santità Benedetto XVI
di cuore imparte l'implorata
Benedizione Apostolica a
Masaaki Hatsumi
e invoca, per intercessione di Maria Santissima,
abbondanza di grazie divine.

【著者プロフィール】

初見良昭（はつみ・まさあき）

1931年、千葉県野田市生まれ。武神館を主宰（武神館九流宗家）。ペンタゴンやFBI、イギリス特殊部隊、オランダ王室海軍などでも参考として用いられる。騎士《ナイト》（ドイツ国立歴史文化連盟より）。テネシー州親善大使、ロンドン警視庁生涯名誉顧問、テキサス州名誉市民、フランクフルト市名誉市民など。世界各国の指導者（レーガン大統領、メージャー首相、ミッテラン大統領、ローマ法王、オバマ大統領ほか）や、世界の特殊部隊、軍隊、警察、情報関係から感謝状、賞状、名誉会員証、友好証などを受けている。英国王立医学協会生涯名誉会員、トリニティ大学名誉教授。マンチェスター大学医学特別名誉会員。UABバルセロナ自治大学から、「暴力の病態生理学」の権威者として感謝状。テレビ番組「忍術千一夜」「世界忍者戦ジライヤ」などに出演。日本文芸家クラブ副理事長。世界で有名な日本人として、テレビ、新聞、雑誌などで紹介される。

忍法大全《にんぽうたいぜん》

2013年4月25日　第1刷発行
2018年9月10日　第3刷発行

著　者　初見良昭《はつみまさあき》
発行者　渡瀬昌彦
発行所　株式会社 講談社

〒112-8001　東京都文京区音羽2-12-21
販売　TEL 03-5395-3606
業務　TEL 03-5395-3615

編　集　株式会社 講談社エディトリアル
代　表　堺 公江

〒112-0013　東京都文京区音羽1-17-18
護国寺SIAビル
TEL 03-5319-2171

写　真　大坪尚人（講談社写真部）、武神館
装　幀　安彦勝博
本文DTP　朝日メディアインターナショナル株式会社
印刷所　慶昌堂印刷株式会社
製本所　大口製本印刷株式会社

N.D.C.789 239p 26cm

Printed in Japan
ISBN 978-4-06-218137-2